「十三五」国家重点出版物出版规划项目

长江三峡工程文物保护项目 报告 乙种第四十号

重庆市文物局 重庆市水利局 主编

巫山龙头山

湖南省文物考古研究院 编著

科学出版社

内 容 简 介

本报告所公布的是2004、2007和2008年巫山龙头山遗址及墓葬的发掘资料，主要有战国至明清时期墓葬63座，另发掘汉代遗址142平方米，清理窑和灰坑各1座。本报告对以上资料进行了全面系统的介绍，并进行了相应讨论。龙头山遗址及墓葬资料为三峡地区考古提供了一批新的资料，尤其对墓葬的分期断代不无裨益。

本书可供考古学、历史学、民俗学、文物学等领域的专家、学者以及高等院校相关专业师生参考和阅读。

图书在版编目（CIP）数据

巫山龙头山 / 湖南省文物考古研究院编著. —北京：科学出版社，2023.8
（长江三峡工程文物保护项目报告. 乙种第四十号）
"十三五"国家重点出版物出版规划项目
ISBN 978-7-03-075788-3

Ⅰ. ①巫… Ⅱ. ①湖… Ⅲ. ①墓葬（考古）–考古发掘–巫山县 Ⅳ. ①K878.8

中国国家版本馆CIP数据核字（2023）第108591号

责任编辑：王光明 / 责任校对：王晓茜
责任印制：肖 兴 / 封面设计：陈 敬

科 学 出 版 社 出版
北京东黄城根北街 16 号
邮政编码：100717
http://www.sciencep.com

北京中科印刷有限公司 印刷
科学出版社发行 各地新华书店经销

*

2023年8月第 一 版 开本：880×1230 1/16
2023年8月第一次印刷 印张：14 插页：36
字数：530 000
定价：208.00元
（如有印装质量问题，我社负责调换）

"13th Five-Year Plan" National Key Publications Publishing and Planning Project

Reports on the Cultural Relics Conservation
in the Three Gorges Dam Project
B(site report) Vol.40

Cultural Relics and Heritage Bureau of Chongqing
Chongqing Water Resources Bureau

The Longtoushan Site
in Wushan County, Chongqing City

Hunan Provincial Institute of Cultural Relics and Archaeology

Science Press

长江三峡工程文物保护项目报告

重庆库区编委会

冉华章　江　夏　幸　军　任丽娟　王川平　程武彦　刘豫川

重庆市人民政府三峡文物保护专家顾问组

张　柏　谢辰生　吕济民　黄景略　黄克忠　苏东海　徐光冀

刘曙光　夏正楷　庄孔韶　王川平　李　季　张　威　高　星

长江三峡工程文物保护项目报告
乙种第四十号

《巫山龙头山》

主 编

谭远辉

副 主 编

向开旺

项目承担单位

湖南省文物考古研究院

怀化市博物馆

巫山县博物馆

目　　录

插图目录

第一章 绪 论

第一节 三峡库区考古及龙头山发掘缘起

1992年4月3日，全国人民代表大会七届五次会议，通过《关于兴建三峡工程的决议》。1993年9月27日，中国长江三峡工程开发总公司在宜昌市正式成立。1994年12月14日，三峡工程正式开工。1997年3月14日，经八届全国人大五次会议批准，撤销原四川省重庆市，设立重庆直辖市。

1992年，在兴建三峡工程的决议通过伊始，国家文物局随即成立了"三峡工程文物保护工作领导小组"。1994年3月以后，按照国务院三峡工程建设委员会的要求，由中国历史博物馆和中国文物研究所组成的"三峡工程库区文物保护规划组"成立，负责制定三峡工程淹没区和移民迁建区的文物保护规划工作。从1993年11月开始，国家文物局先后组织并委托三峡工程库区文物保护规划组组织进行了为期一年多的库区文物调查和试掘。到1996年5月，在库区范围内发现并确认地下文物点计829处，地面（含水下）文物点453处。在此基础上完成了所涉22个县的文物保护规划报告。

从1997年开始，"三峡工程文物保护工作领导小组"组织全国各地考古和古建筑专家奔赴三峡，进行大规模的抢救性考古发掘和地面文物保护工作。

2004年，湖南省文物考古研究所受重庆市文化局三峡办委托，承担三峡工程库区巫山县龙头山遗址的考古发掘工作，双方签订了工作合同。湖南省文物考古研究所指派本所研究员尹检顺为领队，怀化市文物处向开旺为执行领队，将项目及经费转给了怀化市文物处，具体承担发掘工作。后又于2007年和2008年进行了两次补充发掘，均按这一方式进行。

第二节 地理位置、地貌及生态环境

巫山县位于重庆市东北部，地处三峡库区腹心，长江从中南部穿过，地跨长江巫峡两岸，东邻湖北省巴东县，南界湖北省建始县，西际奉节县，北抵巫溪县。地理坐标东经109°33′~110°11′，北纬30°45′~31°28′。最低海拔仅73.1米，最高海拔2680米（图版一）。

本报告所谓"龙头山"本名"上溪"（详后），位于巫山县大溪乡龙头山村，为巫山县西界，东距巫山县城约30千米。坐落大溪河口的左岸，西面紧邻奉节县地，与著名的大溪遗址毗邻，西距奉节县城约10千米。北约3千米为瞿塘峡。地理坐标：东经109°30′31″，北纬31°0′15″，海拔140～175米（图一；图版二）。

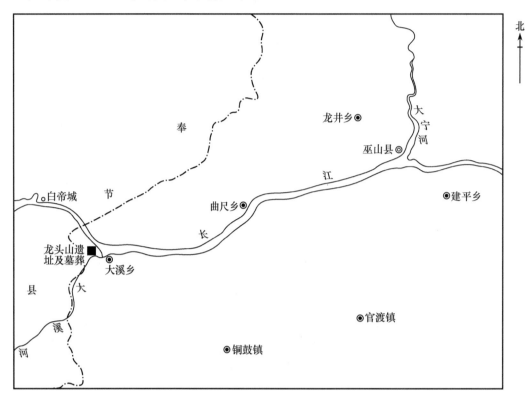

图一　龙头山遗址及墓葬位置示意图

"大溪河"又名"黛溪河"，乃音转之异，是长江南岸的一级支流。自西南向东北与横贯东西的长江交汇于瞿塘峡口，全长16千米。

巫山县位于大巴山弧形构造、川东褶皱带及川鄂湘黔隆褶带三大构造体系接合部，地质构造复杂。地势南北高而中间低。3个中山区与3个条状低山区相间排列，丘陵平坝散布其间。大巴山、巫山、七曜山三大山脉交汇于巫山县境内，巫山山脉矗立东南，为川鄂界山；大巴山山脉亘峙北部，县境部分为其南坡；七曜山山脉横亘中部。构成"万峰磅礴一江通，锁钥荆襄气势雄"的地貌景观。山地总面积97%以上，其中，中山约60%、低山约36%、丘陵平坝4%。长江横贯东西，大宁河、抱龙河等七条支流呈南北向强烈下切，地貌上呈深谷和中低山相间形态，地形起伏大，坡度陡，谷底海拔多在300米以内。区内出露地层为沉积岩地层，自寒武系至侏罗系均有出露，另有第四系零星分布，岩层软硬相间，次级褶皱及断裂构造十分发育，构造地质背景复杂。

巫山县地处亚热带湿润区，春天回春早，但不稳定，常出现低温阴雨及寒潮。夏季长，气温高，降水多而集中，常有暴雨，间有洪涝，且多伏旱。秋季气温下降快，常阴雨绵绵。冬季短，气候温和而少霜雪。具有亚热带季风性暖湿气候特征。境内气候要素水平差异小，垂直差异十分明显。海拔每增高100米，年均气温递减0.66℃，无霜期递减10天左右，构成显著的立体气候特征。

巫山县自然资源丰富。植物为生产利用者近1000个品种。粮食作物有玉米、洋芋、红苕等；食用油料有芝麻、油菜、茶树等；蔬菜有叶菜、瓜类、豆类等；木本油料有木卷子、油桐等；林木有松、柏、落叶栎、红桦、桑、香樟、重阳木、银杏、红豆、珙桐、三尖杉等；水果有猕猴桃、李子、柑橘、梨、桃、杏、柿、枣等；药材有黄连、党参、金银花、淫羊藿、牛膝、桔梗、杜仲、厚朴、贝母、独活、天麻等；野生饲草有禾本科、豆科、菊科等。

野生动物有国家一类保护动物金丝猴、鬣羚、牛羚、白唇鹿，国家二类保护动物鸳鸯、大鲵、红腹角雉、白尾椎红雉、绿尾红雉，国家三类保护动物猕猴、穿山甲、水獭、大灵猫、小灵猫、猞猁、獐、马鹿、斑羚、白冠长毛雉、红腹锦鸡等。有各种野鸟100余种，有豺、狼、熊、野猪、鹿等走兽50余种。

全县土壤有7个土类，以水稻土、潮土、紫色土、黄壤土、石灰岩土、山地黄棕壤土、山地棕壤为主。巫山县矿产资源丰富，主要有黑色金属、有色金属、化工原料、非金属矿四大类，其中以煤、铁、硫铁矿、石灰石、硫储量最多，还有磷、铜等。其中煤炭分布广泛，储量约1.5亿吨，煤质为低硫低灰和中硫中灰无烟煤。石灰石分布极为广泛，约占全县辖区面积60%，总储量约1亿吨[①]。

第三节　巫山古代文明及历史变迁

在三峡库区的考古调查中，新发现和确认古代文化遗存数十处，时代从旧石器时代到明清时期，主要分布于三峡水库淹没区以内。在三峡考古大会战中对这些古代遗存进行了全面的发掘。出土了大量珍贵文物，建立了较为完整的三峡地区考古学文化体系。

一、旧石器时代

（一）龙骨坡遗址

早在距今约200万年前，远古人类就已经在位于三峡腹地的巫山县域内繁衍生息。1985年10月13日，中国科学院古脊椎动物与古人类研究所等单位以及黄万波、李宣民等人在巫山县庙宇镇龙坪村的龙骨坡首次发现古人类化石，1986年10月24日再次发现古人类化石。所出古人类化石两件，其一为左侧下颌骨残块，其二为1枚上门齿。经鉴定，两件化石为同一种属，分属两个个体，被命名为"巫山人"。为直立人巫山亚种。1997年，中国科学院古脊椎动物与古人类研究所再次由黄万波领队对龙骨坡遗址进行了第二次发掘，除出土有动物化石外，还伴出了一批石制品，有手镐、薄刃斧、砾石砍砸器、大石片、石锤等。据对"巫山人"地层标本采用氨基酸测年及数据分析，"巫山人"生活年代为距今204万～201万年，地质年代为更新世早期。

1996年11月20日，国务院公布龙骨坡遗址为第四批全国重点文物保护单位。

[①] 参考"重庆市地方志办公室"网站转中共巫山县委党史研究室"巫山县情概览"（http://www.cqdfz.cn/shtml/cqdqw3/qxlm/wsx/qxqgl/2020/04/01/4368347.shtml）。

（二）迷宫洞遗址

迷宫洞遗址位于巫山县抱龙镇马坪村，1999年春，个体户朱开均在一土名"迷宫洞"的洞穴中发现较多动物化石。同年10月，中国科学院古脊椎动物与古人类研究所黄万波先生主持对迷宫洞进行了调查和试掘。出土各类动物化石300余件，最为重要的是出土了两件古人类化石及数十件石制品。两件人类化石属于同一个体的左、右顶骨，其特征与"资阳人"化石接近。由于此地当时属河梁区新建村，故命名为"河梁人"。据^{14}C测年表明，"河梁人"年代距今约1.5万年，属旧石器时代末期的晚期智人阶段[①]。

二、新石器时代

新石器时代巫山的考古学文化遗存以大溪遗址为代表。大溪遗址位于大溪河入长江处的左岸，与龙头山遗址及墓地紧邻。

巫山县的新石器时代考古工作起步较早。1925年至1926年，美国学者纳尔逊等一行人在三峡考察过程中，在巫山大溪河与长江交汇处的河边采集到新石器时代的石器和陶片若干，并在山坡断面上观察到包含有鱼骨、人骨的地层堆积。由此确定该地为一处新石器时代遗址，从而揭开了三峡考古的历史篇章。

此后的1958年、1959年和1975年，由四川省相关文物考古部门对大溪遗址进行了三次较大规模的调查和发掘。大溪遗址内涵丰富，特色鲜明且自成体系，其年代属新石器时代中期。由此，以大溪遗址命名该类遗存为"大溪文化"，该文化名称沿用至今。其分布范围覆盖长江中上游地区，根据其区域差异，又分为若干地域类型[②]。

在龙头山遗址和墓葬向东6千米的错开峡口东侧还有一处锁龙遗址也较重要。1997年，成都市文物考古研究所对其进行了发掘。该遗址为一处新石器时代末期遗址[③]。

三、夏商周时期

（一）巫山三代文化遗存

三代文化遗存在巫山并不鲜见。20世纪五六十年代，考古工作者在巫山大昌西坝遗址中发现了类似中原夏商时期的陶器。夏商时期的峡区属于古代巴人的主要生活区域，遗址和墓葬中

① 杨华：《三峡远古时代考古文化》，重庆出版社，2007年，第8～12、39、40页。

② 林向：《大溪文化与巫山大溪遗址》，《中国考古学会第二次年会论文集1980》，文物出版社，1982年，第124页。

③ 成都市文物考古研究所：《重庆市巫山县锁龙遗址1997年发掘简报》，《考古》2006年第3期，第14～31页。

出土了众多具有巴文化特色的器物，考古界称之为"早期巴人遗存"。

西周时期，楚文化开始越过深峡的"楚蜀鸿沟"，向土著巴文化渗透、融合。有学者认为，大昌双堰塘遗址是西周时期巫峡以西的峡江地区唯一可以确认的具有较多楚文化因素的遗址。其遗存分为两组，其中甲组遗存属于土著巴文化，占据主流地位。乙组遗存数量较少，但与鄂西地区早期楚文化遗存类似，应视为早期楚文化在峡江地区崭露头角。双堰塘遗址的年代为西周中、晚期。

东周以后，楚文化向峡江地区迅速渗透并向纵深发展，逐渐取代土著文化而占据主导地位。以春秋时期的跳石、蓝家寨以及大溪遗址晚期遗存为代表，东西贯穿巫山县境。跳石遗址位于巫峡内，该遗址出土的陶鬲、罐、豆、钵、盘、壶、瓮、缸等都是典型的楚文化遗物，年代属春秋中期。但遗址中仍有一定数量的巴文化遗物。跳石遗址紧邻鄂西，是楚文化西渐的一个重要据点。蓝家寨遗址位于大宁河的大昌古镇，性质与跳石遗址接近，年代略晚。大溪遗址处于巫山县的西界，主体内涵为新石器时代。但近年来的考古发现显示，楚文化遗存在该遗址也有分布，且相当单纯，巴文化遗物很少见，时代为春秋晚期。大溪遗址是目前所见典型的楚文化遗存在春秋时期分布最西端的一个点。这时期的楚文化墓葬在巫山也时有发现，如水田湾第一期墓，秀峰一中M3、M4，蓝家寨以及塔坪等。

巫山战国遗存以中、晚期墓葬为主，楚文化因素占主导地位，有瓦岗槽、琵琶州、麦沱、塔坪等。巴蜀文化因素依然不绝如缕，还有越文化因素和秦文化因素等，即所谓"复合文化墓葬"①。

（二）巫山三代历史背景

中国进入历史时期之初的夏商周时期，文字虽然已经诞生，但留存下来的则相当稀少，出土文献如凤毛麟角，传世的更不待说，奇少且语焉不详，又羼杂许多神怪色彩，可信度很低。《尚书·禹贡》分天下为九州，康熙《巫山县志》"建制沿革"曰："《禹贡》荆州之域，周为夔子国，后入楚。"又据《山海经·大荒南经》："有载民之国。帝舜生无淫，降载处，是谓巫载民。巫载民盼姓。"谓："巫山载民分盼姓，帝竣（俊）后。"②此说殊为不经。

夔子国有一定的史料依据。《国语·郑语》曰："融之兴者，其在芈姓乎？芈姓，夔越不足命也。"韦昭注曰："夔越，芈姓之别国也。楚熊绎六世孙曰熊挚，有恶疾，楚人废之，立其弟熊延。挚自弃于夔，其子孙有功，王命为夔子。"③《史记·楚世家》："成王三十九年（前633），灭夔，夔不祀祝融、鬻熊故也。"裴骃集解引服虔曰："夔，楚熊渠之孙，熊挚之后。夔在巫山之阳，秭归乡是也。"④如然，则夔子国辖域应涵盖三峡地区，巫山为所领属。后来位于奉节的夔州府及夔门之名亦应源自夔子国。夔子国立国大致在西周晚期的共和前

---

① 白九江：《从三峡地区的考古发现看楚文化的西进》，《江汉考古》2006年第1期，第51～64页。

② （清）佚名：康熙《巫山县志》，国立北平图书馆，民国十九年二月抄本。

③ （吴）韦昭：《国语》，《摛藻堂四库全书荟要》，（台湾）世界书局，1985年，卷十六页5上。

④ （汉）司马迁：《史记》卷四十，中华书局，1963年，第1698页。

后，初为楚的附庸国，后判楚（不祀楚的先祖祝融、鬻熊），春秋中期为楚所灭，正式纳入楚国版图，并指派令尹子玉城夔。楚国入主峡江地区后，巴人向西退保。

子玉城夔之后的设治情况不得而知，峡江地区设治最早见于楚威王时期的巫郡和黔中郡。汉刘向辑录《战国策·苏秦为赵合从说楚威王》曰："楚地西有黔中、巫郡，东有夏州、海阳，南有洞庭、苍梧，北有汾陉之塞、郇阳。"①黔中也应是郡名，黔中郡和巫郡都位于楚国的西境。在湘西里耶秦简出土以前，对这段话的解释多有歧义。多数学者都认定，黔中郡应在今湘西北地区，或曰郡治在沅陵县的窑头古城，或曰在常德临沅古城。主要是基本没有人将"洞庭"视为郡名。里耶秦简出土后，彻底颠覆认知，简牍中只有"洞庭郡"，却不见黔中郡。虽然《战国策》中的"洞庭"为战国中晚期，里耶简为秦，但毫无疑问，就洞庭郡而言，秦是承袭了战国的郡名。苏秦将楚国的疆界四至说得很具体，今天我们完全有理由相信，苏秦这段话所揭示的楚国疆界和地名都是当时的真实情况。而且《史记·苏秦列传》也有相同记述②。如此战国时期的黔中郡和巫郡都应在鄂西渝东一带扞关（今瞿塘峡）以东的峡江地区。其郡治尚不明，今巫山应为巫郡所辖。巫山有治始于先秦则是无疑义的。

而且战国时期巫与黔中二郡为楚国的西界，北与秦国接壤。《战国策·苏秦始将连横》苏秦对秦惠王说："大王之国，西有巴、蜀、汉中之利，北有胡貉、代马之用，南有巫山、黔中之限，东有肴、函之固。"③这是说的战国中期秦国的四至疆界。何谓"南有巫山、黔中之限"？即说秦国的南境止于楚国的巫山和黔中。"黔中"为郡名，"巫山"也应指巫郡。所以在战国早中期，巫、黔中二郡把守着楚国的西大门。西边是巴蜀，北面是秦。在战国中期，秦国慑于楚国强大，不敢与楚硬碰硬，欲避实就虚。于是秦将司马错撺掇惠王灭蜀，蜀为弱国。《史记》中未说灭蜀的目的是图楚，常璩《华阳国志》对司马错的真实意图进行了合理的诠释："蜀有桀纣之乱。其国富饶，得其布帛金银，足给军用。水通于楚。有巴之劲卒，浮大舶船以东向楚，楚地可得。得蜀则得楚。楚亡，则天下并矣。"④公元前316年，秦灭蜀。于是，秦开始打起了楚的主意，欲首先拿下巫、黔中二郡，搬掉这两个绊脚石。秦昭襄王八年（前299），秦使阴招拘留了楚怀王，并"要以割巫、黔中之郡"，怀王宁死不从，割地未果，秦人看轻了楚人的傲骨。怀王终死于秦手，楚秦因此结下世仇，楚也开始走下坡路。楚顷襄王时期，秦便屡番因蜀攻楚，走的都是巫与黔中这条道。《史记·秦本纪》：昭襄王"二十七年，……又使司马错发陇西，因蜀攻楚黔中，拔之。二十八年，大良造白起攻楚，取鄢、邓，赦罪人迁之。二十九年，大良造白起攻楚，取郢为南郡，楚王走。……三十年，蜀守若伐楚，取巫郡及江南为黔中郡"⑤，最后一条《史记·楚世家》作楚顷襄王"二十二年，秦复拔我巫、黔中郡"⑥当是。第一次拔黔中郡并未实际占领。至此，楚国的西境全部纳入秦国版籍。

①　（汉）刘向：《战国策》卷十四，上海古籍出版社，1985年，第500、501页。

②　（汉）司马迁：《史记》卷六十九，中华书局，1963年，第2259页。

③　（汉）刘向：《战国策》卷三，上海古籍出版社，1985年，第78页。

④　（晋）常璩撰，任乃强校注：《华阳国志校补图注·卷三》，上海古籍出版社，1987年，第126页。

⑤　（汉）司马迁：《史记》卷五，中华书局，1963年，第213页。

⑥　（汉）司马迁：《史记》卷四十，中华书局，1963年，第1735页。

四、秦 汉

（一）秦代

"巫"在里耶秦简中数见，为县名。在目前公布的秦简中见有10例，胪列如下。

简8-764：

径膚粟米一石九斗少半斗。卅一年正月甲寅朔丙辰，田官守敬、佐壬、禀人显出禀赍贪士五（伍）巫中陵免将。

令史扁视平。壬手。

简8-1014+9-934：

径膚粟米四斗泰半半。卅一年六月壬午朔朔日，田官守敬、佐舍、禀人娙出贪居赍士五（伍）巫南就路五月乙亥以尽辛巳七日食。

令史逐视平。舍手。

简8-1083：

上五（伍）巫南就路娶赍钱二千六百▢
卅一年四月丙戌，洞庭县官受巫▢

简8-1563：

廿八年七月戊戌朔癸卯，尉守窃敢之，洞庭尉遣巫居贷公卒安成徐署迁陵。今徐以壬寅事谒令仓贪食，移尉以展约日，敢言之。

七月癸卯，迁陵守丞膻之告仓主，以律令从事。逐手。即徐▢入▢。

癸卯，朐忍宜利锜以来。敞半。齮手。

简8-2336：

▢廿年巫▢▢[1]

---

[1] a. 湖南省文物考古研究所：《里耶秦简》（壹），文物出版社，2012年；b. 陈伟：《里耶秦简牍校释》第一卷，武汉大学出版社，2012年。注曰："巫，县名。《汉书·地理志》属南郡，治所在今重庆巫山城关。"

简9-762：

　　径脣粟米一石九斗少半斗。卅一年正月甲寅朔丙辰，田官守敬、佐壬、稟人□出稟屯戍士五（伍）巫狼旁久铁。

　　令史扁视平。壬手。

简9-1117+9-1194：

　　径脣粟米四斗泰半斗。卅一年六月壬午朔朔日，田官守敬、佐舍、稟人婭出貣居赀士五（伍）巫庳处阑叔五月乙亥以尽辛巳七日食。

　　令史逐视平。舍手。

简9-1903+9-2068：

　　廿六廿七月庚戌，癍舍守宣、佐秦出稻粟米二斗以貣居貣士五（伍）巫濡留利，积六日，日少半斗。

　　令史庆监。

简9-2197：

　　廿九年三月乙未朔戊戌，洞庭发弩守丞贺□
　　传御史书，□□段（假）守□言郡守尉、丞、守丞、监御□
　　三月辛丑水十一刻刻下□，巫陬里士五（伍）越以[1]

简16-6：

　　廿七年二月丙子朔庚寅，洞庭守礼谓县啬夫、卒史嘉、段卒史谷、尉属：令曰"传送委输，必先悉行城旦春、隶臣妾、居赀、赎罪，急事不可留，乃兴繇"。今洞庭兵输内史及巴、南郡、苍梧……
　　□月戊申夕士五巫下里闻令以来。庆手。如手。[2]

　　里耶秦简表明，在秦代罢巫郡为县，而黔中郡不见，可能也废了，只见洞庭、苍梧、南郡和巴郡，周振鹤先生认为："根据出土资料与传世文献重新思考，推测原定的长沙与黔中二郡实际上并不存在，应以洞庭、苍梧两郡取代之。""待到楚国彻底灭亡的翌年，秦始皇分天下

①　a. 湖南省文物考古研究所：《里耶秦简》（贰），文物出版社，2017年；b. 陈伟：《里耶秦简牍校释》第二卷，武汉大学出版社，2018年。
②　湖南省文物考古研究所：《里耶发掘报告》，岳麓书社，2007年，第193、194页。

为三十六郡，将楚国原来所置的巫郡与黔中郡罢去，使巫郡东部属南郡，西部属巴郡，黔中东部属洞庭郡，西部亦属巴郡，大致形成与自然地理背景相符合的态势"[1]。

周先生所言不无道理。而且秦罢巫、黔中二郡极有可能在统一之前，在楚顷襄王二十二年（前277）占领二郡之后。前文已论，秦觊觎二郡久矣，一旦得到，索性将其都废了。二郡属地散入南郡、巴郡和洞庭郡，"巫"为县。准此，今巫山一带在战国晚期至秦代为巫县，辖于南郡。应该说，秦祚虽短，但其政区设置，开启了两汉行政辖属关系的基本格局。

（二）汉代

西汉沿袭秦代，巫县仍属南郡所辖。《汉书·地理志第八上》，南郡属县十八：江陵、临沮、夷陵、华容、宜城、郢、邔、当阳、中庐、枝江、襄阳、编、秭归、夷道、州陵、若、巫、高成[2]。

然而，班固为东汉前期人，所述建制应为西汉中晚期，与西汉前期有所差异。

2004年，湖北荆州博物馆在纪南镇松柏村一座汉墓（M1）中出土了一批简牍，其中属于簿册的简牍记录包括南郡及江陵西乡等地的户口簿、正里簿、免老簿、新傅簿、罢癃簿、归义簿、复事算簿、见（现）卒簿、置吏卒簿等。其中35号木牍部分释文如下：

正面第一栏

　　南郡免老簿
　　巫免老二百七十八人
　　秭归免老二百卅六人
　　夷道免老六十六人
　　夷陵免老卅二人
　　醴阳免老六十一人
　　孱陵免老九十七人
　　州陵免老七十四人
　　沙羡免老九十二人
　　安陆免老六十七人
　　宜成免老二百卅二人

正面第二栏

　　临沮免老三百卅一人

① 周振鹤：《秦代洞庭、苍梧两郡悬想》，《复旦学报（社会科学版）》2005年第5期，第63～67页。
② （汉）班固撰，（唐）颜师古注：《汉书》第6册，中华书局，1964年，第1566、1594页。

显陵免老廿人

江陵免老五百卅八人

襄平侯中庐免老百六十二人

邔侯国免老二百六十七人

便侯国免老二百五十人

轪侯国免老百三十八人

凡免老二千九百六十六人^①

上简显示，南郡辖县有13个，侯国4个，共17个，较汉书少1个。两相对照，差别还是较明显。有迹象表明，西汉武帝时期行政区划曾有一次较大变更。当然，巫县的隶属关系自始至终没有变化。

东汉巫县仍隶属于南郡。《后汉书·志第二十二·郡国四》载南郡属县17个，依次为：江陵、巫、秭归、中庐、编、当阳、华容、襄阳、邔、宜城、郢、临沮、枝江、夷道、夷陵、州陵、佷山。与西汉后期相差无几。没有郢和高成，可能省并，多出佷山，乃从武陵郡移入^②。

汉代巫县极有可能治于今巫山县。2006年，湖北省武汉市文物考古研究所在巫山北门坡发掘到汉代夯土古城墙，其中东西城墙均已找到。从城墙结构等因素初步判断，这次发现的古城墙应为汉代，可能以西汉为主。城墙下还发现了西周时期的文化层。巫山县周围历年发现和发掘的汉墓上万座，说明汉代的巫山就是一座规模较大的城市，城址的发现便是最好证明^③。

五、六　　朝

汉末，诸侯割据，汉朝廷名存实亡。建安十三年（208），曹操据荆州，分南郡枝江以西置临江郡，巫县属焉。赤壁之战后，孙吴得荆州。建安十五年（210），吴主孙权又将荆州借与刘备。刘备改临江郡为宜都郡^④。《三国志·蜀书·向朗传》："先主定江南，使（向）朗督秭归、夷道、巫、夷陵四县军民事。"^⑤三年间，巫县凡三易其主。又分巫县北置北井县，治今巫溪县境，包括今巫山县大昌镇一带。北井为县，地理名宿杨守敬谓："疑先主（刘备）领荆州时所置。"^⑥今人梁允麟考证："刘璋分置北井县。"^⑦总之，北井设治在季汉，大约在建安十五年（210）前后，隶于巴东郡（治今奉节）。而巫县隶于宜都郡。刘备入川后，皆为蜀领地。建安二十四年（219），蜀将关羽为吴所害，荆州失守，吴收复南郡、宜都二郡，自

① 荆州博物馆：《湖北荆州纪南松柏汉墓发掘简报》，《文物》2008年第4期。

② （南朝宋）范晔：《后汉书·志第二十二》，中华书局，1965年。

③ 梁剑：《巫山古城遗址掘出汉代城墙》，《三峡都市报》2006年5月11日，引自中国社会科学院考古研究所"中国考古"网（www.kaogu.cn/cn/xianchangchuanzhenlaoshuju/2013/1025/37033.html）。

④ 梁允麟：《三国地理志》，广东人民出版社，2004年，第309页。

⑤ （晋）陈寿：《三国志》卷四十一，中华书局，1964年，第1010页。

⑥ 杨守敬：《三国郡县表补正》，《杨守敬集》第一册，湖北人民出版社，1988年，第466页。

⑦ 梁允麟：《三国地理志》，广东人民出版社，2004年，第362页。

是，终三国一朝再未易主。吴永安三年（260）又分宜都置建平郡，治巫县[1]。

晋仍吴旧。《晋书·地理下》："建平郡。吴、晋各有建平郡，太康元年合。统县八，户一万三千二百。巫、北井、秦昌、信陵、兴山、建始、秭归、沙渠。"而上庸郡另有北巫县，在鄂西北[2]。"秦昌"乃"泰昌"之误，北周易名"大昌"，治今巫山大昌镇[3]。

南朝基本仍晋旧，属建平郡。

六、隋唐五代

隋改巫县为巫山县，是巫山县名之始。《隋书·地理上》："巴东郡。梁置信州，后周置总管府，大业元年废府。统县十四，户二万一千三百七十。"郡治今奉节县。所领十四县为：人复、云安、南浦、梁山、大昌、巫山（旧置建平郡，开皇初郡废）、秭归、巴东、新浦、盛山、临江、武宁、石城、务川[4]。

唐先属信州，旋名夔州，又改云安郡，又复夔州。属山南东道。均治今奉节县。《旧唐书·地理二》："夔州，下。隋巴东郡。武德元年，改为信州。领人复、巫山、云安、南浦、梁山、大昌、武宁七县。二年，以武宁、南浦、梁山属浦州。又改信州为夔州，仍置总管，管夔、硖、施、业、浦、涪、渝、谷、南、智、务、黔、克、思、巫、平十九州。八年，以浦州之南浦、梁山来属。九年，又以南浦、梁山属浦州。贞观十四年，为都督府，督归、夔、忠、万、涪、渝、南七州。后罢都督府。天宝元年，改为云安郡。至德元年，于云安置七州防御使。乾元元年，复为夔州。二年，刺史唐论请升为都督府。寻罢之。旧领县四，户七千八百三十，口三万九千五百五十。"所领四县为奉节、云安、巫山、大昌[5]。

五代仍唐旧。

七、宋 元

宋属夔州路所辖夔州，仅领奉节、巫山两县。另有夔州路所辖大宁监，辖大昌县。《宋史·地理五》："大宁监，同下州。开宝六年，以夔州大昌县盐泉所建为监。元丰户六千六百三十一。贡蜡。县一：大昌。中下。端拱元年，自夔州来隶。旧在监南六十里，嘉定八年，徙治水口监。"[6]大宁监，《宋史地理志汇释》谓："治今巫溪县。"[7]

元属四川等处行中书省夔州路总管府。《元史·地理三》："夔路，下。唐初为信州，

① 张习孔、田珏：《中国历史大事编年》第一卷，北京出版社，1987年，第721页。

② （唐）房玄龄等：《晋书》卷十五，中华书局，1974年，第456页。

③ （清）顾祖禹：《读史方舆纪要》卷六十九，中华书局，1957年，第2966页。

④ （唐）魏征：《隋书》卷二十九，中华书局，1973年，第825页。

⑤ （后晋）刘昫：《旧唐书》卷三十九，中华书局，1975年，第1555页。

⑥ （元）脱脱：《宋史》卷八十九，中华书局，1977年，第2229页。

⑦ 郭黎安：《宋史地理志汇释》，安徽教育出版社，2002年，第227页。

又为夔州，又为云安郡，又仍为夔州。宋升为帅府。元至元十五年，立夔州路总管府，以施、云安、万、大宁四州隶焉。二十二年，又以开、达、梁山三州来属。户二万二十四，口九万九千五百九十八。至元二十七年数。领司一、县二、州七。州领五县。""县二：奉节，下。巫山。下。"又："大宁州，下。旧大昌县，宋置监。元至元二十年，升为州，并大昌县入焉。"①此时大昌县省并入大宁州，应治今大昌镇。

八、明　清

明属四川承宣布政使司夔州府。《明史·地理四》："夔州府，元夔州路，属四川南道宣慰司。洪武四年为府。九年四月降为州，属重庆府。十年五月直隶布政司。十三年十一月复为府。领州一，县十二。"巫山、大昌属焉②。

因明以前与巫山县相关的地方志阙轶，其疆界不甚清楚，大溪河口一带是否属巫山辖域也不得而知。我们只能以今天的巫山辖域来界定大溪河一带的辖属关系。正德《夔州府志》卷首载有巫山县和大昌县的辖域和四至里程："巫山县：东西约广一百六十里，南北约长二百四十里。东至湖广巴东县界九十里，西至奉节县界七十里，南至建始县界一百二十里，北至大宁县界一百二十里。大昌县：东西约广三百七十里，南北约长四百里。东至湖广巴东县界二百五十里，西至大宁县界一百二十里，南至巫山县界一百里，北至陕西房县界二百里。"这是指华里，但也不一定准确。又奉节县界"东至巫山县界五十里"，这就应该将大溪河以东涵盖了，较今天奉节县的东界要远③。

清代仍明旧，属四川省夔州府。《清史稿·地理十六》："夔州府：要，冲，繁，难。隶川东道。明，府。顺治初，沿明制，领州一，县十二。康熙六年，省大宁入奉节。七年，省新宁入梁山。九年，省大昌入巫山……领县六。"④

清康熙九年，大昌县并入巫山县，其辖域与今天的辖域相差无几。康熙《巫山县志》"疆界"有："西之水路至大江黑石滩捌拾里，抵奉节界。"⑤又乾隆《夔州府志》卷一奉节县"山川"有："黑石滩，治东十五里，居夔峡之中，与巫山交界。"⑥如此，清代巫山的西界到达了大溪河。

① （明）宋濂：《元史》卷六十，中华书局，1976年，第1443、1444页。

② （清）张廷玉：《明史》卷四十三，中华书局，1974年，第1029、1030页。

③ （明）吴潜、傅汝舟：正德《夔州府志》卷首，《天一阁藏明代方志选刊》，上海古籍书店，1961年影印，图三、图十一、图十二。

④ 赵尔巽：《清史稿》卷六十九，中华书局，1977年，第2219页。

⑤ （清）佚名：康熙《巫山县志》，国立北平图书馆，民国十九年二月抄本。

⑥ （清）杨崇、焦懋熙：乾隆《夔州府志》卷一，乾隆十二年刊刻，页19上。

九、民国以后

民国元年（1912）裁废道制，以府、州、厅直隶省政。民国二年（1913），袁世凯为复辟帝制作准备，废省改道，以道统县，全川划为七道，巫山县隶属川东道（旋为东川道）。之后，军阀割据，道已名存实亡。民国二十四年（1935），蒋介石主持川政，设四川省政府，推行行政督察区制，巫山县隶属第九行政督察区万县专员公署。1949年后，四川划为四个行署区，巫山县隶属川东行署区万县专区。1953年，四川撤销行署区，成立四川省。1968年10月，改四川省万县专署为万县地区行署，巫山县随属。1997年6月，成立重庆直辖市，巫山县隶属至今。

1951年3月，湖北省建始县铜鼓乡划归巫山县官渡区境域。1961年3月，将龙溪公社所属上安、下安、双河三个大队的山地1784.5亩，水田342.3亩析出，划归巫溪县境，形成今天的巫山县域[①]。

第四节 调查、勘探与发掘

龙头山遗址及墓葬共进行了三次发掘，分别为2004年、2007年和2008年。2004年一并进行了调查勘探。

（一）2004年

2004年11月至12月，怀化市文物处与巫山县文管所组成考古队对巫山县龙头山遗址及墓葬进行勘探、发掘工作。本次工作的项目计划是：勘探面积20 000平方米，发掘面积750平方米。

因为项目是龙头山遗址发掘，龙头山遗址位于大溪河口的东侧。因而勘探工作首先在此处进行。勘探共分四个区，从勘探情况看，地层简单，农耕土层下就是生土层，仅在Ⅰ区发现有小面积宋代地层。原普查所确定的遗址可能已经完全被水淹没。

鉴于以上情况，经请示重庆市有关文物主管部门领导同意，可在原普查的文物点向外延伸进行调查勘探与发掘。于是，考古队沿大溪河口两岸进行勘察。2004年6月，重庆市文物考古所曾在大溪遗址上部地名上溪的地方进行过墓群发掘，共发掘东汉至南北朝时期的石室墓20余座，墓葬排列密集，规模宏大，是一处重要墓地。于是考古队来到此处进行探查，果然发现了汉代遗址及墓葬。经与当地村、组联系，决定转移到上溪发掘。

由于上溪与原签署的合作项目地点的位置和地名都不同，于是请示重庆市文物主管部门领

---

① 参考"重庆市地方志办公室"网站转中共巫山县委党史研究室"巫山县情概览"（http://www.cqdfz.cn/shtml/cqdqw3/qxlm/wsx/qxqgl/2020/04/01/4368347.shtml）。

导是否更改项目名称，重庆方面认为名称就是一个符号，既已定型，就不宜改变，以免导致不必要的麻烦。所以文物点名称还是叫"龙头山"（图二）。

本年度发掘墓葬8座，另在遗址区清理灰坑及窑址各一座。

参加本次勘探发掘的工作人员有：湖南省文物考古研究所尹检顺（领队），怀化市文物处向开旺（执行领队）、田云国、杨志勇，巫山县文物管理所胡明忠，芷江县文物管理所张涛、江洪，沅陵县文物管理所杨良家，溆浦县文物管理所陈勇兵，技工向树青等。绘图张涛，拓片田云国，资料录入杨志勇，器物修复向树青。

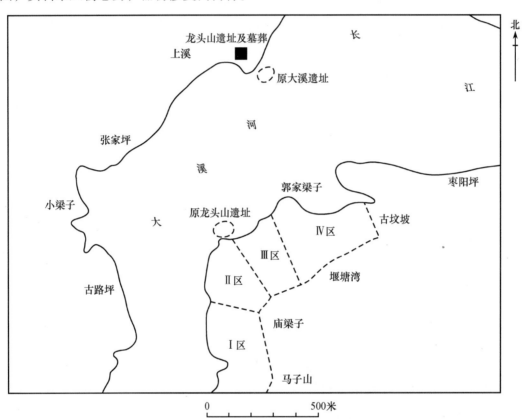

图二　龙头山遗址及墓葬勘探发掘区位及地貌示意图

（二）2007年

龙头山继上次发掘之后，重庆市文化局三峡办于2007年再次给湖南省文物考古研究所下达1500平方米发掘任务。湖南省文物考古研究所指派怀化市博物馆组队发掘。发掘工作自2007年9月初开始，10月下旬结束，历时两个月。

2006年三峡库区实行了第二次蓄水，由第一次蓄水的135米高度提升至156米。但因考古队进场时正值腾库放水防洪时期，水位降落至145米。于是便抢在水位消落带145～156米间进行发掘，共布探方28个。受地形局限，探方多不是正方向。其中T31～T35、T54～T58为正方向布方，T36～T38偏角10°，T39～T44偏角15°，T45～T53偏角35°。其中5米×5米探方23个（T31～T53），10米×10米探方5个（T54～T58），面积1075平方米。探方沿长江和大溪河呈曲尺形排列，T31～T53靠长江一侧，T54～T58靠大溪河一侧。另外扩方及单独清理墓葬面积

425平方米，合计发掘面积1500平方米，发掘墓葬15座。

参加本次勘探发掘的工作人员有：湖南省文物考古研究所尹检顺（领队），怀化市博物馆向开旺（执行领队）、杨志勇，巫山县文物管理所徐昌勇，中方县文物管理所周明，技工向树青。绘图周明、杨志勇，器物修复、拓片向树青。

（三）2008年

龙头山墓地在2007年下半年发掘的基础上，2008年初，重庆市文化局三峡办再次增加发掘计划3000平方米。怀化市博物馆考古队于当年3月至5月进行了为期两个月的发掘工作。

在此次发掘时，三期工程关闸蓄水至156米，于是选择160米水位线以上至175米间的带状地带布10米×10米探方28个，计2800平方米，另单独清理墓葬10座，计200平方米，合计3000平方米。探方均不是正方向，其中T59~T64偏角18°，T65、T67、T69偏角3°，T84~T86偏角35°，其余探方偏角10°。本年度共发掘墓葬40座。

参加本次勘探发掘的工作人员有：湖南省文物考古研究所尹检顺（领队），怀化市博物馆向开旺（执行领队），巫山县文物管理所徐昌勇，中方县文物管理所周明、拂晓，技工向树青。绘图周明、向树青、徐昌勇，照相向开旺，拓片、器物修复向树青。

三个年度共布探方86个，其中5米×5米探方51个，10米×10米探方33个，异形探方2个。面积4617平方米，另单独发掘的墓葬和扩方面积633平方米，共5250平方米。其中遗址部分142平方米，余为墓葬发掘面积。共发掘墓葬63座，探方中分布有45座，另探方外也清理18座。遗址发掘只清理窑址和灰坑各1个（图三）。

第五节 资料整理与报告编写

龙头山遗址及墓葬进行了三个年头的发掘，每次发掘都遵照重庆市三峡办的要求对发掘情况进行了详细的资料记录，包括探方、墓葬发掘的田野文字记录、绘图、正片及反转片摄影、摄像等，并按要求撰写了开工报告、中期报告和完工报告。年度田野工作结束后及时进行当年的发掘资料整理，包括出土器物的修复、绘图、照相等。以上工作完成后，将出土器物移交巫山县文物管理所，然后回怀化进行资料整理，包括撰写年度发掘简报、文字及图纸资料的分类装袋、照片冲印、照片及底片的编辑入册等。然后前往重庆向三峡办移交所有文字、图纸及影像资料档案，并验收合格。三个年头的工作都严格按以上程序进行。

按照三峡办的要求，凡发掘面积达到或超过5000平方米的文物点除撰写年度发掘简报外，还要编撰出版正式的发掘报告。龙头山遗址和墓葬三次发掘面积共5250平方米，超过了编写考古专著的最低限度。

自2008年龙头山遗址及墓葬的考古工作结束至今，已经有十几年时间了，由于人事变迁、专业技术人员欠缺以及工作经费的捉襟见肘等各种原因，一直未能启动考古专著的编撰工作。

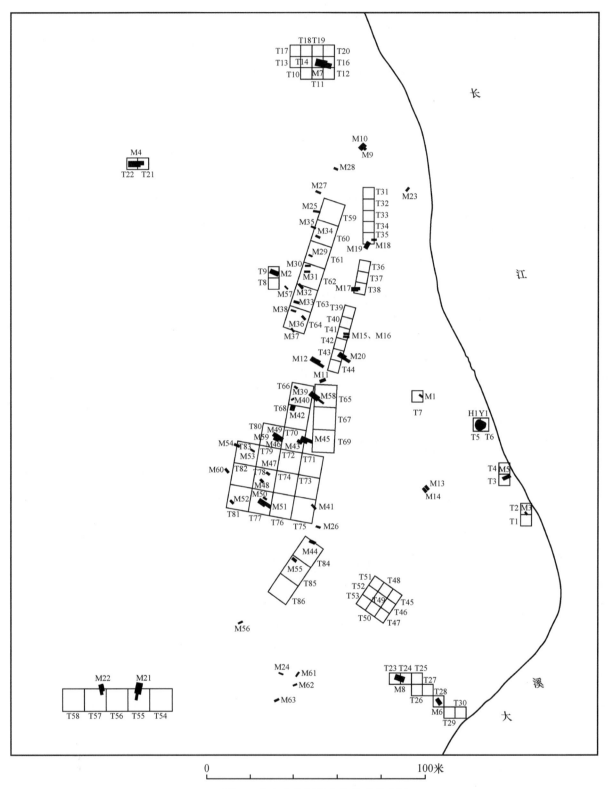

图三　龙头山发掘探方及墓葬分布图

2021年下半年，重庆市文物主管部门的领导向湖南省文物考古研究所和怀化市博物馆相关人员询问工作进展情况，并催促尽快完成。由于怀化方面确实没有能力和资金从事这项工作，故重庆市文物主管部门便责成合同签署方湖南省文物考古研究所完成这项工作。湖南省文物考古研究所经所领导研究决定，指派谭远辉主要负责此项工作。

2022年2月23日，谭远辉带领绘图和摄影人员前往重庆中国三峡博物馆提取龙头山发掘资料。经与重庆方负责这项工作的领导王建国先生及三峡考古发掘资料档案室的李琳女士取得联系，于2月24日进入博物馆档案资料室。该馆做了很好的前期工作，已经将三峡考古资料全部扫描进行了数字化处理，我们将龙头山的发掘资料全部拷贝过来，并将其与原始纸质档案进行核对，确实没有遗漏和混淆。但是经检查电子资料时发现原始发掘资料以及数字化资料都存有一些不足之处。首先是原始资料图纸欠规范，器物照片拍摄从背景、用光以及对焦都存在问题。其次，扫描的电子资料分辨率普遍较低。文字资料且不论，图纸可以重绘，器物照也可以去巫山重拍，唯独不能再生的就是现场发掘照片，于是我们挑选了一部分拍摄效果较好的现场发掘照片进行了翻拍。

重庆的资料提取后，3月3日，工作组前往巫山县博物馆进行器物拍照。当天下午到达巫山县博物馆，得到了业务部主任张辉和保管部袁毅同志的热情接待。他们介绍在进行可移动文物普查的信息采集过程中已对巫山所有出土文物都进行了数码照相，包括龙头山出土器物。并当即从电脑中调出龙头山器物照片，都是单件器物照，我们看了认为符合出版要求，但有些墓葬的器物组合还得重新拍照，经清点可以拍组合的墓葬只有9座，其余大都只有一两件器物，或几件微小器物，不适宜拍组合。3月4日，我们进入博物馆库房拍摄选定墓葬的器物组合照，巫山博物馆的库房管理非常规范，每件器物都有准确定位，很快便将需要拍照的器物找齐，一件不少。由此也可以对重庆市峡江地区文博单位的规范化管理窥斑见豹。工作进行得非常顺利，当天就将组合照拍完，离开巫山返湘。

在重庆提取资料时我们就发现，龙头山三个年份发掘的探方和墓葬都是分开编号，没有统一编流水号。编年度简报无所谓，但编综合报告就不妥了，在后续研究中会产生一些麻烦，因而必须进行资料统筹，将各年度的探方和墓葬予以统一编号。三个年度的发掘共开挖探方86个（其中2004年30个，2007年和2008年各28个），发掘窑一座，灰坑一个（均2004年），墓葬63座（其中2004年8座，2007年15座，2008年40座）。现依发掘时间早晚顺序统一编号。编号调整如表一所示。

表一　龙头山遗址及墓葬新旧编号对应表

原号	新号	原号	新号	原号	新号
2004T1	T1	2004T9	T9	2004T17	T17
2004T2	T2	2004T10	T10	2004T18	T18
2004T3	T3	2004T11	T11	2004T19	T19
2004T4	T4	2004T12	T12	2004T20	T20
2004T5	T5	2004T13	T13	2004T21	T21
2004T6	T6	2004T14	T14	2004T22	T22
2004T7	T7	2004T15	T15	2004T23	T23
2004T8	T8	2004T16	T16	2004T24	T24

续表

原号	新号	原号	新号	原号	新号
2004T25	T25	2008T4	T62	2007M3	M11
2004T26	T26	2008T5	T63	2007M4	M12
2004T27	T27	2008T6	T64	2007M5	M13
2004T28	T28	2008T7	T65	2007M6	M14
2004T29	T29	2008T8	T66	2007M7	M15
2004T30	T30	2008T9	T67	2007M8	M16
2007T1	T31	2008T10	T68	2007M9	M17
2007T2	T32	2008T11	T69	2007M10	M18
2007T3	T33	2008T12	T70	2007M11	M19
2007T4	T34	2008T13	T71	2007M12	M20
2007T5	T35	2008T14	T72	2007M13	M21
2007T6	T36	2008T15	T73	2007M14	M22
2007T7	T37	2008T16	T74	2007M15	M23
2007T8	T38	2008T17	T75	2008M1	M24
2007T9	T39	2008T18	T76	2008M2	M25
2007T10	T40	2008T19	T77	2008M3	M26
2007T11	T41	2008T20	T78	2008M4	M27
2007T12	T42	2008T21	T79	2008M5	M28
2007T13	T43	2008T22	T80	2008M6	M29
2007T14	T44	2008T23	T81	2008M7	M30
2007T15	T45	2008T24	T82	2008M8	M31
2007T16	T46	2008T25	T83	2008M9	M32
2007T17	T47	2008T26	T84	2008M10	M33
2007T18	T48	2008T27	T85	2008M11	M34
2007T19	T49	2008T28	T86	2008M12	M35
2007T20	T50	2004Y1	Y1	2008M13	M36
2007T21	T51	2004H1	H1	2008M14	M37
2007T22	T52	2004M1	M1	2008M15	M38
2007T23	T53	2004M2	M2	2008M16	M39
2007T24	T54	2004M3	M3	2008M17	M40
2007T25	T55	2004M4	M4	2008M18	M41
2007T26	T56	2004M5	M5	2008M19	M42
2007T27	T57	2004M6	M6	2008M20	M43
2007T28	T58	2004M7	M7	2008M21	M44
2008T1	T59	2004M8	M8	2008M22	M45
2008T2	T60	2007M1	M9	2008M23	M46
2008T3	T61	2007M2	M10	2008M24	M47

续表

原号	新号	原号	新号	原号	新号
2008M25	M48	2008M31	M54	2008M37	M60
2008M26	M49	2008M32	M55	2008M38	M61
2008M27	M50	2008M33	M56	2008M39	M62
2008M28	M51	2008M34	M57	2008M40	M63
2008M29	M52	2008M35	M58		
2008M30	M53	2008M36	M59		

　　本报告力求对原始资料予以客观报道，在此基础上对三个年份的发掘资料进行整合，包括墓葬图、器物图、器物描述以及体例等都进行了规范化处理，对墓葬的年代、文化特色等也都进行了重新甄别、考辨，其与原发掘简报有歧义处当以本报告为准。

第二章 历年调查、勘探与发掘资料

第一节 2004年调查勘探

2003年，三峡水库进行了第一次蓄水，原定水位135米，实际水位已达139米，即原处于139米以下的文物点都已经淹没在水下。怀化市文物处考古队所承接的项目是"龙头山新石器时代遗址"的考古勘探与发掘。文物普查资料表明，龙头山遗址位于大溪河入长江处的右岸，遗址分布于130米水位线上下，如此则遗址已被水淹没。为了进一步弄清遗址的保存现状，考古人员对遗址所在范围139～175米待蓄水区域内作进一步的调查勘探。

根据地形，勘探由西往东分为四区。Ⅰ区约6000平方米，开1米×10米探沟5条，探铲钻孔70个，挖探洞90个。Ⅱ区约5400平方米，开1米×12米探沟3条，探铲钻孔80个，挖探洞148个。Ⅲ区约5800平方米，开1米×10米探沟4条，探铲钻孔85个，挖探洞86个。Ⅳ区约7400平方米，挖1米×12米探沟6条，探铲钻孔70个，挖探洞113个。总勘探面积20 000平方米。

从勘探情况看，地层简单，农耕土层下就是生土层，仅在Ⅰ区发现有宋代地层堆积。未发现宋以前的文化层堆积及其包含物，证明原遗址分布区确已淹没于水下。鉴于这一情况，经请示重庆市文物主管部门领导同意，可在相近的范围内进行调查勘探与发掘。于是，我们沿大溪河口两岸上下3千米范围内进行勘察，终于在龙头山对岸原大溪文化遗址上部名叫上溪的地方发现了汉代遗址及墓葬。征得重庆方面同意后，我们转移到该地点进行发掘。项目依然称"龙头山遗址"。

本年度共开探方30个，均采取正方向布方。其中遗址发掘区探方6个（T1～T6），T1～T4为5米×5米，T5为3米×6米，T6为4米×6米，面积142平方米。墓葬发掘区探方24个（T7～T30），均为5米×5米，面积600平方米。探方总面积742平方米，包括墓葬发掘扩方，面积已超过750平方米。遗址为汉代地层，现存面积约1000平方米，分布于海拔139～143米之间，139米以下已经淹没，分布情况不明。清理灰坑及窑址各一座（图四）。

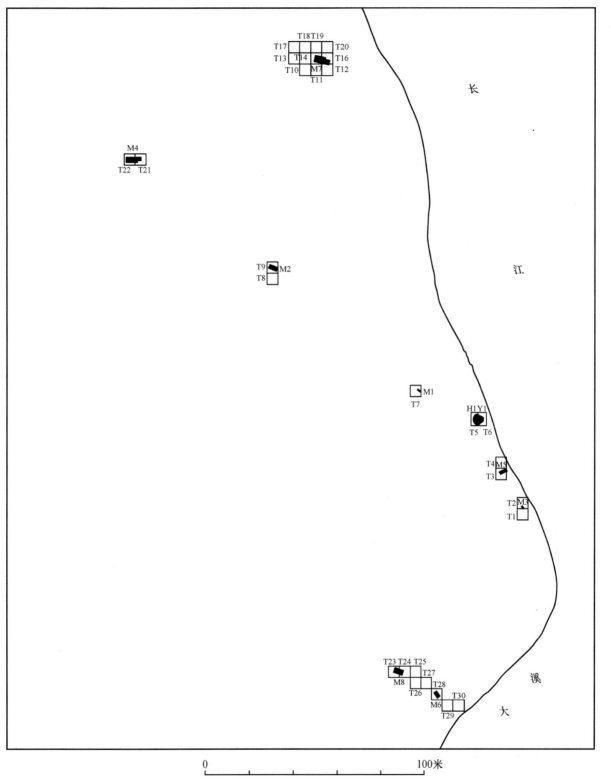

图四　2004年发掘探方及遗迹分布图

第二节　2004年遗址发掘

仅在2004年第一次发掘时发掘了遗址地层。遗址现保存总面积约1000平方米。位于山体前沿139～143米水位线内，因关闸水位已至139米，139米以下情况已不清。布6个探方进行遗址发掘，两两相连。其中T1～T4为5米×5米、T5为3米×6米、T6为4米×6米，面积142平方米。

一、地层及出土物

（一）地层

因发掘面积较小，堆积较薄，地层比较简单。一般为三层，局部只有一层或两层，而汉代文化层只在第3层。现以T1、T2西壁为例说明其地层堆积状况。

第1层：耕土层，为灰黄色土含砂砾，厚35～60厘米。

第2层：灰黄色土层，含沙量较多，系现代建筑扰乱，厚15～50厘米。包含有近现代青砖、青花瓷片等。

第3层：灰褐色土层，含砂量少，土质结构较紧密，厚20～45厘米。出土有筒瓦、板瓦残片以及陶罐、盆、钵、豆、鬲等器物残片若干。

第4层为生土层（图五）。

在探方中发现遗迹两处，其中灰坑和窑址各一处。编号H1、Y1。位于T5和T6两探方内，以T6西壁为例说明地层情况。

第1层：耕土层，为灰黄色土含砂砾，厚10～65厘米。

第2层：只分布于北部。灰黄色土层，含沙量较多。包含有近现代青砖、青花瓷片等。厚0～20厘米。

2层下为生土层。

H1开口于2层下，H1又叠压Y1，均打破生土层（图六）。

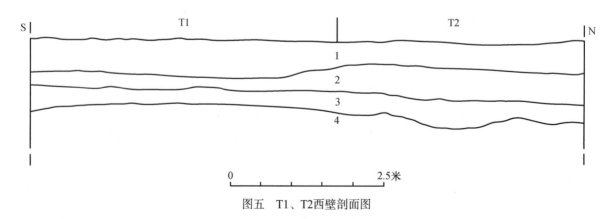

图五　T1、T2西壁剖面图

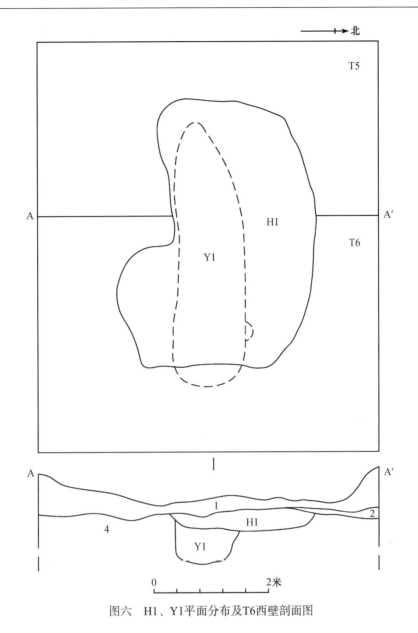

图六 H1、Y1平面分布及T6西壁剖面图

（二）地层出土器物标本

因文化层较薄且只有一层，故地层中出土遗物较少，主要为建筑废弃堆积，有大量绳纹瓦片。陶器多为残片，可辨器形有罐、瓮、盆、钵、鬲等。

（1）罐 选取标本1件。

标本T2③：1，口部残片。泥质褐陶。平折沿，高直领，斜肩以下残。领、肩有细竖绳纹。口径13.2、残高3.6厘米（图七，2）。

（2）瓮 标本1件。

标本T5③：3，口部残片。泥质灰陶。弇口，宽斜沿，斜折肩，肩以下一周弦纹，弦纹上下有竖绳纹。口径14、肩径30.8、残高5厘米（图七，1）。

（3）鬲 口沿和足各1件。

标本T2③：12，鬲口沿。泥质灰陶。侈口，外贴沿，沿下一周凸棱。弧颈以下残。口径

11、残高1.9厘米（图七，5）。

标本T5③：1，鬲足。夹砂褐陶。锥柱形。有绳纹。残长7.6厘米（图七，6）。

（4）盆　选取标本2件。

标本T2③：2，泥质褐陶。侈口，三角形凸唇，直颈下一周凸棱，深弧腹残。口径12、残高4.8厘米（图七，3）。

标本T2③：4，泥质灰陶。折沿，沿面下弧，侈口，短颈，弧腹下部一周凸棱，底残。口径19、残高5.4厘米（图七，4）。

（5）钵　选择标本1件。

标本T5③：4，泥质灰陶。敞口，外贴弧沿，斜直壁，底边折转。底残。腹有瓦楞状弦纹。口径16、残高7厘米（图七，8）。

（6）豆　选择标本1件。

标本T2③：6，残。泥质褐陶。弧壁盘，柱状柄。残高3.2厘米（图七，7）。

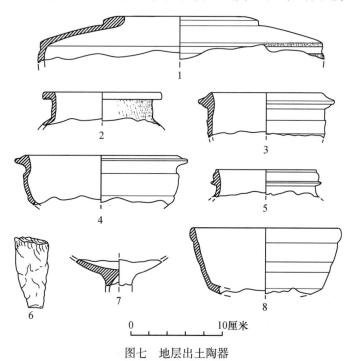

图七　地层出土陶器

1. 瓮（T5③：3）　2. 罐（T2③：1）　3、4. 盆（T2③：2、T2③：4）　5. 鬲口沿（T2③：12）　6. 鬲足（T5③：1）

7. 豆（T2③：6）　8. 钵（T5③：4）

二、H1及出土物

（一）H1形制

H1主体位于T5、T6中。开口于第2层下，多直接位于第1层下，打破生土层，叠压于Y1之上。长4.5、宽2.3～3.5、深0～1.1米。坑口平面形状略呈腰圆形，坑底由西向东倾斜，灰褐色填土（图八）。

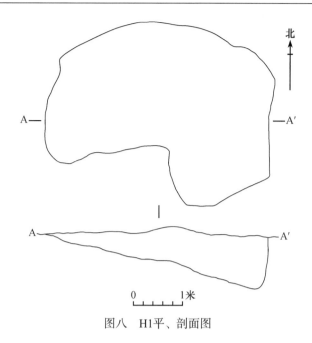

图八　H1平、剖面图

坑内含大量汉代筒瓦、板瓦残片，出土陶器残片可辨器形有罐、盆、壶、钵、纺轮以及网坠、管状骨饰、铜镞等。陶器均为泥质灰陶，个别器物有黑衣（图版三，1）。

（二）出土器物

有陶、铜、骨、石器。

1. 陶器

42件（不含瓦片）。有罐、瓮、盆、钵、豆、甑、纺轮、网坠、圆陶片及瓦片。

（1）罐　22件。选取标本四件，均口部残片。

标本H1：9，泥质灰陶。弧沿，直口，直领微弧，斜肩。肩部饰粗绳纹。口径21.4、残高6厘米（图九，4）。

标本H1：23，泥质灰陶。卷沿，厚圆唇，斜肩。残高4厘米（图九，2）。

标本H1：29，泥质灰陶。敞口，斜折沿上凹下凸。口径18、残高2厘米（图九，1）。

标本H1：36，泥质灰陶。侈口，圆唇，弧领残。口径12、残高2.8厘米（图九，3）。

（2）瓮　1件。

标本H1：19，泥质灰陶。口部残片。小口内凹外斜。颈部内凸，斜弧肩。口径11、残高2.2厘米（图九，10）。

（3）盆　5件。选取标本4件。泥质灰陶。

标本H1：11，泥质黑褐陶。窄平折沿，直口，弧腹，平底。颈部四周凹凸相间弦纹。口径25.8、底径11.6、高12厘米（图九，6；图版五，2）。

标本H1：13，泥质灰陶。平折沿较宽。直口。颈部有凹凸相间弦纹。颈以下残。口径28、残高5.4厘米（图九，5）。

标本H1：14，泥质黑衣褐陶。口部残片。直口，厚三角形沿，颈外凹弧。弧腹。口径16、残高5.8厘米（图九，8）。

标本H1：16，泥质灰陶。口部残片。大致同标本H1：14。颈内外有凸棱。口径16、残高4厘米（图九，9）。

（4）钵　6件。均口部残片。选取标本4件。泥质灰陶。

标本H1：12，泥质黑衣灰陶。敞口，沿外凸，沿下一周凹圈。弧腹残。口径18、残高4厘米（图九，12）。

标本H1：22，泥质灰陶。沿较薄，腹较深。余同标本H1：12。口径18、残高5厘米（图九，11）。

标本H1：24，泥质灰陶。敛口，圆唇，弧腹。口外两周凹圈。残高3.8厘米（图九，13）。

标本H1：43，泥质灰陶。敛口，方唇，弧腹较深。口外有一小孔。口径22、残高5.8厘米（图九，7）。

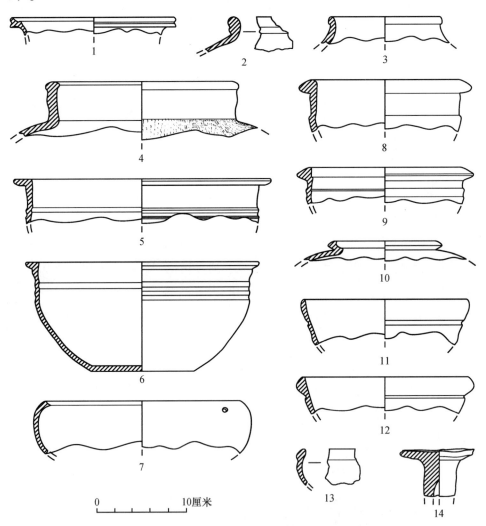

图九　H1出土陶器

1~4.罐（H1：29、H1：23、H1：36、H1：9）　5、6、8、9.盆（H1：13、H1：11、H1：14、H1：16）

7、11~13.钵（H1：43、H1：22、H1：12、H1：24）　10.瓮（H1：19）　14.豆柄（H1：37）

（5）甑　1件。

标本H1：44，泥质褐陶。底部残片，见三个箅孔（图一〇，4）。

（6）豆　选取标本1件。

标本H1：37，泥质褐陶。残豆柄。残高5.2厘米（图九，14）。

（7）纺轮　1件。

标本H1：2，泥质灰陶。算珠形。两面平，边缘弧折。中有孔。直径4、高1.9厘米（图一〇，3；图版四，2）。

（8）网坠　1件。

标本H1：4，粗泥红褐陶。略呈橄榄形，中间粗，两端细。中有孔。长4.9、最大径1.6厘米（图一〇，5；图版四，3）。

（9）圆陶片　4件。形态相同。

标本H1：39，泥质红灰陶。利用板瓦残片敲打而成。大致呈圆形。应为儿童玩具。直径4.4、厚0.5厘米（图一〇，2；图版四，4）。

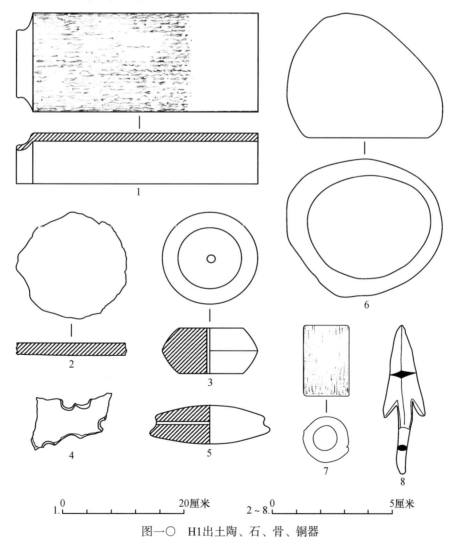

图一〇　H1出土陶、石、骨、铜器

1. 陶筒瓦（H1：8）　2. 圆陶片（H1：39）　3. 陶纺轮（H1：2）　4. 陶甑片（H1：44）　5. 陶网坠（H1：4）
6. 砭石（H1：5）　7. 骨管（H1：1）　8. 铜镞（H1：3）

（10）筒瓦　数量较多。形态相同。横剖面呈半圆形，瓦背前大部分饰粗绳纹，后部抹光，前端有下凹短瓦舌。选取标本2件。泥质灰陶。

标本H1：7，长39、宽15、高8.4厘米（图版三，2）。

标本H1：8，长38、宽16.2、高8厘米（图一〇，1；图版三，3）。

2. 其他

3件。有铜镞、骨管及砭石。

（1）铜镞　1件。

标本H1：3，菱形镞头，两侧下端有翼。椭圆形铤。长6.1厘米（图一〇，8；图版五，1）。

（2）骨管　1件。

标本H1：1，黄褐色。截取一段动物肢骨而成。圆管状。应为串珠一类装饰品中的一枚。长3、直径2厘米（图一〇，7；图版四，1）。

（3）砭石　1件。

标本H1：5，青灰色不规则厚圆形砾石，一面磨平。砭石是古代中医用于治病的简易器具，用途较宽泛。宽6.6、厚5厘米（图一〇，6；图版四，5）。

三、Y1及出土物

（一）Y1形制

位于T5、T6中，被H1叠压，打破生土层。窑依山势而建，西高东低呈狭长斜坡状，坡度14°。为龙窑形制。窑室前部被淹水下，后部窑壁及底部保存较好。窑壁已烧结，呈深红色，烧结厚度5厘米上下，但近尾部窑壁烧结的火候逐渐变低。整个窑底部铺有一层板瓦，窑顶已塌。窑室中部一侧有烟道，长30、宽14厘米。窑室内填满筒瓦、板瓦等建筑材料以及少量罐、钵类日用陶器。推测Y1应为烧瓦的窑，罐、钵残片可能为窑工遗弃。窑残长410、宽110～130、残高70厘米（图一一；图版六）。

（二）出土器物

以瓦为主，有筒瓦和板瓦，也有少量陶罐、钵口沿残片。

（1）罐　7件。选取标本2件。

标本Y1：9，泥质灰陶。直口，矮直领，斜肩，肩部可见弦纹间刻划纹二周。肩以下残。口径14、残高4.8厘米（图一二，3）。

标本Y1：12，泥质灰陶。口部残片。厚圆唇，斜弧颈。口径10、残高3.2厘米（图一二，2）。

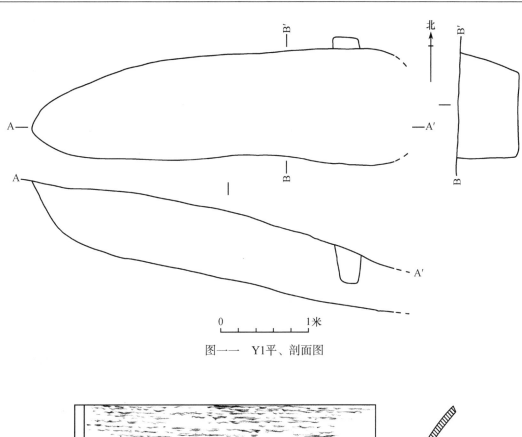

图一一　Y1平、剖面图

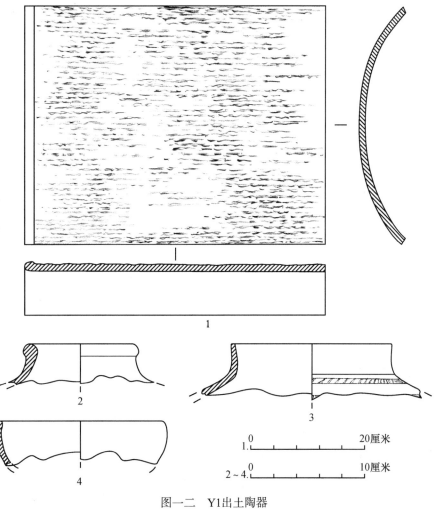

图一二　Y1出土陶器

1.板瓦（Y1∶1）　2、3.罐（Y1∶12、Y1∶9）　4.钵（Y1∶11）

（2）钵　1件。

标本Y1：11，泥质灰陶。敛口，弧腹。腹以下残。口径14、残高3.8厘米（图一二，4）。

（3）筒瓦　数量特别多，形态相同。泥质灰陶。横剖面呈半圆形，瓦背前大部分饰粗绳纹，后部抹光，前端有下凹短瓦舌。

标本Y1：2，长38.7、宽15.5、高8.8厘米（图版七，1、2）。

（4）板瓦　数量多，形态相同。均为泥质灰陶。形体大，横断面呈弧形，一端略上卷。瓦背满饰粗绳纹。

标本Y1：1，长52.4、宽40、高8.4厘米（图一二，1；图版七，3、4）。

第三节　2004年发掘墓葬

发掘墓葬8座，其中砖室墓2座、石室墓3座、土坑墓2座、土壁洞室墓1座。出土文物92件（图版八）。

一、M1

位于T7东部断坎边。洞口位于第2层下，打破第3层及生土层。长方形土壁弧顶洞室墓，前端被破坏。方向120°。长180、宽100、高120厘米。棺木及人骨不存。不见随葬品。灰黑色填土（图一三）。

二、M2

（一）墓葬形制

M2位于T9中。开口于表土下，打破第2层及生土层。竖穴土坑内砌石室墓。方向105°。上部坍塌，前端已毁，有无券顶和甬道不知。在竖穴土坑内用经凿平的石块砌墓壁，石块大小不一。残内长360、宽220、石壁残高104厘米，壁厚20~30厘米，墓底距地表深140厘米。葬具及人骨已朽，仅见骨架灰痕。随葬器物位于墓室后部。墓室内堆满淤土及坍塌石块、碎渣（图一四；图版九，1）。

（二）出土器物

共18件。其中铜器7件（套），铁刀2件，银器8件，料珠一串（以1件计）。

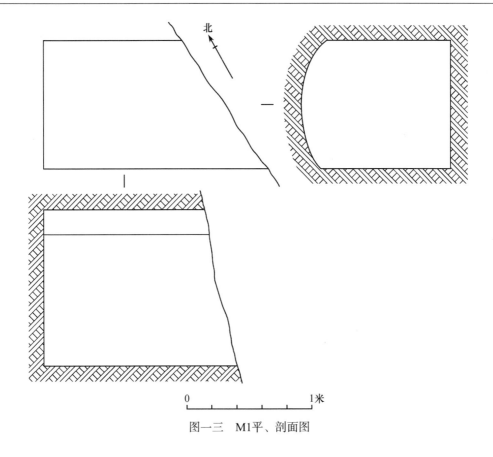

北

0　　　　　　　　　1米

图一三　M1平、剖面图

1. 铜器

7件。有镯、戒指、带钩、帽及"五铢"钱（以1件计）。

（1）镯　3件。形制大小相同。圆环形，圆茎。

M2∶4、M2∶5、M2∶6，直径5.4、茎粗0.3厘米（图一五，1~3）。

（2）戒指　1件。

M2∶7，圆环形，椭圆茎。直径1.8、茎粗0.1厘米（图一五，4）。

（3）带钩　1件。

M2∶2，短体，鹅嘴形长钩，下有圆扣。长3.25、宽1.4、高2.4厘米（图一五，5；图版一〇，4）。

（4）帽　1件。

M2∶18，横断面呈扁椭圆形，平面长方形，弧形底，中空。高3.45、宽2.7、厚0.7厘米（图一五，6）。

（5）钱币　59枚（以1件计）。均为五铢钱。

M2∶16-1，钱文清晰，"五"字交笔直，"铢"字"金"字头为矢状，"朱"字上方折下圆折。直径2.4厘米（图一五，7；图版一〇，5）。

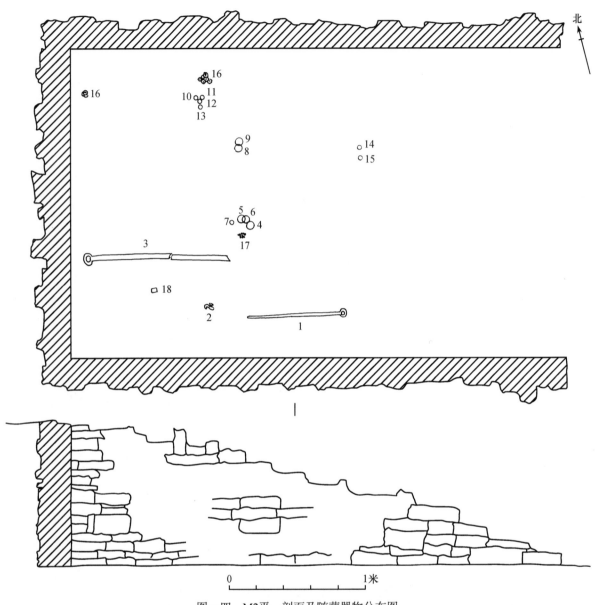

图一四　M2平、剖面及随葬器物分布图

1、3.铁刀　2.铜带钩　4~6.铜镯　7.铜戒指　8、9.银镯　10~15.银戒指　16.铜五铢钱　17.料珠　18.铜帽

2. 铁器

刀　2件。环首。锈蚀残断。

M2：1，椭圆形首，茎部以麻绳缠绕，有刀鞘残痕。直身，平背，双面刃，断面呈锥形。锋端残。残长96厘米（图一五，8；图版九，2）。

M2：3，椭圆首，茎部用麻绳缠绕，直身，平背，双面刃，断面呈锥形。单边前锋。长111.2厘米（图一五，9）。

3. 银器

8件。有镯和戒指。

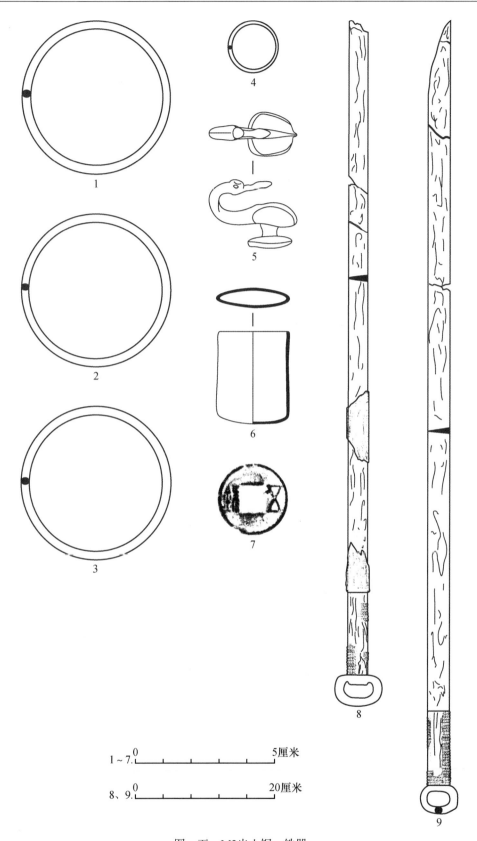

图一五 M2出土铜、铁器

1~3.铜镯（M2：4、M2：5、M2：6） 4.铜戒指（M2：7） 5.铜带钩（M2：2） 6.铜帽（M2：18）

7.铜五铢钱（M2：16-1） 8、9.铁刀（M2：1、M2：3）

（1）镯　2件。

M2∶8，圆环形，扁方茎。直径6.4、茎宽0.25厘米（图一六，1）。

M2∶9，同M2∶8。直径6.3、茎宽0.25厘米（图一六，2；图版一〇，2）。

（2）戒指　6件。其中较大的4件，较小的2件。

M2∶10，圆环形，方茎。直径2.2厘米（图一六，3；图版一〇，3）。

M2∶11，圆环形，方茎。残。直径2厘米（图一六，4）。

M2∶12，圆环形，方茎。残甚。直径2厘米（图一六，5）。

M2∶13，圆环形，半圆茎。变形。直径2.2厘米（图一六，6）。

M2∶14，圆环形，圆茎。变形。直径1.8厘米（图一六，7）。

M2∶15，圆环形，椭圆茎。直径1.8厘米（图一六，8）。

4. 料珠

一串（以1件计）。

M2∶17，共90颗，每颗似米粒大小，扁薄，中有孔。直径0.15～0.2、厚约0.1厘米（图一六，9；图版一〇，1）。

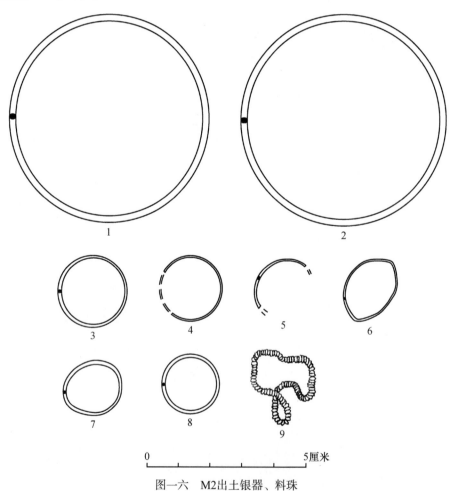

图一六　M2出土银器、料珠

1、2. 银镯（M2∶8、M2∶9）　3～8. 银戒指（M2∶10、M2∶11、M2∶12、M2∶13、M2∶14、M2∶15）

9. 料珠（M2∶17）

三、M3

（一）墓葬形制

M3位于T2南端。开口于第2层下，打破生土层。长方形竖穴土坑，前端被破坏。方向330°。残长80、宽70、深100厘米。随葬硬陶器1件（图一七）。

（二）出土器物

釉陶带流单把罐　1件。

M3：1，夹砂黑褐陶，釉层脱落。直口，斜直领，溜肩，深弧腹，小平底。口沿一侧有流，与流对应一侧肩部有弧形把手。把手以下腹部满布瓦楞纹。口径10、腹径14、底径5.6、高17.9厘米（图一八；图版一一，1）。

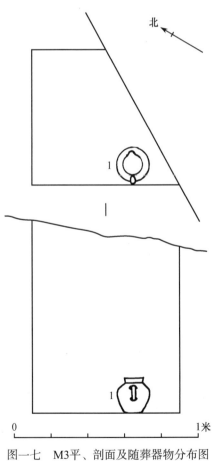

图一七　M3平、剖面及随葬器物分布图
1.釉陶带流单把罐

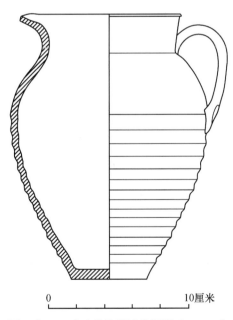

图一八　M3出土釉陶带流单把罐（M3：1）

四、M4

位于T21、T22两个探方内。开口于地表下，打破生土层。竖穴土坑内筑带甬道券顶石室墓，甬道位于墓室前端右侧。方向90°。甬道内长164、宽96、残高60厘米，墓室内长513、宽185、高178厘米，砖壁厚约30厘米，墓底距地表深325厘米。用经加工的石板错缝平砌墓壁及券顶，甬道及墓室前部坍塌。棺木及人骨不存。不见随葬品。内填乱石块及杂土（图一九）。

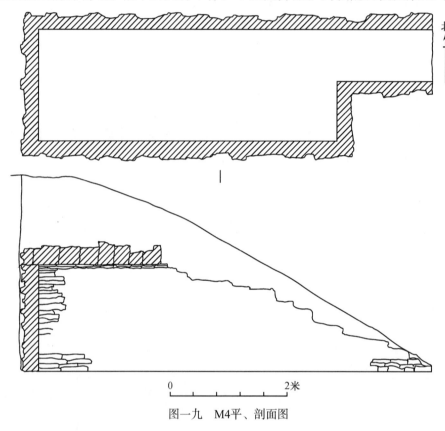

图一九　M4平、剖面图

五、M5

（一）墓葬形制

M5位于T3东北部。开口于表土下，打破第2层及生土层。竖穴土坑内砌狭长形砖室墓。方向73°。四壁砌砖受到破坏，是否有券顶已不清楚，底砖错缝平铺。墓内长365、宽109、砖壁残高54厘米，壁厚16厘米，距地表深184厘米。墓内人骨架散乱，见有头骨两个，已移位，应为双人合葬墓。随葬品数量少，位于墓室前部。墓内填乱砖及杂土，应为墓上部垮塌所致（图二〇）。

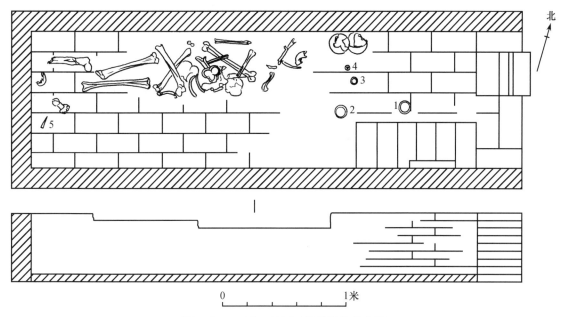

图二〇 M5平、剖面及随葬器物分布图
1、2.青瓷盏 3.青瓷饰件 4.铜五铢钱 5.铁棺钉

墓砖均为长方形，有厚薄之分，平面光素，侧面花纹有别。

墓砖1，侧面叶脉状排线纹。长35.5、宽16.4、厚5.4厘米（图二一，1）。

墓砖2，侧面菱形回纹。长36.4、宽16、厚4厘米（图二一，2）。

（二）出土器物

共5件。其中青瓷器3件，铜五铢钱和铁棺钉各1枚。

1. 青瓷器

3件。有盏和饰件。

（1）盏 2件。器内外施豆绿釉，釉面有冰裂纹，下腹及底露胎。

M5∶1，口微敛，深弧腹，矮假圈足，饼形底。内底中心微凸，边缘一周凸圈。口径9、底径3.6、高4.4厘米（图二一，3；图版一一，2）。

M5∶2，直口，深弧腹，矮假圈足，饼形底。内底一周凸圈。口径9、底径3.6、高4.4厘米（图二一，4；图版一一，3）。

（2）饰件 1件。

M5∶3，灰胎，施豆绿釉脱落。圆饼形，中有穿。直径2.7、高0.95厘米（图二一，6）。

2. 铜钱

1枚。

M5∶4，五铢。残。

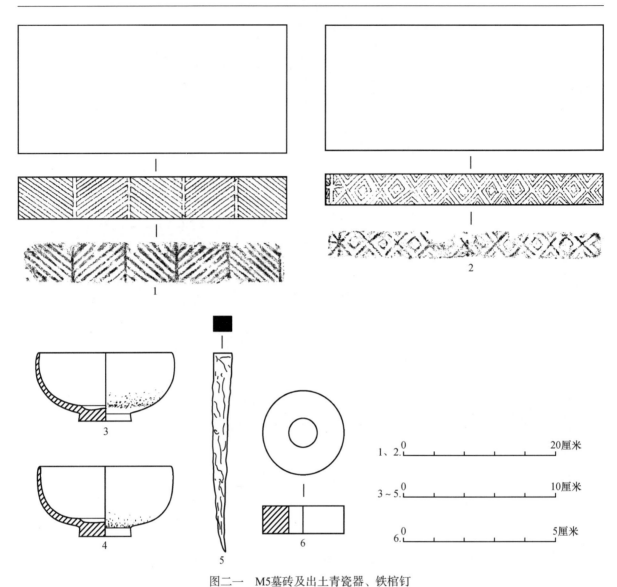

图二一　M5墓砖及出土青瓷器、铁棺钉

1、2.墓砖　3、4.青瓷盏（M5∶1、M5∶2）　5.铁棺钉（M5∶5）　6.青瓷饰件（M5∶3）

3.铁棺钉

1枚。

M5∶5，锈蚀。方锥体。长12.8、厚1厘米×1.2厘米（图二一，5）。

六、M6

（一）墓葬形制

M6位于T28中部。开口于表土下，打破生土层。竖穴土坑内砌长方形砖室墓。方向145°。因山体崩塌使墓葬受到破坏，墓壁及墓前端摧毁，券顶有无不知。残内长250、宽137、砖壁残深70厘米，壁厚18厘米，墓底距地表深180厘米。墓壁砌砖为单砖错缝平砌。坑底满铺一层小

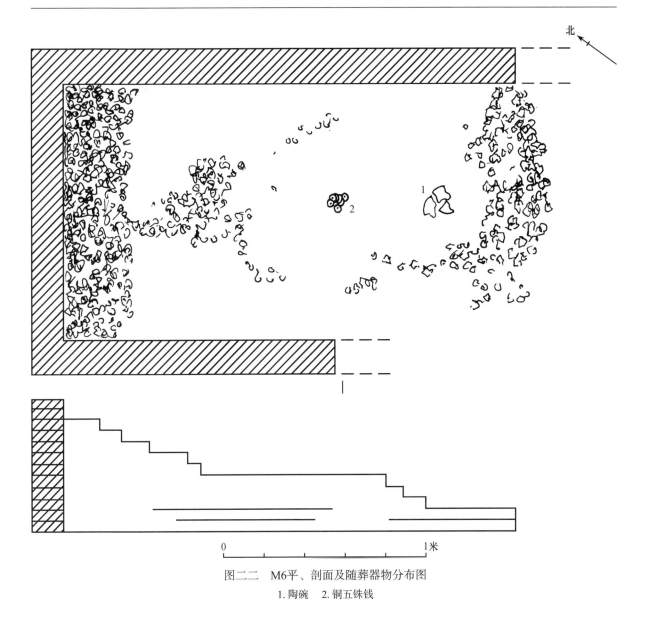

图二二　M6平、剖面及随葬器物分布图
1.陶碗　2.铜五铢钱

砾石。人骨架不存。残存陶碗1件，五铢钱59枚。墓室内填砖块和杂土（图二二）。

墓砖均为长方形，两端有榫卯结构。砖长42、宽18、厚6厘米（图二三，1）。

（二）出土器物

有陶盒1件和铜钱59枚（以1件计）。

1. 陶盒

1件。

M6：1，泥质灰黑陶。子母口微敛，圆弧腹，平底中心内凸，矮斜圈足。盖失。口径14、圈足径7.6、高6.6厘米（图二三，2；图版一一，4）。

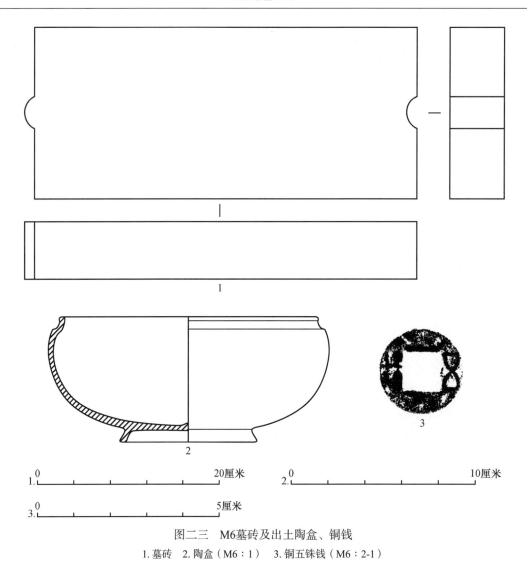

图二三　M6墓砖及出土陶盒、铜钱

1.墓砖　2.陶盒（M6∶1）　3.铜五铢钱（M6∶2-1）

2. 铜钱

59枚（以1件计）。

M6∶2-1，五铢。无廓，"五"字交笔曲，"铢"字"金"字头矢状。"朱"字上下圆折。直径2.3厘米（图二三，3）。

七、M7

（一）墓葬形制

M7位于T15、T16内。开口于表土下，打破生土层。竖穴土坑内砌刀把形甬道券顶石室墓。方向95°。甬道位于墓室前端左侧。墓室内长550、宽237、高242厘米，甬道长240、内宽167、残高36厘米，壁厚16～24厘米。墓壁用凿平的石块平砌，券顶及墓壁垮塌，仅存墓室后端券顶。但墓室填土中并不见塌下的墓石。可能遭人为拆除。墓室及甬道铺满烧土及灰烬，厚

5~8厘米，并铺有零散小砾石等。甬道与墓室间铺有几块石头。墓道不存。人骨已朽，其灰痕可辨，见有两个下颌骨，应为合葬墓。随葬品主要位于甬道内，金银饰品则出自墓室内。随葬品中存放在甬道内的完好无损，而置于墓室后端的5件陶器全部打烂，散落其中。铜钱也无规律存放，墓室内到处都是。墓内填满淤积土及石块碎渣（图二四；图版一二）。

（二）出土器物

随葬器物57件（套）。其中陶器36件、青瓷器8件、铜镜1件、铁刀1件、金器3件、银器5件、铜钱43枚（以1件计）、料珠2枚（图版一三，1）。

1. 陶器

36件。有罐、盆、灶、井、牲圈、俑、猪、狗、鸡、鸭。

（1）罐　9件。有矮领罐、盘口罐和双耳罐，其中矮领罐5件，盘口罐1件，双耳罐3件。矮领罐又有矮直领和矮弧领之别，矮弧领1件，余为矮直领。双耳罐除双耳外，基本形态大致同矮直领罐。

M7：26，矮直领罐。泥质黑褐陶。敛口，领斜直，溜肩，弧腹，平底。口径8、腹径13.2、底径9.2、高11厘米（图二五，1；图版一四，1）。

M7：37，矮直领罐。泥质黑褐陶。溜肩，圆弧腹，平底向下略出边。口径12、腹径16.4、底径11.2、高13厘米（图二五，3；图版一四，2）。

M7：55，矮直领罐。泥质褐陶。圆肩，弧腹，平底。肩部饰一周凹弦纹。口径13.2、腹径20、底径10.4、高16厘米（图二五，2）。

M7：57，矮直领罐。泥质褐陶。敛口，领斜直，溜肩，以下残。口径12、残高3厘米（图二五，4）。

M7：29，矮弧领罐。泥质青灰陶。侈口，圆肩，弧腹，平底。肩部一周凹弦纹。口径11.2、腹径16.8、底径10.8、高15厘米（图二五，5；图版一四，4）。

M7：39，盘口罐。泥质青灰陶。盘状口略弧，弧领，斜肩，中腹外凸，下腹斜直，平底微凹。肩部一周凹弦纹。口径16、腹径18、底径12.4、高14.4厘米（图二五，6；图版一五，3）。

M7：50，双耳罐。泥质褐陶。宽体。矮领斜直，圆肩，弧腹，平底微凹。肩部有对称环耳。耳面较宽，中间凹弧。口径19.2、腹径25.2、底径12.4、高18.2厘米（图二六，1；图版一五，4）。

M7：27，双耳罐。泥质黑褐陶。矮直领，窄斜肩，弧腹较深，底边外凸，平底微凹。肩部有对称环耳。口径8.4、腹径13.2、底径8.4、高11.8厘米（图二六，2；图版一五，1）。

M7：54，双耳罐。泥质黑褐陶。形态大小同M7：27（图二六，3；图版一五，2）。

（2）盆　3件。

M7：1，泥质黑褐陶。敞口，斜折宽沿，弧腹较深，平底。口径21.2、底径12、高7厘米（图二六，4；图版一六，1）。

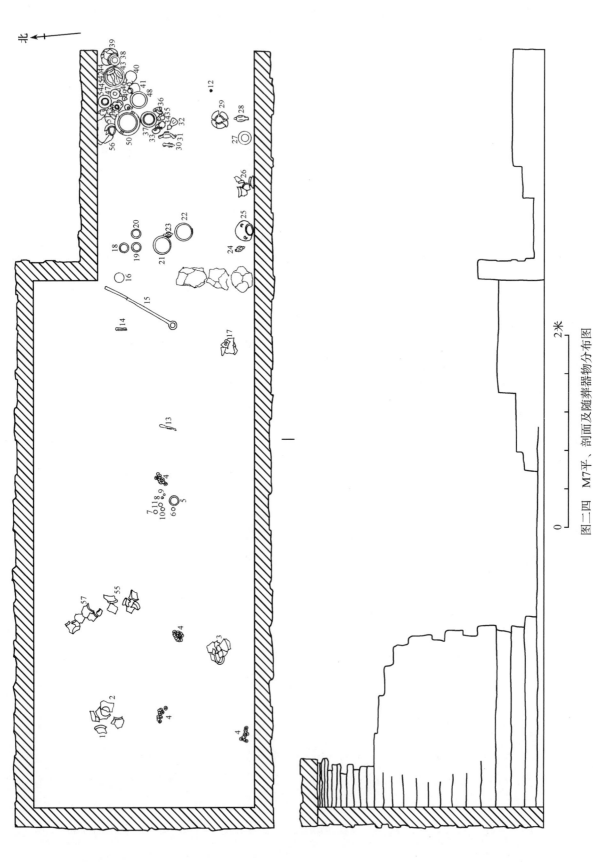

图二四　M7平、剖面及随葬器物分布图

1~3. 陶盆　4. 铜钱　5. 银钏　6. 银戒指　7. 银顶针　8、9. 陶罐　10~12. 金耳坠　13、14. 银钗　15. 铁刀　16. 铜镜　17. 青瓷四系罐　18~20. 青瓷盏　21、22. 青瓷碗
23、28、31、43、45、46. 陶鸡　24. 陶鸭　25. 青瓷四系壶　26、27、29、37、39、50、54、55、57. 陶罐　30. 陶猪　32~36、40、41、47、49、52、53. 陶俑　38. 青瓷盂　42. 陶牲圈
44、51. 陶狗　48. 陶井　56. 陶灶

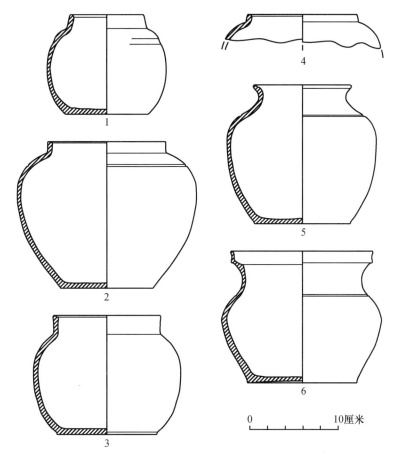

图二五 M7出土陶罐

1~4. 矮直领罐（M7：26、M7：55、M7：37、M7：57） 5. 矮弧领罐（M7：29） 6. 盘口罐（M7：39）

M7：2，泥质黑褐陶。敞口，斜折宽沿，弧腹较浅，平底。口径22、底径12、高5厘米（图二六，5；图版一六，2）。

M7：3，泥质褐陶。体宽大。敞口较直，斜折沿，浅弧壁盘，平底微凹。口径34、底径21.6、高7.2厘米（图二六，6；图版一六，3）。

（3）灶 1套，泥质褐陶。含灶、釜、甑。

M7：56-1，灶。前端宽，后端窄削，平面呈陀螺形。拱弧形背，前低后高。灶面中部一大圆釜眼，后部一小圆囱孔。前面一方形火门直通底部。出土时釜眼上置陶釜，但甑的位置在墓中距灶、釜较远，但大小与之匹配，应为扰乱所致。M7：56-2，釜。矮直领，圆腹，圜底（图版一四，3）。M7：56-3，甑。敞口，口内凸起，深弧腹微凸，略有折，平底。底有五个梅花形箅孔，下腹削棱。釜口径8、腹径5.6、高8.4厘米；甑口径13.6、底径6、高7.6厘米（图版一六，4、5）；灶长22.8、宽18.4、高15、通高22厘米（图二七，3；图版一七）。

（4）井 1件。

M7：48，泥质黑褐陶。筒形直腹，平底。口外一周宽弦纹，下腹八道细弦纹。口径16、底径15.6、高15.3厘米（图二七，2；图版一三，2）。

（5）牲圈 1件。

M7：42，泥质灰陶。盆形。直口微敛，斜折沿，深弧腹，平底。外四周细弦纹，内壁有瓦楞状弦纹。内置鸡、犬各一件。口径22.5、底径12、高13.6厘米（图二七，1；图版

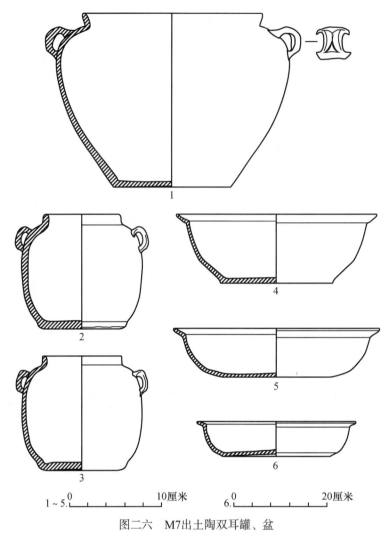

图二六　M7出土陶双耳罐、盆

1~3.双耳罐（M7：50、M7：27、M7：54）　4~6.盆（M7：1、M7：2、M7：3）

一三，3）。

（6）陶俑　11件。火候较高，保存好。有四种形态。

M7：47，头与身分别制作。身泥质灰陶，头泥质黑陶。颈以下圆肩，凹腰，下身筒形。无手臂，下身前面双腿间微凹。头顶平，方脸形，暴眼，隆准，虬髯，张嘴吐舌，似胡人形象。脑后有一圆洞。将头插入颈内成一整体。通高36.4厘米（图二八，1；图版一八，1）。

M7：52，身泥质灰陶，头泥质黑陶。形态与制作方法大体同M7：47。唯头顶前面有三个角，中间一角残。双手抱一铲状物于胸前。通高35.2厘米（图二八，2；图版一八，2）。

M7：40，泥质褐陶。头、身一体。头部五官较抽象，圆目外凸，长方形高鼻，两耳外张，刻槽为嘴，刻划胡须。头上有两个锥突角。身上小下大呈喇叭状，无手足。通高29.4厘米（图二八，3；图版一八，3）。

M7：41，泥质褐陶。面部形态大体同M7：40，唯头上两角更短。通高29.4厘米（图二八，4；图版一八，4）。

M7：32，泥质褐陶，头有黑衣。椭圆形头顶有锥髻，面部刻出月牙形双眼和嘴，无鼻无耳。身呈扁锥形，前面中间下凹分出双腿。通高18.4厘米（图二九，1；图版一九，1）。

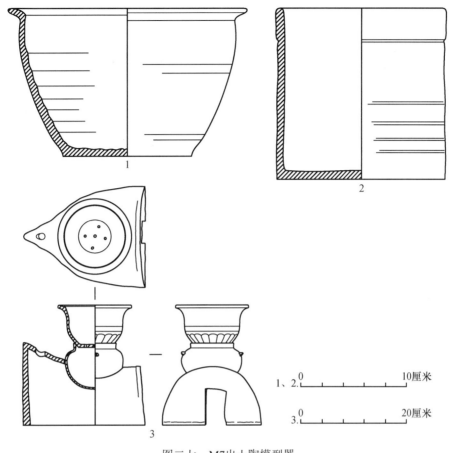

图二七 M7出土陶模型器

1.牲圈（M7：42） 2.井（M7：48） 3.灶（M7：56）

M7：33，泥质褐陶，头有黑衣。头圆形。形态大致同M7：32。有高鼻梁，前面下方翘起两足尖。通高15.8厘米（图二九，2；图版一九，2）。

M7：34，泥质褐陶，头有黑衣。形态大致同M7：33。有八字胡。通高19厘米（图二九，3；图版一九，3）。

M7：35，泥质褐陶，头有黑衣。形态大致同M7：33。身较长。通高19.5厘米（图二九，4；图版一九，4）。

M7：36，泥质褐陶。形态大致同M7：33。体较矮胖。通高16厘米（图二九，5；图版二〇，1）。

M7：49，泥质褐陶。头上有锥髻，五官抽象，圆眼珠外凸，高鼻梁，张嘴，竖耳。身筒形呈站立状。双臂前屈。高16.6厘米（图三〇，1；图版二〇，2）。

M7：53，泥质褐陶。形态大致与同M7：49。圆锥形头，刻有胡须。双臂交于胸前。通高19.5厘米（图三〇，2；图版二〇，3）。

（7）猪 1件。

M7：30，泥质褐陶。长体。站立。圆目，竖耳，矮足，夹尾。背部有鬃。长15、宽5、高6.8厘米（图三〇，3；图版二一，2）。

（8）狗 2件。

M7：44，泥质褐陶。置于牲圈内。长体，短足，嘴前伸似吠，凸眼，耳贴于头部两侧，

图二八　M7出土陶俑（一）

1. M7：47　2. M7：52　3. M7：40　4. M7：41

短尾。长14.2、宽5.8、高6厘米（图三〇，4；图版二一，4）。

M7：51，泥质褐陶。大致同M7：44，两耳竖立。长13.4、宽6、高6厘米（图三〇，5；图版二一，6）。

（9）鸡　5件。有大、小两种形态。

M7：28，泥质灰陶。体较大，火候高。嘴呈啄食状，尾上翘，腹下有较高圆座。长18.2、宽7.6、高8.2厘米（图三一，1；图版二一，7）。

M7：31，泥质灰陶。同M7：28。圆座较矮。长18.8、宽6、高8.8厘米（图三一，3；图版二一，8）。

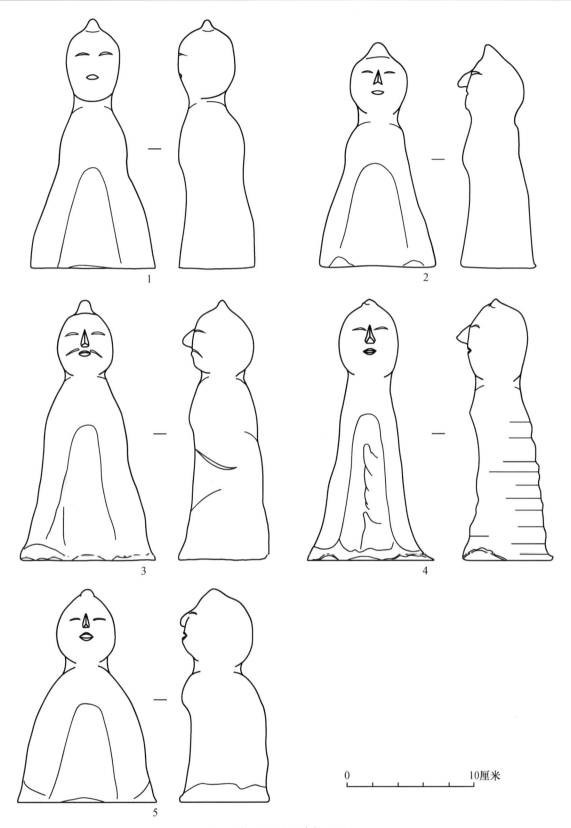

图二九　M7出土陶俑（二）

1. M7：32　2. M7：33　3. M7：34　4. M7：35　5. M7：36

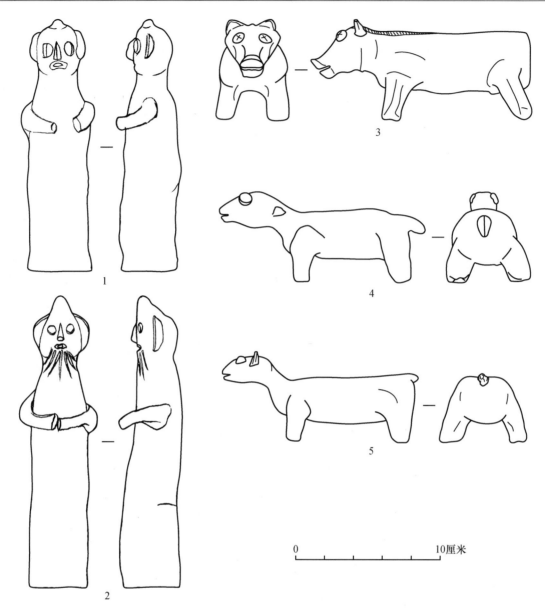

图三〇　M7出土陶塑

1、2.俑（M7：49、M7：53）　3.猪（M7：30）　4、5.狗（M7：44、M7：51）

M7：45，泥质灰陶。同M7：31。长20、宽6.4、高8.3厘米（图三一，2）。

M7：23，泥质褐陶。小鸡。制作粗放，火候较低。置于牲圈内。尖喙，突目，展翅，翘尾，矮足。呈奔跑状。为雏鸡形象。长8.6、宽4.4、高4.3厘米（图三一，4；图版二一，3）。

M7：43，泥质褐陶。同M7：23，长9、宽4.8、高4厘米（图三一，5；图版二一，1）。

（10）鸭　2件。形态相同。

M7：24，泥质褐陶。造型与雏鸡接近，唯尾部宽扁，为乳鸭形象。长8.4、宽4.8、高3.8厘米（图三一，6；图版二一，5）。

M7：46，同M7：24。长8.2、宽4.6、高3.6厘米（图三一，7）。

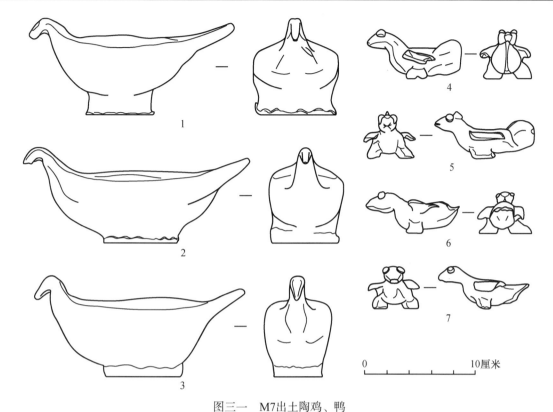

图三一 M7出土陶鸡、鸭

1～5.鸡（M7：28、M7：45、M7：31、M7：23、M7：43） 6、7.鸭（M7：24、M7：46）

2. 青瓷器

8件。有四系罐、四系壶、盂、钵、盏。

（1）四系罐 1件。

M7：17，青灰胎，口全上腹施粉绿釉，下腹及底露胎。直口，矮领，口外两周凸圈。溜肩，深弧腹，平底。上腹等列四桥形系，系下一周弦纹。口径11.4、腹径15.8、底径11、高16.2厘米（图三二，1；图版二二，4）。

（2）四系壶 1件。

M7：25，器内外及盖面施翠绿釉，下腹及底、盖内露胎。盘状直口，口下折转，弧颈，圆肩，弧腹，平底。肩部等列四桥形系及两周弦纹。折边平顶盖，直立子母口。盖边三个乳凸纽。口径10.4、腹径17、底径10、身高19.4、通高20.6厘米（图三二，2；图版二二，5）。

（3）盂 1件。

M7：38，器内外施褐绿釉，釉层厚薄不匀，下腹及底露胎。敞口，折颈，扁鼓腹，大平底。腹上部二周弦纹。口径14.8、腹径14.4、底径10、高7.2厘米（图三二，3；图版二二，3）。

（4）钵 2件。

M7：21，器内外粉绿釉，器内满釉，器外下腹及底露胎。敛口，弧腹，饼形平底。口外一周宽弦纹，内底边一周凹圈及一圈方形支钉残疤。口沿有数组间隔褐色点彩，每组五个圆点。口径17.6、底径10.4、高6.2厘米（图三二，4；图版二二，1）。

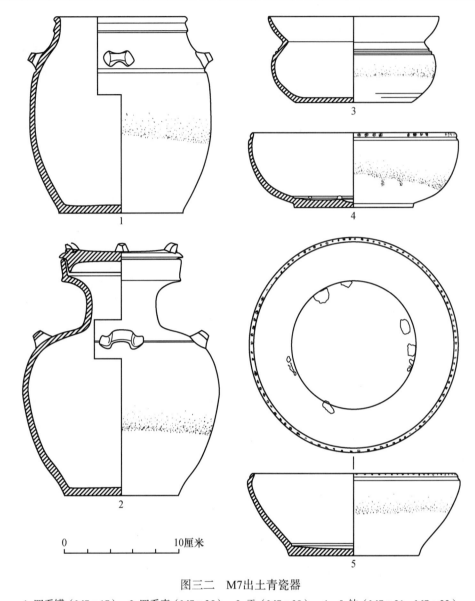

图三二　M7出土青瓷器

1.四系罐（M7：17）　2.四系壶（M7：25）　3.盂（M7：38）　4、5.钵（M7：21、M7：22）

M7：22，器内外灰绿釉，器内满釉，器外下腹及底露胎。敛口，斜弧腹，平底。口外一周宽弦纹，内底边一周凹圈及六个支钉残疤。口沿一周褐色点彩。口径17.6、底径11.2、高6.8厘米（图三二，5；图版二二，2）。

（5）盏　3件。

M7：18，翠绿釉，器内满釉，器外底部露胎。敛口，浅腹，饼形平底。内底三个圆形支钉残疤。口径8、底径5.4、高3.6厘米（图三三，1；图版二三，1）。

M7：19，灰绿釉，器内满釉，器外下腹及底露胎。直口，深弧腹，饼形平底微凹。口沿外一周凹弦纹。口径8.8、足径4.4、高4.4厘米（图三三，2；图版二三，2）。

M7：20，同M7：19。口径8、底径5.2、高4.2厘米（图三三，3；图版二三，3）。

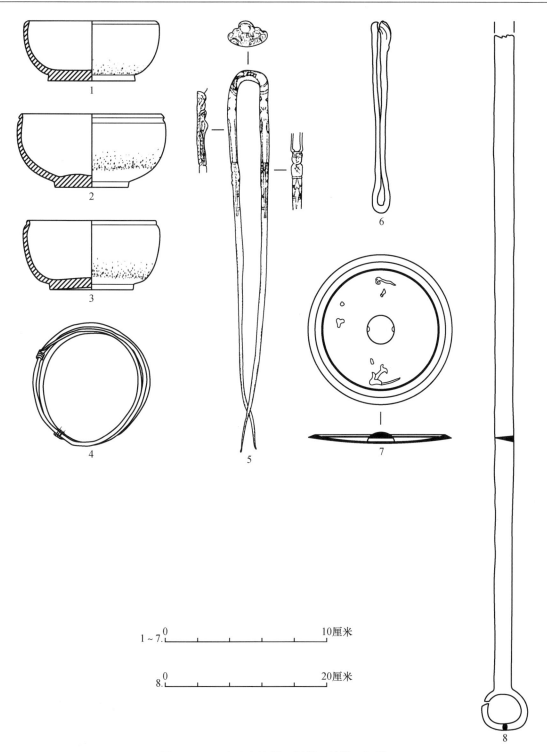

图三三　M7出土青瓷器、铜器、铁器、银器

1～3.青瓷盏（M7：18、M7：19、M7：20）　4.银钏（M7：5）　5、6.银钗（M7：13、M7：14）　7.铜镜（M7：16）

8.铁刀（M7：15）

3. 铜镜

1件。

M7：16，黑色。较小。半球形纽，三角形缘，缘内一周凸圈。锈蚀严重，背面花纹图案不清，隐约见有鸟纹及云气纹等。直径9、缘厚0.2厘米（图三三，7；图版二三，4）。

4. 铁刀

1件。

M7：15，已锈蚀，残断。环首，圆茎，直身断面呈锥形。刃缘平直，前锋残。残长83.2厘米（图三三，8）。

5. 金耳坠

3件。形制大体相同，大小略异。以金丝缠绕呈蛹状，中有孔。

M7：10，长1.5、粗0.8厘米（图三四，1；图版二四，3）。

M7：11，长1、粗0.9厘米（图三四，2）。

M7：12，长0.9、粗0.55厘米（图三四，3）。

6. 银器

5件。有钏、钗、戒指、顶针。

（1）钏　1件。

M7：5，以银条缠绕三圈后固定，为腕钏。直径7.2厘米（图三三，4；图版二四，4）。

（2）钗　2件。

M7：13，银条折作两股，末端呈锥形。弯曲处捶扁錾刻花纹，两侧有人形花纹。长23厘米（图三三，5；图版二四，1）。

M7：14，用较粗银条折作两股，无锥尖。长11.5厘米（图三三，6）。

（3）戒指　1件。

M7：6，圆环形，椭圆茎。直径2.1、茎粗0.15厘米（图三四，4）。

（4）顶针　1件。

M7：7，圆环形，扁茎。一侧有顶片，上錾刻网格纹和圆圈纹。直径2.3、高1.8厘米（图三四，5；图版二四，2）。

7. 铜钱

共43枚（以1件计）。其中五铢钱40枚（图版二四，5），半两、货泉、直百五铢各1枚。

M7：4-1，半两。胎薄、无廓、篆体阳文。直径2.2厘米（图三四，6）。

M7：4-6，五铢。钱文清晰规范。"五"字交笔曲，"铢"字"金"字头呈等腰三角形，"朱"字上下圆折，外廓宽。直径2.6厘米（图三四，7）。

M7：4-2，榆荚五铢。钱小而轻薄。直径1.8厘米（图三四，8），

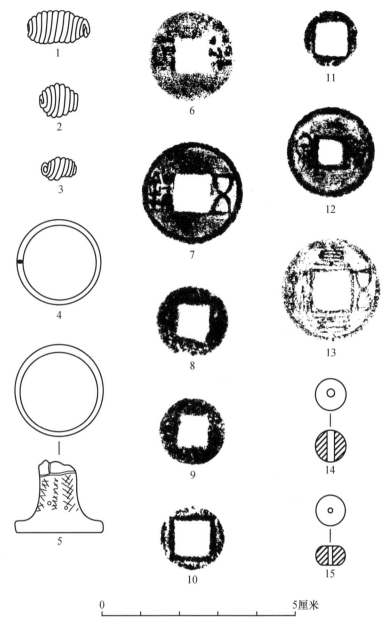

图三四　M7出土金银器、铜钱币、料珠

1~3.金耳坠（M7：10、M7：11、M7：12）　　4.银戒指（M7：6）　　5.银顶针（M7：7）　　6.铜半两钱（M7：4-1）

7.铜五铢钱（M7：4-6）　　8~11.铜榆荚五铢钱（M7：4-2、M7：4-3、M7：4-4、M7：4-5）　　12.铜货泉钱（M7：4-7）

13.铜直百五铢钱（M7：4-8）　　14、15.料珠（M7：8、M7：9）

M7：4-3，同M7：4-2。直径1.6厘米（图三四，9）。

M7：4-4，同M7：4-2。直径1.6厘米（图三四，10）。

M7：4-5，同M7：4-2。直径1.4厘米（图三四，11）。

M7：4-7，货泉。廓较宽，篆体，右起对读。直径2.2厘米（图三四，12）。

M7：4-8，直百五铢。上下左右对读。直径2.5厘米（图三四，13）。

8. 料珠

2枚。

M7∶8，宝石蓝。圆形，中有孔。直径0.8厘米（图三四，14）。

M7∶9，黑灰色。算珠形，中有孔。直径0.75、厚0.5厘米（图三四，15）。

八、M8

（一）墓葬形制

M8位于T23、T24内。开口于表土下，打破生土层。普通长方形竖穴土坑墓。方向100°。墓坑宽大，四壁垂直。长380、宽300、深290厘米。坑底周边多铺石块，其余铺一层河卵石。葬具已朽，仅残存一小块棺板，见有四具骨架灰痕。随葬品仅有小件残存。填土驳杂（图三五）。

（二）出土器物

仅有银戒指5件和铜五铢钱24枚（以1件计）。

1. 银戒指

5件。形制相同。大小接近。环形，圆茎。

M8∶1，直径2厘米（图三六，1）。

M8∶2，直径2厘米（图三六，2）。

M8∶3，直径2.2厘米（图三六，3）。

M8∶4，直径2厘米（图三六，4）。

M8∶5，直径2厘米（图三六，5）。

2. 铜五铢钱

24枚（以1件计）。有两种形态。

M8∶6-1，无廓。"五"字交笔曲，上下两横出头，"铢"字"金"字头呈三角形，"朱"字上方折下圆折。直径2.4厘米（图三六，6）。

M8∶6-2，有廓。余同M8∶6-1。直径2.4厘米（图三六，7）。

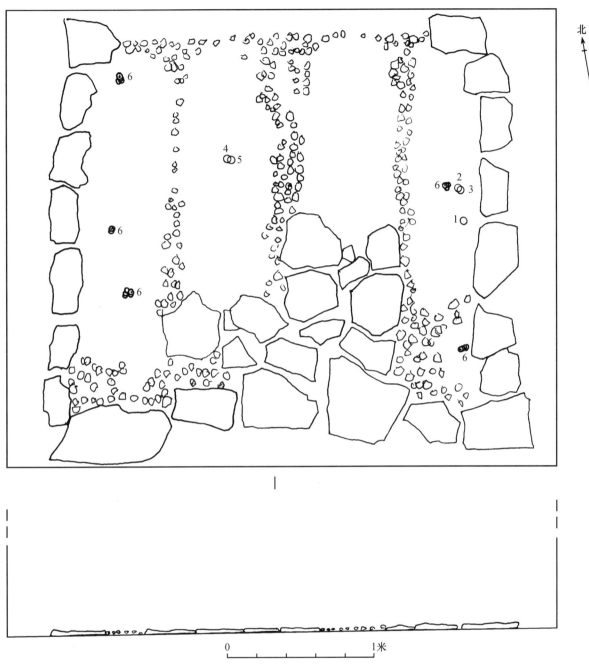

图三五　M8平、剖面及随葬器物分布图

1～5.银戒指　6.铜五铢钱

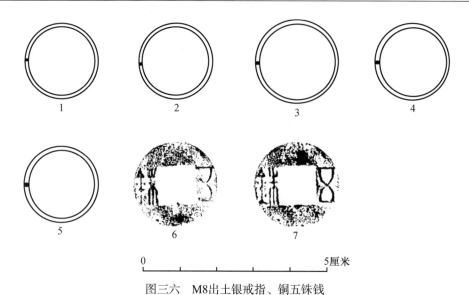

图三六　M8出土银戒指、铜五铢钱

1~5.银戒指（M8：1、M8：2、M8：3、M8：4、M8：5）　6、7.铜五铢钱（M8：6-1、M8：6-2）

第四节　2007年发掘墓葬

共布探方28个。受地形局限，探方多不是正方向。其中5米×5米探方23个（T31~T53），10米×10米探方5个（T54~T58），面积1075平方米。另外扩方及单独清理墓葬面积425平方米，合计发掘面积1500平方米，发掘墓葬15座。其中砖室墓4座，石室墓5座，土坑墓5座，土壁洞室墓1座。出土文物62件（图三七）。

一、M9

（一）墓葬形制

位于发掘区北部，不在探方内。开口于表土下，打破M10及生土层。普通长方形竖穴土坑墓。方向280°。长196、宽95、深140厘米。墓壁不光滑，不见葬具和人骨。1件陶罐置于墓底头端。灰褐色填土（图三八、图三九；图版二五，1）。

（二）出土器物

釉陶罐　1件。

M9：1，泥质褐陶。口沿、腹下近底部露胎，余施深酱色釉。直口，矮领，溜肩，鼓腹，平底。口径8.6、底径9.4、高15.2厘米（图四〇；图版二六，5）。

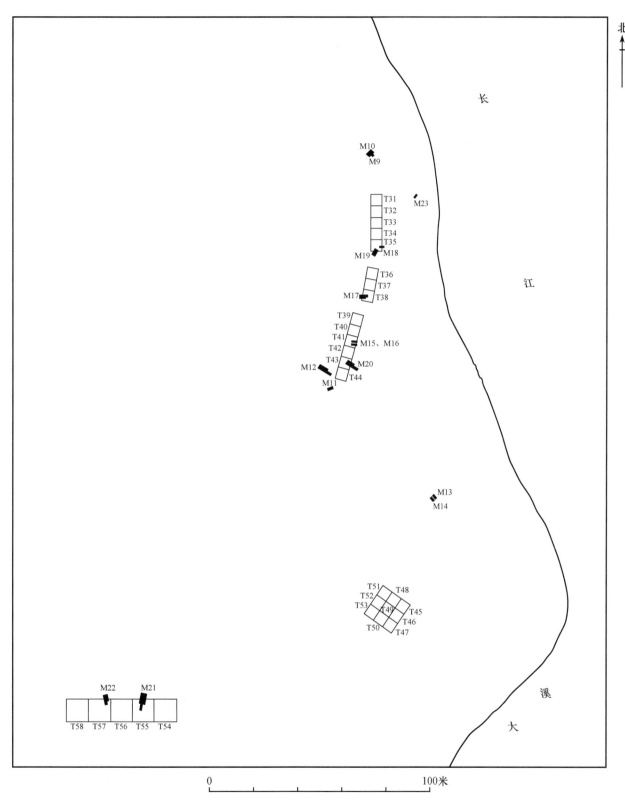

图三七　2007年发掘探方及墓葬分布图

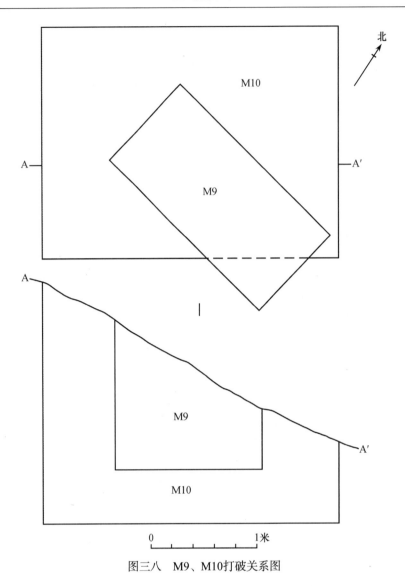

图三八　M9、M10打破关系图

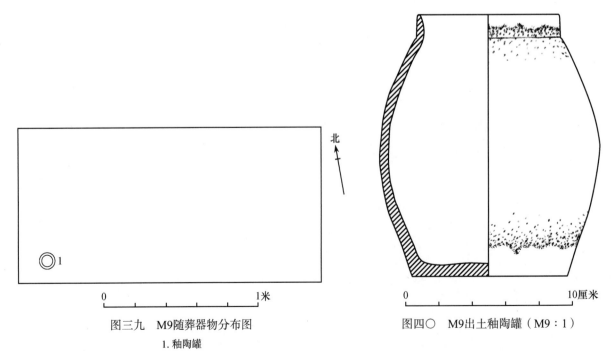

图三九　M9随葬器物分布图

1. 釉陶罐

图四〇　M9出土釉陶罐（M9：1）

二、M10

（一）墓葬形制

M10位于墓区北部探方外。开口于表土下，上部被一座明代墓葬（M9）打破。普通长方形竖穴土坑墓，墓坑较宽。方向235°。墓壁垂直，做工不规范。墓长280、宽210、深220厘米。葬具已朽，可见人骨残骸。随葬器物位于墓底两侧。填土为墓坑原土回填，较紧密（图四一）。

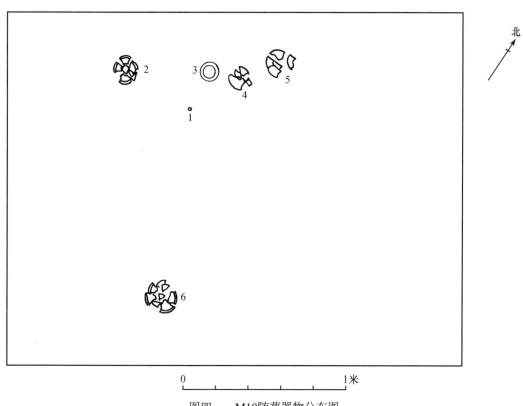

图四一　M10随葬器物分布图
1.铜纽扣　2、6.釉陶盆　3.釉陶釜　4.釉陶魁　5.釉陶盒

（二）出土器物

6件。其中釉陶器5件，铜纽扣1件。

1.釉陶器

5件。有盒、盆、魁、釜。泥质红褐陶，腹上部及器内施酱褐色釉，腹下部及底露胎。

（1）盒　1件。

M10：5，内折沿，深弧腹。底残。上腹两周弦纹，中腹一周凸棱。盖失。口径19、残高7.6厘米（图四二，1）。

（2）盆　2件。形制相同。1件残。

M10：2，侈口，短平沿，上腹直，下腹弧收，平底。腹部饰三周凸弦纹间两周瓦楞纹。口径19、底径8、高7.8厘米（图四二，2；图版二六，3）。

（3）魁　1件。

M10：4，腹下部有釉垂现象。敞口，深弧腹，平底。一侧口沿处平置椭圆形錾，末端下钩。上腹一周凹圈。口径20、通宽25、底径11.3、高7.2厘米（图四二，3；图版二六，4）。

（4）釜　1件。

M10：3，口部已残。弧颈，折肩微凸，弧腹，平底。肩部有对称扁桥形纽。腹径14.4、底径8、残高9.4厘米（图四二，4）。

2. 铜器

纽扣　1件。

M10：1，圆珠形，有排线纹，上有纽，已残。直径1.2厘米（图四二，5）。

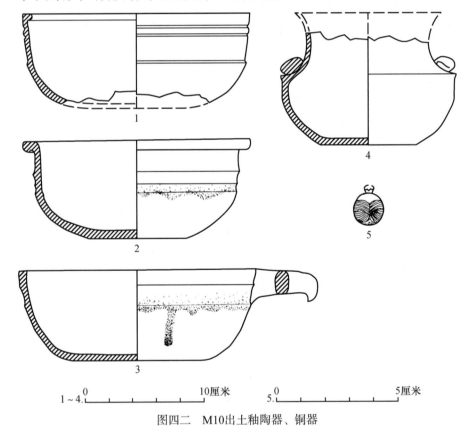

图四二　M10出土釉陶器、铜器

1.釉陶盒（M10：5）　2.釉陶盆（M10：2）　3.釉陶魁（M10：4）　4.釉陶釜（M10：3）　5.铜纽扣（M10：1）

三、M11

位于墓区中部山坎边，不在探方内。开口层位不明。竖穴土坑内筑石室墓，无券顶，无甬道，底铺大小不一且不规则石块。方向265°。长290、宽128、残深80厘米，砖壁厚12厘米。用经加工的石板平砌墓壁，墓室前部坍塌。棺木及人骨不存。不见随葬品。内填乱石块及杂土（图四三）。

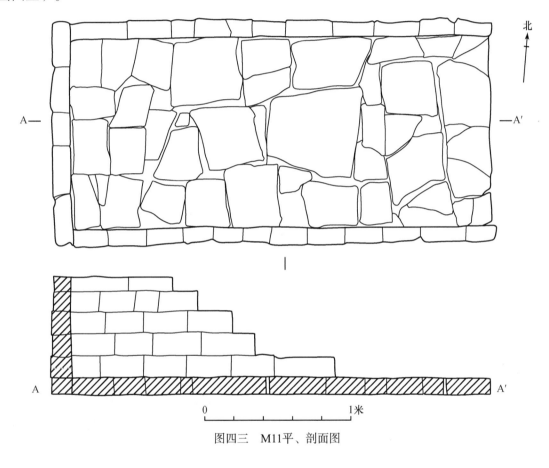

图四三　M11平、剖面图

四、M12

（一）墓葬形制

M12在探方外，位于墓区中部靠上位置。开口于表土下。带墓道竖穴土坑内砌刀把形甬道石室券顶墓。甬道较短，位于墓室左侧。甬道前有土壁墓道，未清理。方向100°。墓壁及券顶用经加工的大致呈长方形的石板错缝砌成，券顶顶部纵砌一列粗条石，呈脊状。墓室后壁受山体挤压局部变形，甬道及墓室底用块石平铺。甬道内长270、宽153、高184厘米，墓室内长500、宽270、高290厘米。该墓被盗扰，随葬器物较少，位于甬道内。甬道内填土，墓室内有淤积土（图四四）。

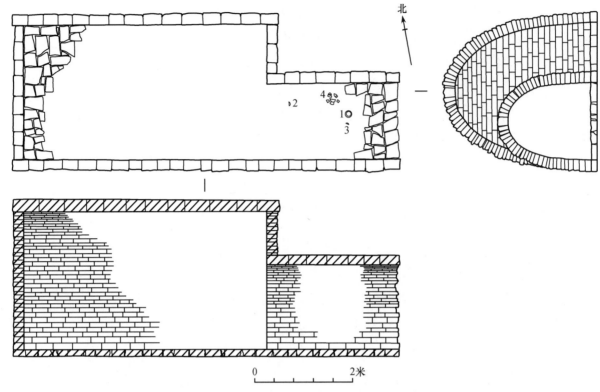

图四四　M12平、剖面及随葬器物分布图
1. 釉陶钵　2、3. 铜杯耳　4. 釉陶器盖

（二）出土器物

4件。釉陶器和铜杯耳各2件。

1. 釉陶器

2件。壶盖、钵各1件。

（1）壶盖　1件。

M12：4，泥质红褐陶，器外施酱褐色釉。壶已残，不能复原。鼓腹，高圈足。盖为低子母口内凸，弧盖上两周凹凸相间弦纹，顶部有乳凸纽。盖口径16、高6厘米（图四五，1；图版二六，1）。

（2）钵　1件。

M12：1，泥质红褐陶，器内外施酱褐色釉，下腹及底露胎。釉层脱落。敞口，弧壁，平底。口径11.4、底径5.2、高4.2厘米（图四五，2；图版二六，2）。

2. 铜器

杯耳　2件。形制相同。鎏金。月牙形。

M12：2，长6.8厘米（图四五，3）。

M12：3，长6.8厘米（图四五，4）。

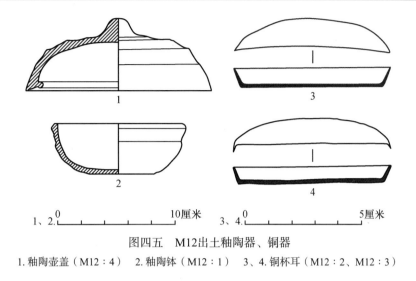

图四五　M12出土釉陶器、铜器

1.釉陶壶盖（M12∶4）　2.釉陶钵（M12∶1）　3、4.铜杯耳（M12∶2、M12∶3）

五、M13、M14

（一）墓葬形制

M13、M14位于墓地中部，不在探方中。开口于第2层下，打破第3层及生土层。为同圹并列双券双室合葬墓。方向280°。筑墓方法是先挖一宽大的竖穴土圹，在土圹内用砖并排砌两个券顶墓室。墓壁及券顶用单砖错缝平砌，两墓中间靠拢但分别砌壁。墓底中部用砖两横一纵平砌棺床。M13内长215、宽100、高90厘米；棺床长215、宽70、高5厘米。M14内长215、宽90、高90厘米；棺床长215、宽70、高5厘米。墓室后端有头龛，头龛高出墓底14厘米。M13头龛高33、宽20、深28厘米。M14头龛高33、宽28、深28厘米。墓砖长26～28、宽13.5、厚5厘米。墓被盗扰，葬具及人骨架不存，随葬器物也基本不见。仅有铁棺钉3枚、铜钱2枚（图四六；图版二五，2）。

（二）出土器物

有铜钱币和铁棺钉。

1. 铜钱

2枚，M13和M14各1枚。

M13∶1，瘦金书"大观通宝"。直径2.3厘米（图四七，1）。

M14∶1，楷书"万历通宝"。直径2.3厘米（图四七，2）。

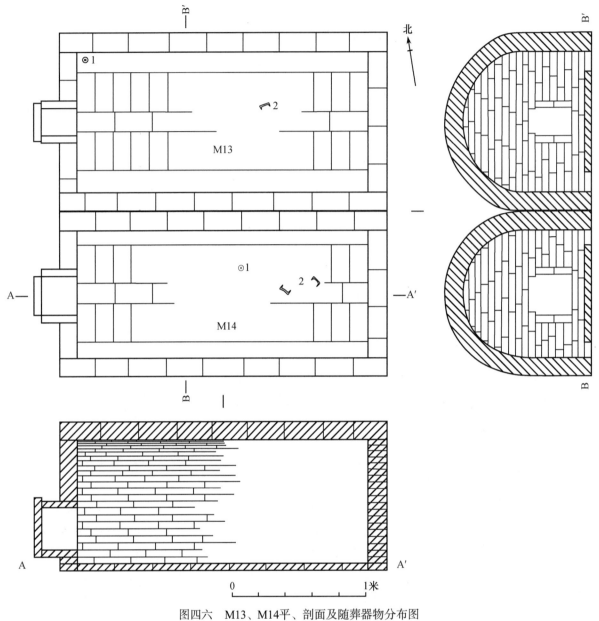

图四六　M13、M14平、剖面及随葬器物分布图

M13：1. 大观通宝铜钱　2. 铁棺钉

M14：1. 万历通宝铜钱　2. 铁棺钉

2. 铁棺钉

3枚。M13有1枚，M14有两枚。形制相同。

M13：2，已锈蚀。茎扁方，两端打尖，然后两端垂直弯曲，今俗称马钉或抓钉，用途广泛，主要用于临时性固定木架。墓中则用于固定棺与棺盖。长9.4、宽1.1、高3.5厘米（图四七，3）。

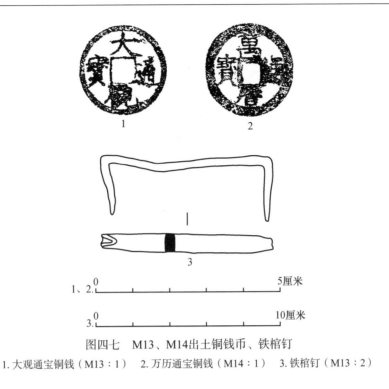

图四七　M13、M14出土铜钱币、铁棺钉

1.大观通宝铜钱（M13：1）　　2.万历通宝铜钱（M14：1）　　3.铁棺钉（M13：2）

六、M15、M16

（一）墓葬形制

　　M15、M16位于T41西北部。开口于第2层下，打破第3层及生土层。为同圹并列双券双室合葬墓。方向275°。筑墓方法大致与M13、M14同。土圹较宽大。M15墓室底前中后各垫两块砖作为棺床，M16前后各垫两块砖以为棺床。土圹长270、宽250、深196厘米；两墓室内均长210、宽76、高86厘米。M15棺床长170、宽63、高5厘米。M16棺床长170、宽65、高5厘米。两墓后壁有龛，龛高出墓底20厘米。后部墓壁又设边龛。M15头龛高30、宽24、进深28厘米；边龛高24、宽30、进深18厘米，M16头龛高30、宽24、进深28厘米；边龛高24、宽35、进深22厘米。在两墓室之间后部墓壁上又开有连通两墓的龛形小窗，俗称"过仙桥"，是方便两边墓主灵魂交流的孔道。通长26、宽26、高20厘米。砌墓壁的砖长26、宽14、厚5厘米。葬具已朽，仅见棺底板残痕，人骨不存。随葬器物置于龛内和过仙桥内。两墓出土墓志一合，其中M16出土的为墓志盖，直立于头龛前。M15出土的为墓志底。另出一方碑石，正、反两面以红漆绘制、书写巫术符咒，与志底并排直立于头龛前。同时，在墓室内均出土石灰枕。在M16墓门前出土汉代陶罐1件（M16：9），有些奇特（详后）。在棺与墓壁间的空隙处填筑石灰，形成石灰壁，厚约10厘米。墓室底部及券顶之上也铺厚约10厘米石灰。墓内填土灰褐色，为原土回填（图四八；图版二七，1）。

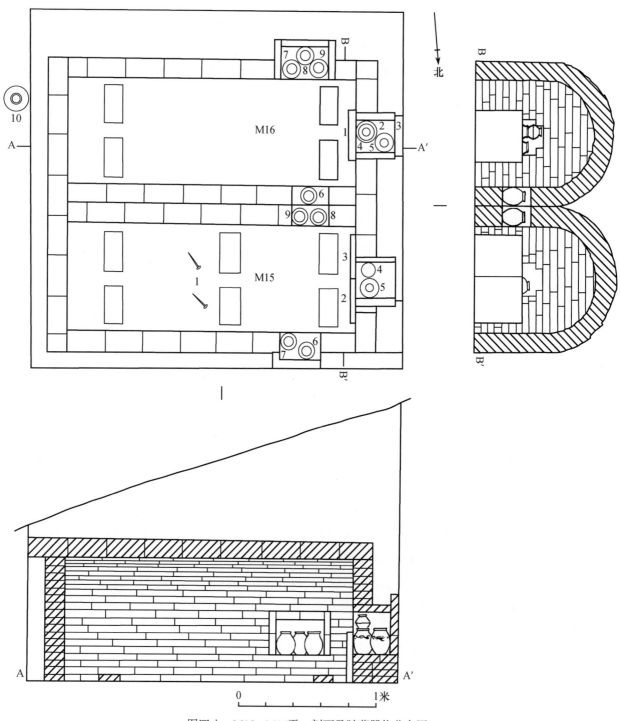

图四八　M15、M16平、剖面及随葬器物分布图

M15：1.铁棺钉　2.镇墓碑　3.墓志铭　4.白瓷碗　5.釉陶魂瓶　6~9.釉陶罐

M16：1.墓志盖　2、3.白瓷碗　4、5.釉陶魂瓶　6~9.釉陶罐　10.陶罐

（二）出土器物

两墓共出土器物18件（含墓志及棺钉）。每墓各出9件。有釉陶器、白瓷碗、铁棺钉和碑刻（图版二八）。

1. 釉陶器

11件。有魂瓶和罐。

（1）魂瓶　3件。1件出自M15，2件出自M16。

M15：5，紫红色硬陶胎，酱黑色釉，底部及盖内露胎。敛口，圆唇，矮斜领，窄肩，长鼓腹，平底，极矮圈足。肩至腹四周凹圈，上腹堆塑云龙纹和凸起泥片。平盖面微凹，直立饼形子母口。蒜头纽。口径7.4、腹径18、足径9.6、通高23.8厘米（图四九，1；图版二七，2）。

M16：4，紫红色硬陶胎，酱黑色釉，底部及盖内露胎。矮直领，圆肩，长鼓腹，下腹折收，平底，极矮圈足。上腹堆塑云龙纹和凸起泥片。盖面下凹，面上一周凸圈，蒜头纽。口径6.8、腹径14、足径8、通高19.6厘米（图四九，2；图版二七，3）。

M16：5，大致同M16：4。上腹三周凹圈。口径6.8、腹径16、足径8.4、通高20.4厘米（图四九，3；图版二七，4）。

（2）罐　8件。两墓各出4件。形制大同小异。

M15：6，红褐陶，不见施釉。直口，卷沿，粗弧领，溜肩，鼓腹，下腹斜直，平底。下腹数周瓦楞状弦纹。口径7.4、腹径13.6、底径7.6、高16.4厘米（图五〇，1；图版二九，1）。

M15：7，酱褐陶，酱黑色釉脱落。形态同M15：6。口径7、腹径12.4、底径8、高16厘米（图五〇，2；图版二九，3）。

M15：8，酱褐陶，酱黑色釉。形态同M15：6。口径7、腹径12.4、底径8、高16厘米（图五〇，3；图版二九，4）。

M15：9，红褐陶，不见施釉。形态同M15：6。口径7.6、腹径13.6、底径8.4、高17厘米（图五〇，4；图版二九，2）。

M16：6，红褐陶，不见施釉。形态同M15：6。口径7.2、腹径11.2、底径6.4、高13厘米（图五〇，5；图版三〇，5）。

M16：7，酱褐陶，酱黑色釉。形态同M15：6。口至肩部变形。口径6、底径8、腹径11.6、高15厘米（图五〇，6）。

M16：8，酱褐陶，酱黑色釉。直口，矮弧领，余同M15：6。口径7.8、腹径12、底径8、高15.8厘米（图五〇，7）。

M16：9，酱褐陶，酱黑色釉。形态同M15：6。口部变形。口径9.6、腹径12.2、底径7.4、高15厘米（图五〇，8；图版三〇，6）。

2. 白瓷碗

3件。1件出自M15，2件出自M16。形态相同。

M15：4，白瓷，青白满釉。敞口外侈，深弧腹，矮圈足内斜。口径13.8、足径4.8、高6厘米（图五一，1；图版三〇，1）。

M16：2，同M15：4。口径13.8、足径4.8、高6厘米（图五一，2；图版三〇，2）。

M16：3，同M15：4。口径13.8、圈足径4.8、高6厘米（图五一，3；图版三〇，3）。

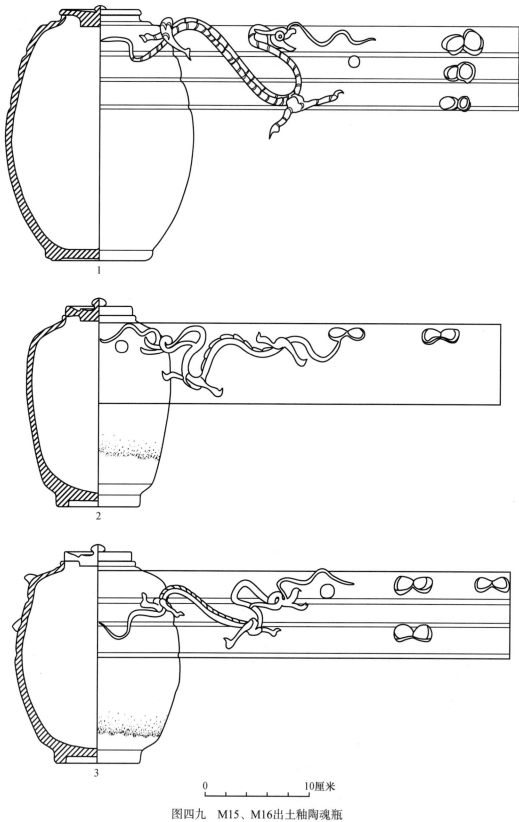

图四九　M15、M16出土釉陶魂瓶

1. M15：5　2. M16：4　3. M16：5

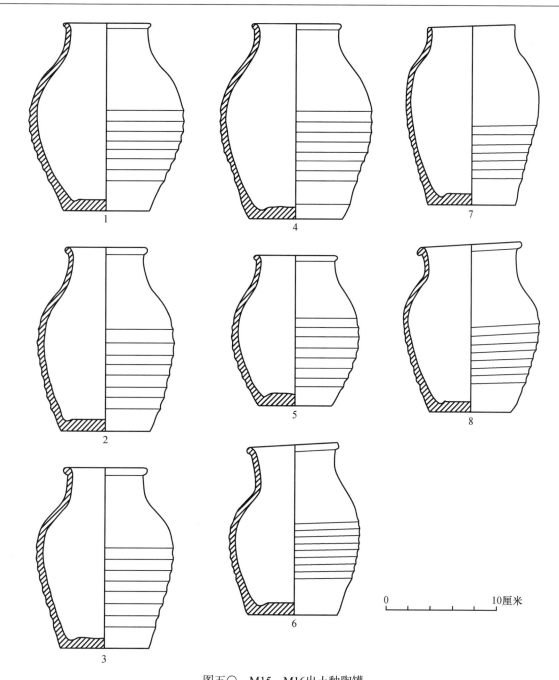

图五〇　M15、M16出土釉陶罐

1. M15：6　2. M15：7　3. M15：8　4. M15：9　5. M16：6　6. M16：7　7. M16：8　8. M16：9

3. 铁棺钉

2枚（以1件计）。形态相同。

M15：1-1，扁方体。一端有钉帽，一端锥形。长14厘米（图五一，5）。

4. 碑刻

3方。2方出自M15，1方出自M16。

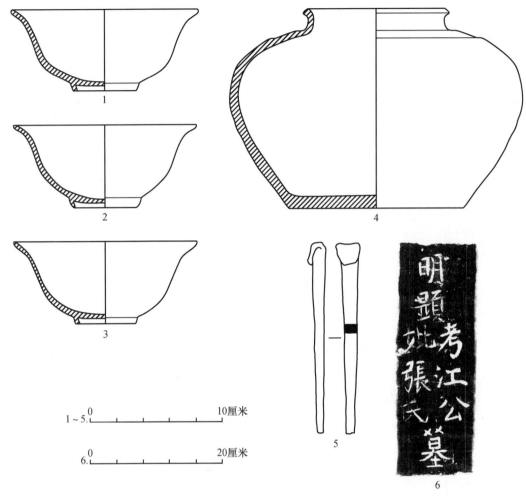

图五一　M15、M16出土白瓷碗、铁棺钉、墓志盖及M16墓门外早期陶罐

1～3.白瓷碗（M15：4、M16：2、M16：3）　4.M16墓门外早期陶罐（M16：10）　5.铁棺钉（M15：1-1）

6.墓志盖（M16：1）

（1）墓志铭　1方。

M15：3，青灰色正方形砖，外表涂黑衣。右起竖行阴刻行书，共20行，330字。宽36.5、高36、厚5.5厘米（图五二；图版三一）。释文如下：

显考江公五墓志铭

显考江公讳鏙，字时起，号竹泉，生于加（嘉）靖乙酉年正月三十日辰时。幼习诗书，长乃援例瞿塘卫。三年考绩，复参公史；六年既毕，志功高尚。乞归养亲，藩司授以冠带。万历壬午三月十五日，以疾告终正寝。娶母张氏，生于加（嘉）靖甲申七月二十一日申时，万历辛巳五月初五日先父而亡，寿俱五十有八。引窆于夔治之东，大溪祖冢之名穴，与母合葬焉。生三子：长自清，蚤卒，取牟氏，生子樌。次自汴，亦卒，取杨氏。生女长姐，许聘牟粒民。次自源，未择配。呜乎！人生本乎祖志，贵卑其原。吾家自肇祖以来，及曾祖江春生，祖江文举，娶姚曾氏。祖早逝，是时伯江鲸甫五岁，父三岁，与曾祖母相依倚，佑启无缺焉。

铭曰：

嗟嗟吾母，性质端严，事亲以孝，奉兄以谦。治家克俭，立志维坚，经营万状，履历百年。其生也直，其归也全，遗训丕显，令闻永传。维馨于地，旌昭于天，眷我后裔，福祉绵绵。

大明万历拾年壬午夏四月初五日吉

孝男江自源、孝孙江楫立石

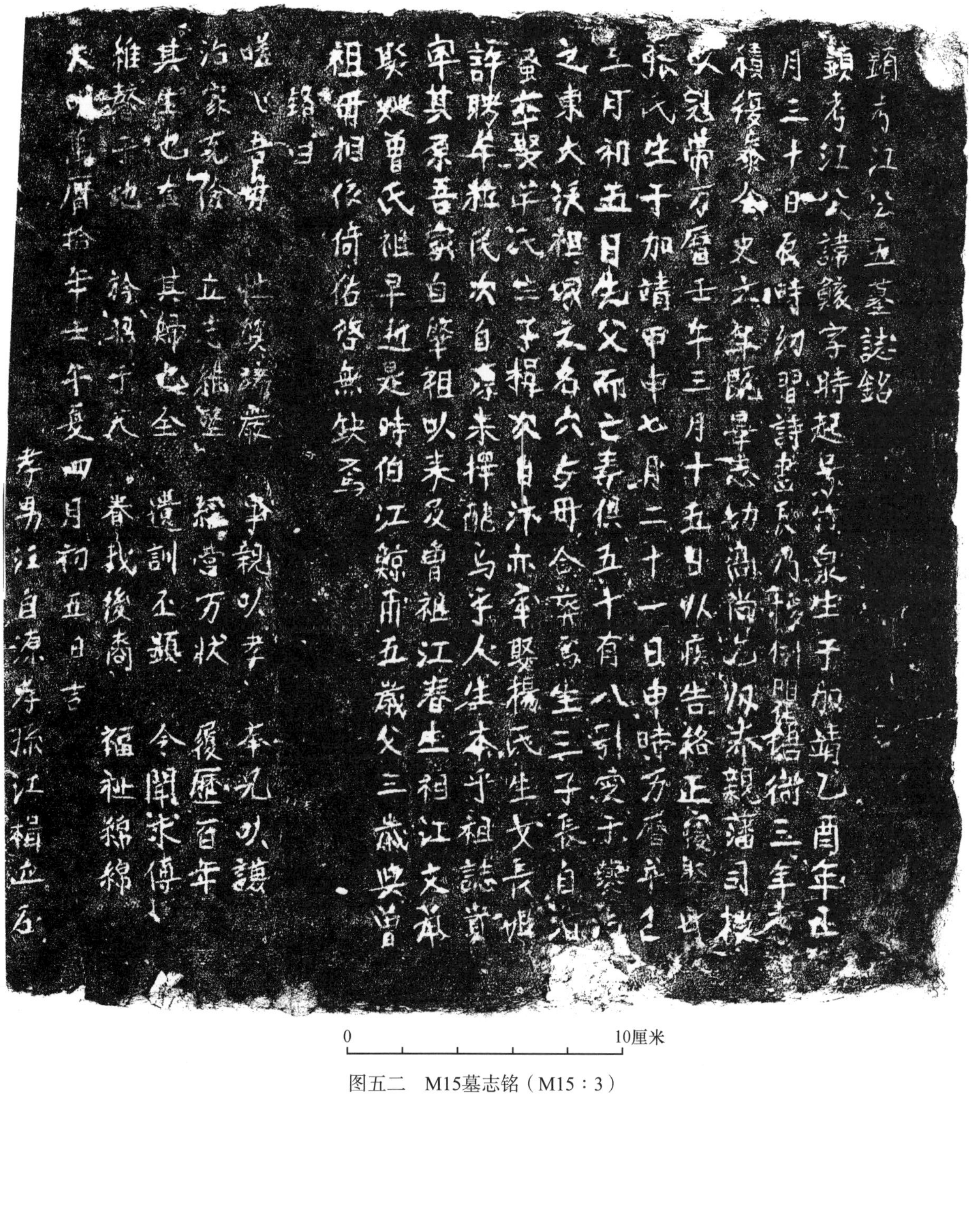

图五二　M15墓志铭（M15：3）

（2）镇墓碑　1方。

M15：2，青灰色正方形砖，外表涂黑衣。背面正中用红漆画符，因贴靠在墓壁上致使红漆磨蚀，线条图形模糊不清；正面四边刻单线框边。框线外四角及中间以红漆画八卦符号。框线内则用红漆从右至左竖行书写镇墓文。全文共13行，184字。其中10字不辨。宽35.5、高34、厚5厘米（图版三二，1）。

释文如下：

普告三界，赫赫辉阳，宝券灵文，永镇□堂。青龙东界，朱雀南岗，白虎镇西，玄武北方。中至海岳，下接冥方，灵灵九地，上明三光，五方运化，开法流祥。元始符命，压除邪殃，天圆地方，律令九章。上覆华盖，下布魁罡，五行八卦，定吉中央。天上符命，镇守此方，登天契券，降应吉祥。付与亡□，□□□□，三魂七魄，照用明堂。

九宫生贵子，八卦荫鬼□，□□□许占，古墓勿相侵，遵依太上命，券到堂奉行。

右券给付亡人江鲦、张氏五二魂

万历拾年肆月初五吉时告下太上三五都功印证书

（3）墓志盖　1方。

M16：1，正方形。青灰色正方形砖。边宽35、厚5厘米。正中纵向阴刻"明显考江公、姚张氏墓"（图五一，6；图版三二，2）。

另在M16的墓室外出土陶罐1件，此罐陶质、陶色及形态都与墓内出土物不类，明显不是一个时代的产物，而具有汉代陶罐的鲜明特征，与本墓地东汉墓M58所出陶罐形态特征高度一致。因而该罐要么与本墓没有关系，要么是下葬时从附近捡到或挖出的汉墓中随葬品将其放置于墓室门外。原发掘简报将其作为该墓同时代随葬品叙述显然是欠考究的。现附述于后，以备咨诹。

M16：10，泥质灰陶。体较矮。侈口，矮弧领，宽圆肩，斜直腹，大平底。肩部一周较宽弦纹。口径10.4、腹径22、底径13、高15.6厘米（图五一，4；图版三〇，4）。

七、M17

（一）墓葬形制

M17位于T38西部，甬道及墓室前半部在探方内，墓室后半部在探方外。开口于第2层下，打破生土层。带墓道竖穴土坑内砌刀把形甬道石室券顶墓，墓后端为土壁。甬道较短，位于墓室右侧，不见券顶。甬道前有土壁墓道，未清理。方向90°。墓壁及券顶用经加工的大致呈长方形的石板砌成，券顶已松动易掉落，甬道壁局部变形。甬道及墓室底用块石平铺。甬道内长104、宽112、残高90厘米，墓室内长254、宽165、高140厘米，砖壁厚约20厘米。葬具已朽，可见多具人骨残骸。随葬器物置于甬道内及墓室前端。甬道内填土紧密，墓室内淤土松散（图五三）。

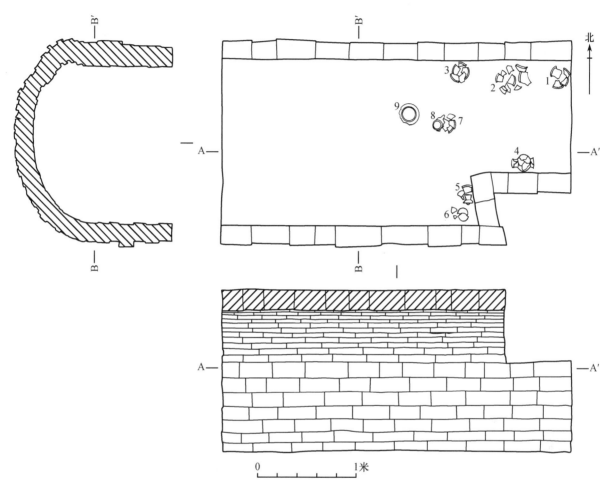

图五三　M17平、剖面及随葬器物分布图

1.釉陶盆　2、3.釉陶钵　4.釉陶壶　5.釉陶博山炉　6.釉陶魁　7.釉陶甑　8.釉陶罐　9.青瓷罐

（二）出土器物

9件。有釉陶器8件，青瓷罐1件。

1. 釉陶器

8件。有壶、罐、盆、钵、魁、博山炉、甑（图版三三，1）。

（1）壶　1件。

M17：4，泥质红褐陶，器外满施酱色釉，器内及外底露胎。敞口，唇内凸，弧颈，斜肩。中腹折转，下腹弧收，圈底，矮斜圈足有折。中腹有对称铺首衔环，口至腹九周凸弦纹。口径16.4、腹径22.8、底径14.8、高28厘米（图五四，1；图版三三，3）。

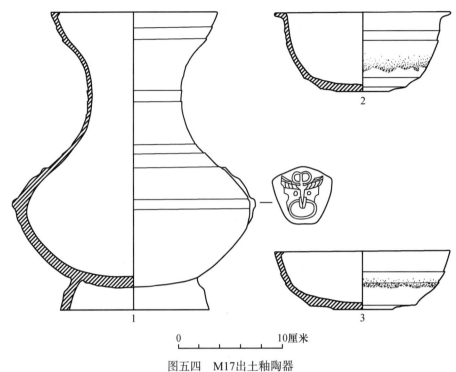

图五四　M17出土釉陶器

1.壶（M17：4）　2.盆（M17：1）　3.钵（M17：2）

（2）罐　1件。

M17：8，泥质红褐陶，酱色釉。已残，不能复原。直口，矮领，折肩。口径10.4厘米。

（3）盆　1件。

M17：1，泥质红褐陶，器内外施酱色釉，腹下部及底露胎。敞口，平折沿，深弧腹，平底。上腹一周凸棱，下腹两段凹弧。口径17、底径4.8、高7.5厘米（图五四，2；图版三四，3）。

（4）钵　2件。

M17：2，泥质红褐陶，器内外施酱色釉，腹下部及底露胎。敞口，唇内勾，折弧腹，平底。上腹一周凸棱，下腹两段凹弧。口径17、底径5.6、高5.4厘米（图五四，3；图版三四，2）。

M17：3，形制与M17：2相同，上部残。底径6、高4厘米。

（5）魁　1件。

M17：6，泥质红褐陶，器内外施酱色釉，腹下部及底露胎。敞口，弧壁近底凹折，平底。上腹部一侧有銎，圆形弧曲，下粗上细，尾端下卷。口径15.8、底径5.4、通宽21.6、高6.8厘米（图五五，3；图版三四，4）。

（6）博山炉　1件。

M17：5，泥质红褐陶，身、盖外露部分施酱色满釉，余露胎。器身直立子母口，平折沿承盖。浅平盘，细柄，高盖状圈座。盖呈斗笠状，上凿三角形熏孔七个。口径6.8、座径12.2、高10厘米，盖径4.4、高4.6厘米，通高13.8厘米（图五五，1；图版三三，2）。

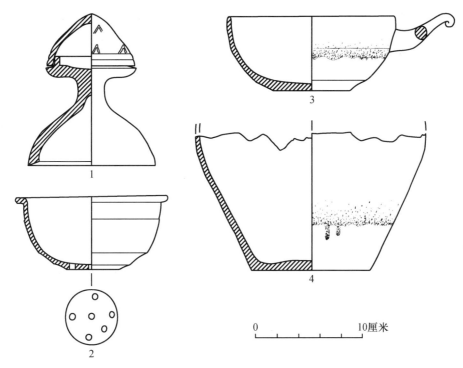

图五五 M17出土釉陶器、青瓷器

1. 釉陶博山炉（M17：5） 2. 釉陶甑（M17：7） 3. 釉陶魁（M17：6） 4. 青瓷罐（M17：9）

（7）甑 1件。

M17：7，泥质红褐陶，器外施酱色釉，腹下部及底露胎。釉层多已脱落。平折沿，深弧腹，平底。上腹一周凸棱，下腹两段凹弧。底有六个箅孔，排列不规则。口径14.4、底径4.8、高6.6厘米（图五五，2；图版三四，1）。

2. 青瓷器

罐 1件。

M17：9，器表施青釉，有釉垂现象。腹部以上残。腹下内收至底，平底。腹径22、底径11.2、残高12.4厘米（图五五，4）。

八、M18

（一）墓葬形制

位于T35北壁外。开口于表土下，打破第2层及生土层。普通长方形竖穴土坑。方向273°。长192、宽66、残深50厘米。尚存少量人骨架。釉陶罐1件位于头部。灰黑色填土（图五六）。

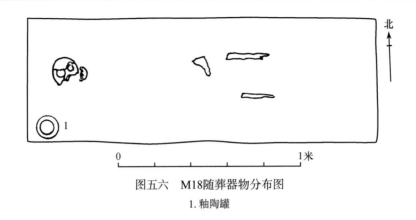

图五六　M18随葬器物分布图
1.釉陶罐

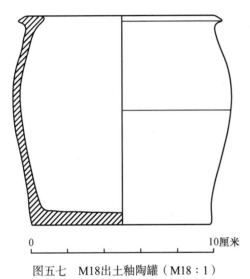

图五七　M18出土釉陶罐（M18：1）

（二）出土器物

釉陶罐　1件。

M18：1，红褐陶，黑褐釉。敛口，翻沿，尖唇，弧腹，平底。腹部饰凹弦纹一周。口径11.2、腹径12、底径9.8、高11厘米（图五七）。

九、M19

（一）墓葬形制

M19位于T35南部，部分延伸于探方外。开口于第2层下，打破生土层。普通长方形竖穴土坑墓。方向210°。墓坑垂直规整。墓长300、宽150、深300厘米。葬具已朽。骨骸尚存，侧身屈肢。随葬器物置于墓底足端靠右角。黄褐色填土，土质较纯，夯筑紧密（图五八）。

（二）出土器物

计4件（套），均陶器。器形有罐、钵、灶。火候较高（图版三五，4）。

（1）罐　2件，高领罐和弇口罐各1件。

M19：1，高领罐。泥质褐陶。直口，三角形尖唇，高直领，宽斜肩弧形转折，弧腹，小圜底微凹。腹饰交错粗绳纹，肩部绳纹抹去。口径10.6、腹径20、高15.8厘米（图五九，1；图版三五，3）。

M19：2，弇口罐。泥质红褐陶。弇口，口外一周凹圈。斜折肩，筒形腹斜直，大平底。腹上部及中部两周戳印纹。口径10、肩径14.8、底径12、高10.4厘米（图五九，2；图版三五，2）。

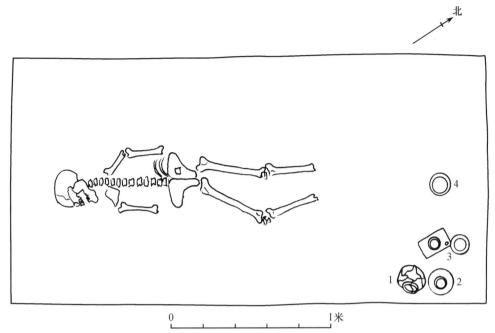

图五八　M19随葬器物分布图

1、2.陶罐　3.陶灶　4.陶钵

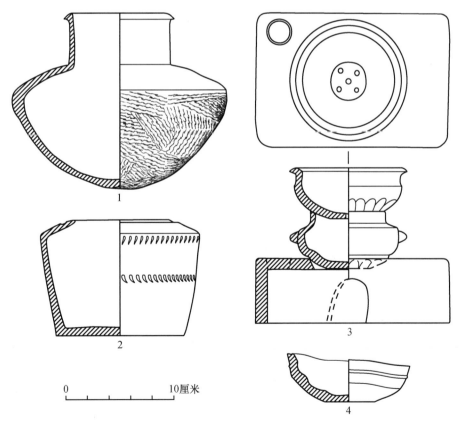

图五九　M19出土陶器

1、2.罐（M19∶1、M19∶2）　3.灶（M19∶3）　4.钵（M19∶4）

（2）钵　1件。

M19：4，泥质褐陶。烧制变形。敞口，弧壁折收，平底。腹部一周凸棱。口径11.6、高4.4厘米（图五九，4；图版三五，1）。

（3）灶　1套，含灶、釜、甑3小件。泥质灰陶。

M19：3-1，灶。长方体，四角圆弧形，下部中空。上面正中一圆形釜眼，左后侧有一圆形小囱孔。前面与釜眼对应有一斜向拱形火门。釜眼上置釜，釜上置甑。M19：3-2，釜。直口，矮领，斜折肩，扁折腹，平底。腹部有对称小纽，下腹凹弧，近底有削棱。M19：3-3，甑。短斜折沿，尖唇，直口，短颈下部外凸。弧腹，平底。底有呈梅花形分布五个箅孔。下腹削棱。釜口径6.4、腹通宽11、高6.6厘米；甑口径18.2、高7.2厘米；灶长18、宽12、高5.8、通高14厘米（图五九，3）。

十、M20

（一）墓葬形制

M20墓室后部位于T43北部，墓室前部及甬道位于探方外。开口于第2层下，打破生土层。竖穴土坑内砌刀把形甬道石室券顶墓。方向110°。筑墓的方法是从地表往下挖出土圹，再用经加工的石块错缝垒砌而成。甬道位于墓室左侧。甬道内长300、宽150、高170厘米，墓室内长468、宽275、高260厘米，砖壁厚20厘米。墓道因村民建房被毁，残长30厘米。墓底铺一层小砾石。葬具已朽，有多具人骨残骸。随葬器物较少，位于甬道内。墓内有淤积土层（图六〇）。

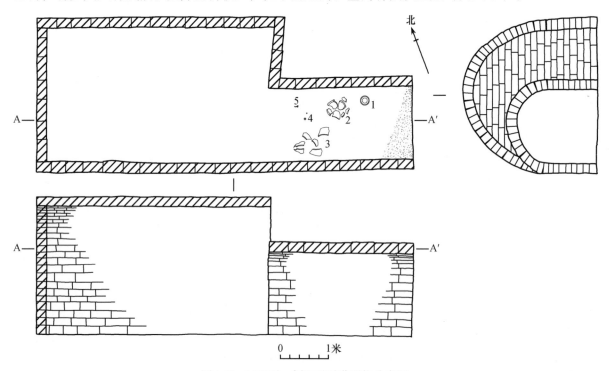

图六〇　M20平、剖面及随葬器物分布图

1.釉陶钵　2.釉陶摇钱树座　3.陶盆　4.铜钱　5.铜带钩

（二）出土器物

计5件。有陶盆、釉陶钵、釉陶摇钱树座，铜带钩及铜钱。

1. 陶盆

1件。

M20：3，泥质灰黑陶。火候较高。敞口，斜折宽沿，深弧腹，平底。上腹饰三周凹凸相间弦纹。口径22.8、底径11、高11.2厘米（图六一，1；图版三六，1）。

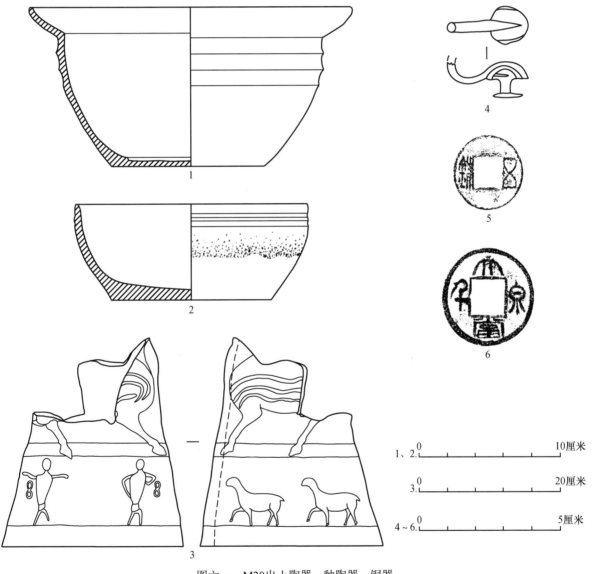

图六一　M20出土陶器、釉陶器、铜器

1. 陶盆（M20：3）　2. 釉陶钵（M20：1）　3. 釉陶摇钱树座（M20：2）　4. 铜带钩（M20：5）　5. 铜五铢钱（M20：4-1）
6. 大泉当千铜钱（M20：4-7）

2. 釉陶器

2件。钵和摇钱树座各1件。

（1）钵 1件。

M20：1，泥质红褐陶。施酱褐色釉。器内满釉，器外下腹及底露胎。敞口，弧腹，平底。口外两周宽弦纹，内底数周瓦楞状弦纹。口径16.2、底径11.4、高6.6厘米（图六一，2；图版三六，2）。

（2）摇钱树座 1件。

M20：2，泥质红褐陶，器表施暗绿色釉。火候较高。上部已残。中空。平面呈梯形，断面呈合瓦形，有合范痕。上部前后浮雕马身的两侧。上部残，应为过顶圆雕。一面下部浮雕两个图案化的人物及“8”字形纹，另一面下部似两只行走的羔羊。座底宽26、残高29厘米（图六一，3；图版三六，3）。

3. 铜器

2件。带钩和铜钱。

（1）带钩 1件。

M20：5，琵琶形。钩首已残，下圆扣。长2.9厘米（图六一，4）。

（2）铜钱 共7枚（以1件计）。其中五铢钱6枚，大泉当千钱1枚。

M20：4-1，五铢。“五”字交股弯曲，铢字“金”字头呈等腰三角形，“朱”上圆折下方折。直径2.5厘米（图六一，5）。

M20：4-7，大泉当千。钱径较大。肉、好有廓。钱文清晰，篆体旋读。直径3.3厘米（图六一，6）。

十一、M21

（一）墓葬形制

M21位于T55北部，墓道在探方内，墓室主要在探方外。带斜坡墓道的长方形土壁洞室墓。墓道位于墓室前端正中，开口于第2层下。方向187°。墓位于墓地西南地势较陡的山坡上。筑墓方法为先从地表挖出斜坡墓道，然后向山体掏洞成墓室。墓室狭长，墓壁垂直，弧顶。墓室底平，沿两侧壁各铺一条砾石，墓室中铺撒一层小砾石。墓道长234、宽100、深240厘米，坡度27°。墓室长452、宽220、高114厘米。葬具及人骨不存。随葬器物仅1件陶灶位于墓道与墓室之间。墓道内填灰褐色土，墓室内有淤积土（图六二；图版三七，1）。

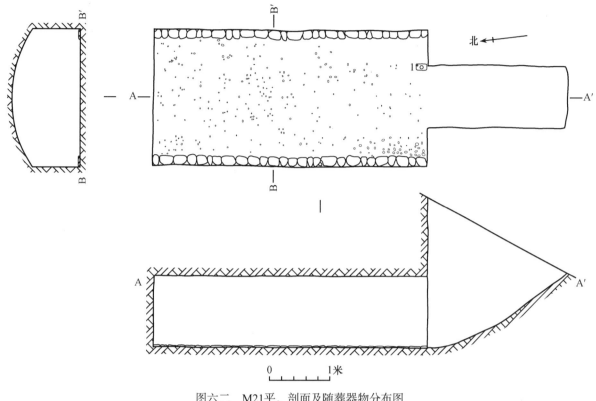

图六二　M21平、剖面及随葬器物分布图
1. 陶灶

（二）出土器物

陶灶　1件。

M21：1，泥质灰陶。长方形体较矮，四角倒棱，灶面正中有一圆形火眼，后侧有一圆形小烟孔。正面有拱形火门不通地。长17.6、宽10.8、高6.8厘米（图六三；图版三七，2）。

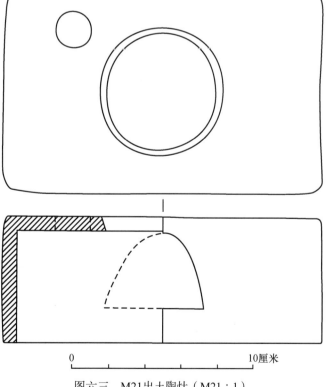

图六三　M21出土陶灶（M21：1）

十二、M22

（一）墓葬形制

M22位于T57北部，M21西侧，两墓大致平行，主要在探方外。开口于表土下，打破生土层。竖穴土坑内砌刀把形甬道无券石室墓。甬道位于墓室左侧。方向172°。墓壁用经加工的大致呈长方形的石板砌成。墓上部已破坏。甬道及墓室底部铺一层小砾石。甬道内长132、宽100、残高52厘米，墓室内长260、宽168、高140厘米，砖壁厚约12厘米，墓底距地表深164厘米。葬具已朽。可见人骨残骸。墓被盗扰，随葬器物位于甬道内及墓室前端右角。黄褐色填土较紧密，可能无券顶（图六四）。

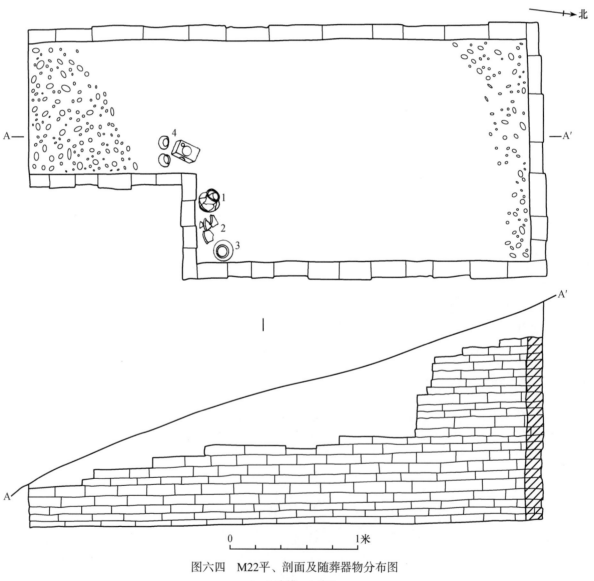

图六四　M22平、剖面及随葬器物分布图

1～3.陶罐　4.陶灶

（二）出土器物

陶器6件，有罐和灶、釜。均泥质灰陶，火候较高（图版三八，1）。

（1）罐　3件。

M22：1，泥质灰褐陶。敞口，矮领，斜折肩，肩下内收至底，平底。最大径在肩部，肩部戳印一周花边，肩下削棱至底。口径10.6、肩径15.6、底径11、高13.8厘米（图六五，1；图版三八，2）。

M22：2，泥质灰褐陶。敞口，矮领，平折肩，斜腹深直，平底。肩部戳印一周花边，肩以下刀削痕明显。口径10.4、肩径15.6、底径10、高13.4厘米（图六五，2；图版三八，3）。

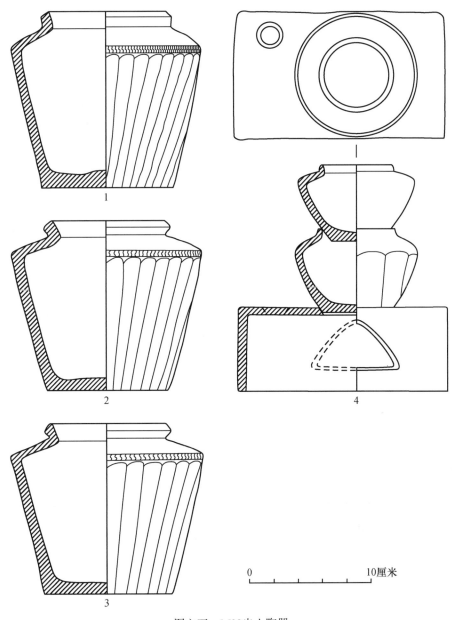

图六五　M22出土陶器

1～3.罐（M22：1、M22：2、M22：3）　4.灶（M22：4）

M22：3，泥质灰褐陶。形制同M22：2。口径10.4、肩径15.6、底径10.6、高13.4厘米（图六五，3；图版三九，4）。

（2）灶 1套，3件。灶及双釜。泥质灰陶。

M22：4-1，灶。长方体，下部中空。上面正中一圆形釜眼，上置双釜。左后侧有一圆形小囱孔。前面与釜眼对应有三角形火门。长17.6、宽10、高6.6厘米。M22：4-2，釜。直口，矮领，溜肩，鼓腹偏上，平底。腹部以下有削棱。口径6、肩径10、底径5.6、高6.6厘米。M22：4-3，釜。敞口，矮领，肩缓平，鼓腹偏上，平底。口径5.6、肩径9.3、底径4.2、高6厘米。灶通高18厘米（图六五，4；图版三九，1~3）。

十三、M23

（一）墓葬形制

M23位于墓区北段山体前沿探方以外。开口表土下，打破生土层。普通长方形竖穴土坑墓。方向240°。墓坑上部及足端已被破坏。墓坑较狭窄，墓壁不甚光滑。墓残长130、宽60、残深18厘米。葬具及人骨不存。随葬品置于墓底头端。灰褐色填土（图六六）。

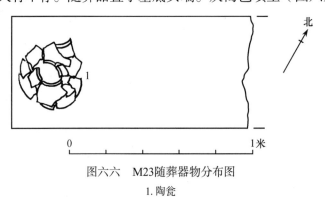

图六六 M23随葬器物分布图
1.陶瓮

（二）出土器物

陶瓮 1件。

M23：1，泥质灰陶。器体高大。平折沿，矮弧领，圆肩，深圆腹，下腹斜收，凹圜底较小。上腹至肩部饰横断竖绳纹，下腹饰弦纹间竖绳纹，肩部绳纹抹去。口径12、腹径20、高19.3厘米（图六七）。

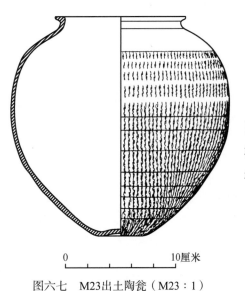

图六七 M23出土陶瓮（M23：1）

第五节　2008年发掘墓葬

　　2008年布10米×10米探方28个，计2800平方米，另单独清理墓葬10座，计200平方米，合计3000平方米。探方均不是正方向，发掘墓葬40座，其中砖室墓2座，石室墓3座，土坑墓34座，土壁洞室墓1座。出土器物58件（图六八）。

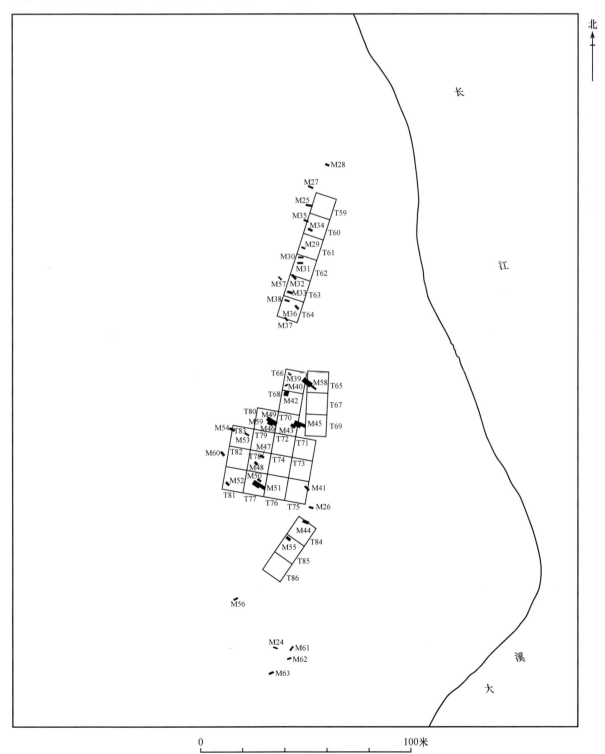

图六八　2008年发掘探方及墓葬分布图

一、M24

（一）墓葬形制

位于墓底南端，北距T86约30米。开口于表土下，打破第2层及生土层。长方形竖穴土坑，墓坑较窄。方向280°。长200、宽60、残深20厘米。残存部分头骨和肢骨。釉陶罐1件位于头部。灰黑色填土（图六九）。

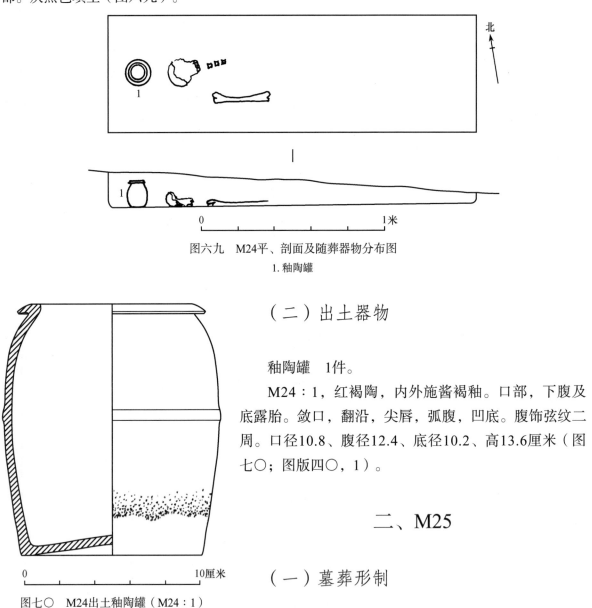

图六九　M24平、剖面及随葬器物分布图
1. 釉陶罐

（二）出土器物

釉陶罐　1件。

M24：1，红褐陶，内外施酱褐釉。口部，下腹及底露胎。敛口，翻沿，尖唇，弧腹，凹底。腹饰弦纹二周。口径10.8、腹径12.4、底径10.2、高13.6厘米（图七〇；图版四〇，1）。

二、M25

（一）墓葬形制

位于T1西壁边，主要在探方外。开口于第1层下，打破生土层。长方形竖穴土坑，墓坑较窄。方向282°。长185、宽76、残深85厘米。残存部分头骨和肢骨。釉陶罐1件位于头端。灰褐色填土（图七一）。

图七〇　M24出土釉陶罐（M24：1）

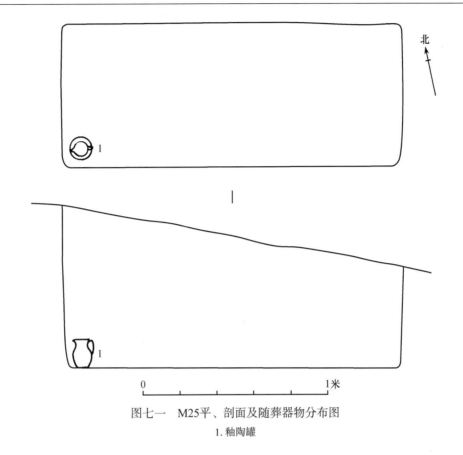

图七一　M25平、剖面及随葬器物分布图
1.釉陶罐

（二）出土器物

釉陶带流单把罐　1件。

M25：1，红褐胎，黑褐釉。器外卜腹及底露胎。直口，弧领，溜肩，鼓腹，下腹斜直，平底微凹。口部一侧有圆弧流，对应流一侧颈至腹部有一鋬。腹内外有瓦楞状弦纹。口径7.6、腹径13.4、底径9.4、高16.6厘米（图七二；图版四〇，4）。

三、M26

（一）墓葬形制

位于墓地南部，不在探方内。开口于第1层下，打破第2、3层及生土层。长方形竖穴土坑，墓坑较窄。方向285°。长188、宽70、残深78厘米。葬具及人骨不存。釉陶罐1件位于头端。灰褐色填土（图七三）。

图七二　M25出土釉陶带流单把罐
（M25：1）

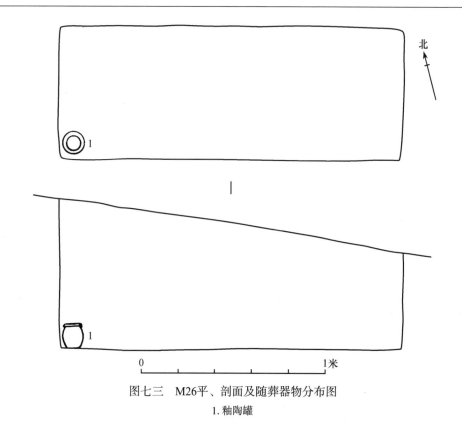

图七三 M26平、剖面及随葬器物分布图
1.釉陶罐

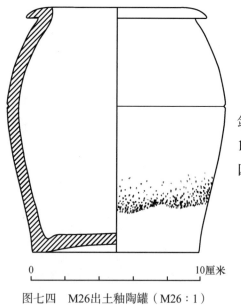

图七四 M26出土釉陶罐（M26：1）

（二）出土器物

釉陶罐 1件。

M26：1，红褐胎，黑灰釉。器外下腹及底露胎。敛口，折沿微坠，鼓腹，凹底。腹饰一周弦纹。口径10.6、腹径12.8、底径9.6、高13.8厘米（图七四；图版四〇，3）。

四、M27

（一）墓葬形制

位于T59北壁外。开口于第1层下，打破生土层。长方形竖穴土坑，墓坑较窄。方向285°。长210、宽70、残深60厘米。葬具及人骨不存。釉陶罐1件位于头端。灰黑色填土（图七五）。

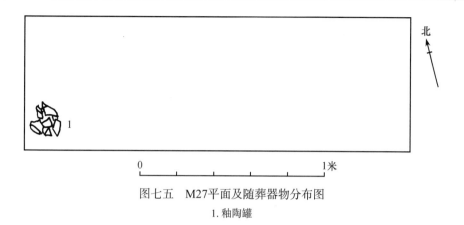

图七五 M27平面及随葬器物分布图
1.釉陶罐

（二）出土器物

釉陶罐 1件。

M27：1，红褐胎，姜黄釉。器外下腹及底露胎。直口，厚圆唇外凸，矮直领，斜肩微有折，斜直腹，凹底。腹部饰弦纹一周。口径9.2、腹径13.2、底径9.2、高12.9厘米（图七六）。

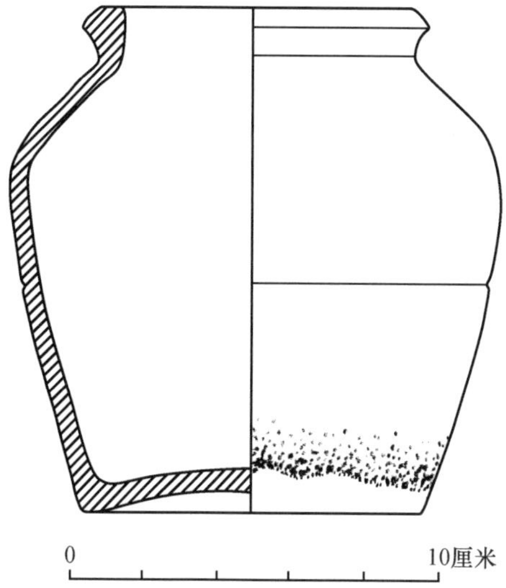

五、M28

（一）墓葬形制

图七六 M27出土釉陶罐（M27：1）

位于T59北壁外。开口于第1层下，打破第3层及生土层。长方形竖穴土坑，墓坑较窄。方向280°。长205、宽70、残深70厘米。葬具及人骨不存。釉陶罐1件位于头端。灰黑色填土（图七七）。

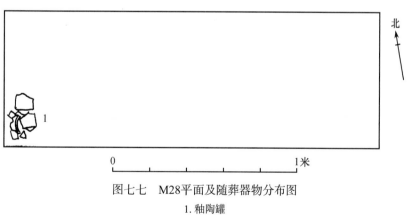

图七七 M28平面及随葬器物分布图
1.釉陶罐

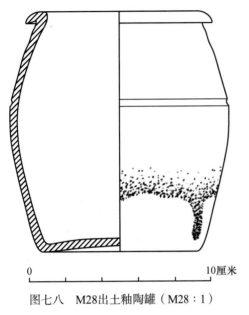

图七八　M28出土釉陶罐（M28：1）

（二）出土器物

釉陶罐　1件。

M28：1，红褐胎，黄褐釉。器外下腹及底露胎。有流釉现象。敛口，翻沿，鼓腹，凹底。腹饰一周弦纹。口径10.2、腹径12、底径8.8、高12.6厘米（图七八）。

六、M29

（一）墓葬形制

位于T61西南部。开口于第1层下，打破第2、3层及生土层。长方形竖穴土坑，墓坑较窄。方向287°。长182、宽70、残深80厘米。残存少量葬具木板。釉陶罐1件位于头端。灰黑色填土（图七九）。

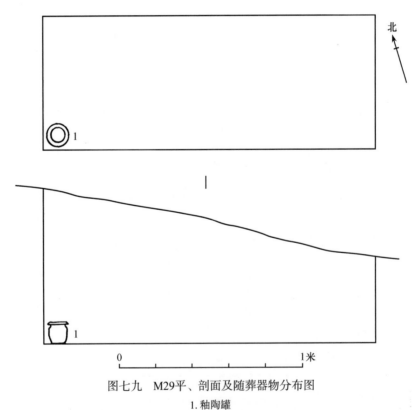

图七九　M29平、剖面及随葬器物分布图
1.釉陶罐

（二）出土器物

釉陶罐　1件。

M29：1，红褐胎，酱色釉。器外下腹及底露胎。有流釉现象。敛口，翻沿，弧腹，平底微凹。腹饰一周弦纹。口径11.8、腹径12.6、底径10.6、高12.2厘米（图八〇；图版四〇，2）。

七、M30、M31

（一）墓葬形制

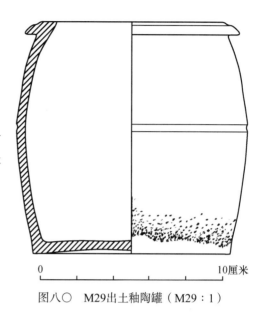

图八〇　M29出土釉陶罐（M29：1）

位于T62中。开口于第1层下，打破第2、3层及生土层。夫妇异穴合葬墓。均为竖穴土坑内砌长方形砖室，不见券顶。两墓平行，间距150厘米。M30较M31略短。方向273°。在土圹内用青砖错缝平砌四壁。青砖长28、宽14、厚5厘米。M30坑底头、足部各纵铺青砖两排为棺床，足部已遭破坏。墓室内四壁与棺间填充石灰浆厚约10厘米。土圹长292、宽200、深150厘米，墓室内长238、宽112、残深60厘米。M31坑底两侧各铺青砖一排、两端纵铺青砖各四块为棺床，中部留排水沟。墓室壁与棺间填石灰浆同M30。土圹长310、宽150、深200厘米，墓室内长265、宽98、深100厘米。两墓棺床长宽尺寸同墓室，高5厘米。棺及人骨均朽不存。两墓前方有条石砌拜台，一级台阶，两侧呈"八"字形。条石长80～100、宽约30厘米。墓被严重扰乱，M30中仅出土砖质墓志一方和铁棺钉四枚，墓志弃置于墓上地面。M31中则空无一物。灰黑色填土（图八一、图八二）。

（二）出土器物

M30有墓志1方，棺钉4枚（以1件计）。

1.墓志铭

1方。

M30：1，泥质，青灰色。正方形。铭文用红漆书写，因被盗扰弃置于墓外，经江水冲刷后字迹不辨。长34、宽34、厚4厘米。

2.铁棺钉

M30出土4枚（以1件计）。

M30：2-1，方锥体较长，有钉头扁平或弯曲。锈蚀。长32厘米（图版四二，1）。

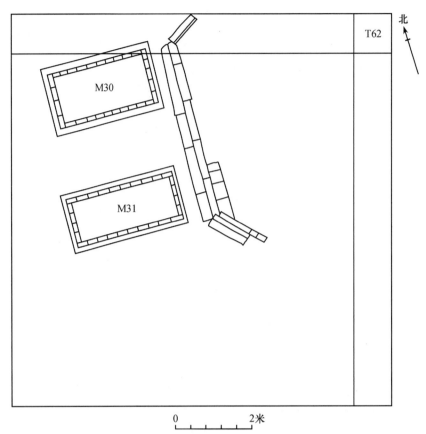

图八一　M30、M31平面位置图

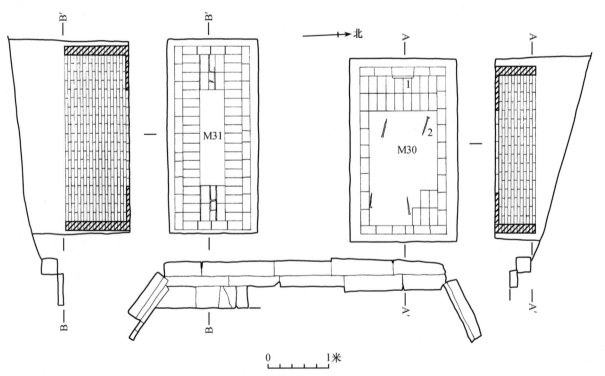

图八二　M30、M31平、剖面及随葬器物分布图
1.墓志砖　2.铁棺钉

八、M32

（一）墓葬形制

位于T63西北角。开口于表土下，打破第3层及生土层。长方形竖穴土坑，墓坑较窄。头端有一熟土二层台。二层台高25、宽22厘米。方向310°。墓口长240、宽80厘米；墓底长218、宽80、深149.6厘米。棺木及人骨不存。头部垫有三片瓦，1件硬陶瓜棱罐位于头端二层台上。灰黑色填土（图八三；图版四一，1）。

（二）出土器物

硬陶瓜棱罐　1件。

M32：1，泥质砖红陶，酱色釉脱落殆尽。直口，短平折沿，矮直颈，斜肩，圆腹，腹作15瓣瓜棱形。下腹呈假圈足，底微凹，肩部有弦纹一周。口径9.8、腹径17、底径9.8、高17.4厘米（图八四；图版四一，2）。

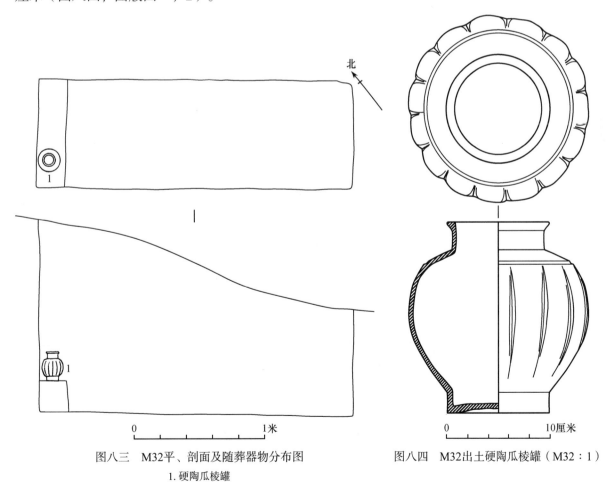

图八三　M32平、剖面及随葬器物分布图
1.硬陶瓜棱罐

图八四　M32出土硬陶瓜棱罐（M32：1）

九、M33

　　位于T63北端。开口于地表下，打破第2、3层及生土层。长方形竖穴土坑，墓坑较窄。方向285°。长180、宽60、残深76厘米。棺木及人骨不存。头端两侧各垫瓦三片。不见随葬品。灰黑色填土（图八五）。

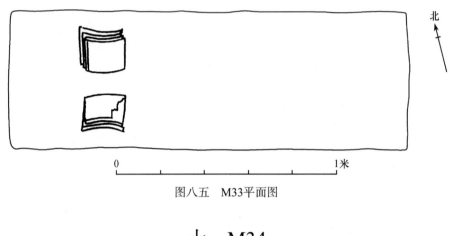

0　　　　　　　　　　　　　　　1米

图八五　M33平面图

十、M34

（一）墓葬形制

　　位于T60中部。开口于表土下，打破第2、3层及生土层。长方形竖穴土坑，墓坑较窄。方向280°。长180、宽78、深85厘米。棺木及人骨不存。1件釉陶罐位于头端。灰黑色填土（图八六）。

（二）出土器物

　　釉陶带流单把罐　1件。

　　M34：1，红褐胎，黑褐釉。器外下腹及底露胎。直口，直领微弧，弧腹，凹底。口部一侧有圆弧流，对应流一侧上腹部有一鋬。颈部一周凸弦纹。口径9.2、腹径12.6、底径10.2、高14.7厘米（图八七；图版四一，3）。

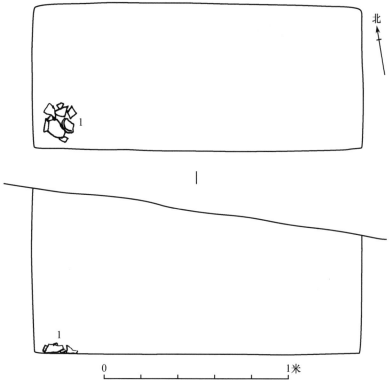

图八六　M34平、剖面及随葬器物分布图

1. 釉陶带流单把罐

图八七　M34出土釉陶带流单把罐（M34：1）

十一、M35

（一）墓葬形制

位于T60西北部，探方内外各一半。开口于表土下，打破第2层及生土层。长方形竖穴土坑，墓坑较窄。方向285°。长210、宽72、深100厘米。棺木及人骨不存。1件青花瓷碗位于头端。灰黑色填土（图八八）。

（二）出土器物

青花瓷碗　1件。

M35：1，粗瓷，质劣。灰白釉，外底露胎。敞口，深腹斜直，平底，矮圈足。外壁灰黑色青料绘四组菊花纹，内底团绘一个菊花纹。口内绘一宽一窄两周圈带及四个点纹。口径12.8、足径6.2、高6.6厘米（图八九；图版四二，2）。

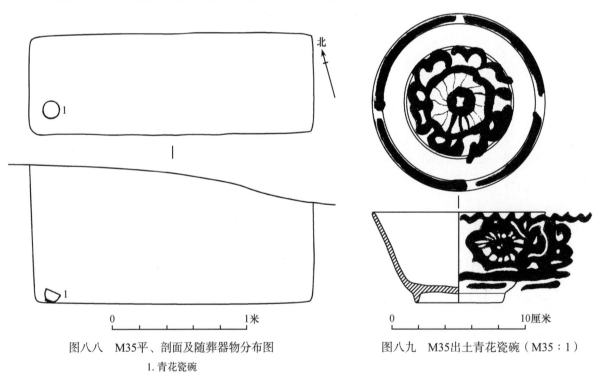

图八八　M35平、剖面及随葬器物分布图
1. 青花瓷碗

图八九　M35出土青花瓷碗（M35：1）

十二、M36

（一）墓葬形制

位于T64东部。开口于表土下，打破第2层及生土层。长方形竖穴土坑，墓坑较窄。头端有一生土二层台。二层台高45、宽25厘米。方向317°。墓口长270、宽93厘米；墓底长245、宽93、残深80厘米。棺木及人骨不存。1件双耳釉陶罐置于头端二层台上。灰黑色填土（图九〇）。

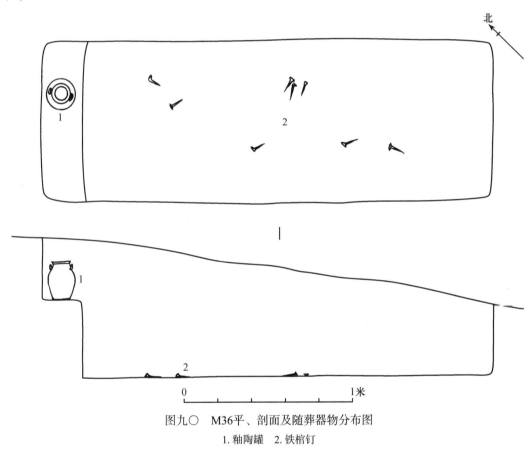

图九〇　M36平、剖面及随葬器物分布图
1.釉陶罐　2.铁棺钉

（二）出土器物

釉陶罐1件以及铁棺钉8枚（以1件计）。

1.釉陶双系罐

1件。

M36：1，青灰胎，上腹施姜黄釉，下腹及底露胎。敛口，翻沿，矮直领，溜肩，鼓腹，下腹斜直，凹底。肩部有对称环形竖耳。内壁有瓦楞状弦纹。口径13.6、腹径19.6、底径11.6、高22.5厘米（图九一，1；图版四二，5）。

2. 铁棺钉

8枚（以1件计）。

M36∶2-1，圆锥形，扁圆钉头。长9厘米（图九一，2）。

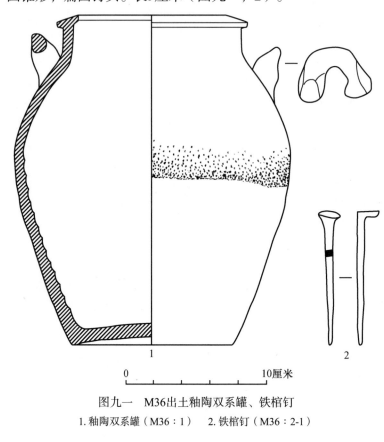

0   10厘米

图九一　M36出土釉陶双系罐、铁棺钉

1. 釉陶双系罐（M36∶1）　　2. 铁棺钉（M36∶2-1）

十三、M37

（一）墓葬形制

位于T64南端，探方内外各一半。开口于表土下，打破生土层。长方形竖穴土坑，墓坑窄。方向315°。长190、宽70、残深60厘米。残存少量人骨。头端有垫瓦。随葬1罐1碗位于头端。灰黑色填土（图九二）。

（二）出土器物

2件，釉陶罐和青花瓷碗各1件。

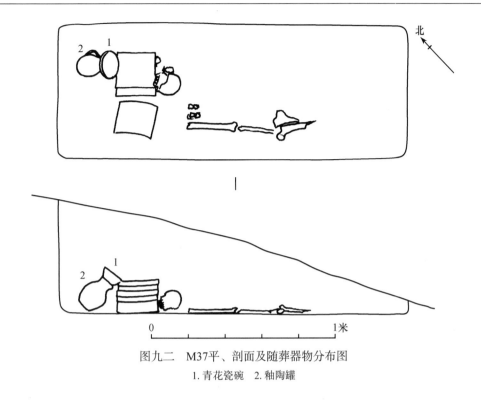

图九二　M37平、剖面及随葬器物分布图
1.青花瓷碗　2.釉陶罐

1.釉陶带流单把罐

1件。

M37：2，红褐胎，酱褐釉。器外下腹及底露胎。直口，直领微弧，弧腹，凹底。口部一侧有圆弧流，对应流一侧上腹部有一鋬。下腹有瓦楞纹。口径8.6、腹径14、底径8.6、高16.4厘米（图九三，1；图版四二，4）。

2.青花瓷碗

1件。

M37：1，粗瓷胎，卵白釉。敞口，弧腹斜直，平底，外底中心下凸，矮圈足。以蓝色青料绘花纹，外壁上下绘抽象卷云纹、花草纹及楼梯纹，中腹等距离绘四匹奔马，其间补云纹。器内底两周圈带内绘卷草纹及编织纹，口内饰一周圈带。口径14、足径5.8、高6.5厘米（图九三，2；图版四二，3）。

十四、M38

（一）墓葬形制

位于T64西北部。开口于表土下，打破第3层及生土层。长方形竖穴土坑，墓坑窄。方向290°。长200、宽60、残深60厘米。保存较完整的肢骨，但不见头骨。头端1件釉陶罐。灰黑色填土（图九四）。

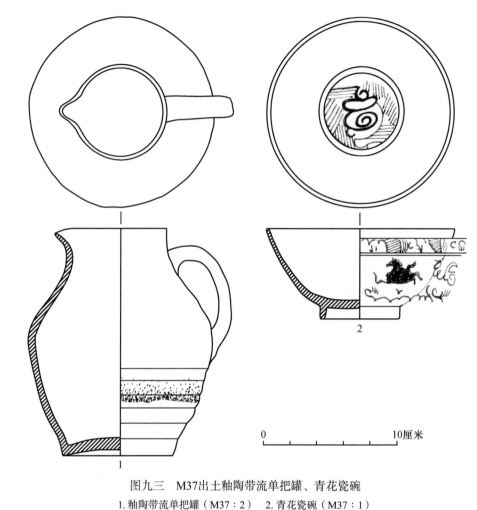

图九三　M37出土釉陶带流单把罐、青花瓷碗
1.釉陶带流单把罐（M37∶2）　2.青花瓷碗（M37∶1）

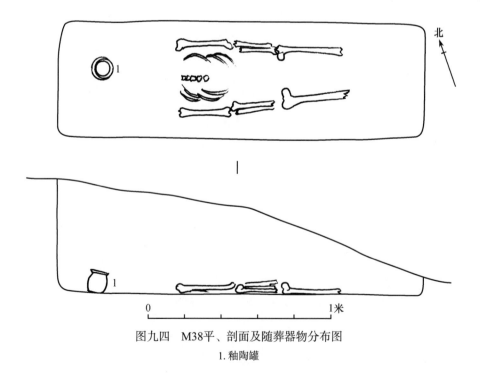

图九四　M38平、剖面及随葬器物分布图
1.釉陶罐

（二）出土器物

釉陶罐　1件。

M38：1，红胎，姜黄釉。器外下腹及底露胎。敛口，折沿，弧腹，平底中心内凸。腹饰两周弦纹。口径12、腹径12.8、底径9.8、高12.5厘米（图九五；图版四四，3）。

十五、M39

（一）墓葬形制

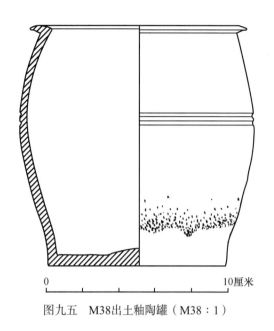

图九五　M38出土釉陶罐（M38：1）

位于T66西北部。开口于表土下，打破第2层及生土层。长方形竖穴土坑内以砖砌棺床。方向310°。长214、宽126、残深40厘米；棺床长168、宽60、高5厘米。残存有人骨架。头端有垫瓦。随葬1件陶壶位于头端一侧。灰黑色填土（图九六；图版四三，1）。

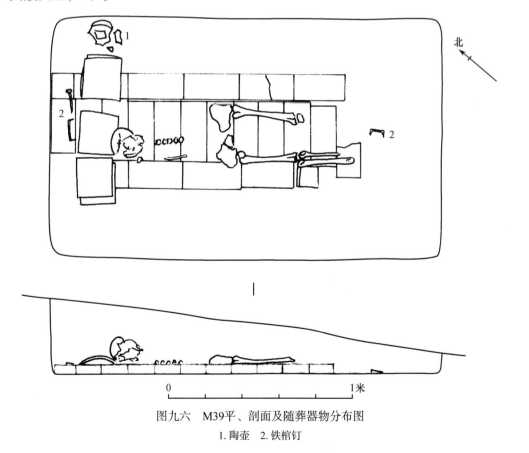

图九六　M39平、剖面及随葬器物分布图
1.陶壶　2.铁棺钉

（二）出土器物

陶壶1件和铁棺钉3枚（以1件计）。陶壶残甚，不能复原，形态不明。

铁棺钉　3枚（以1件计）。两种形态。

M39：2-1，方锥体，扁钉头。长14厘米（图九七，1）。

M39：2-2，扁方体，两端锥尖弯曲，俗称"马钉"。长10.6厘米（图九七，2）。

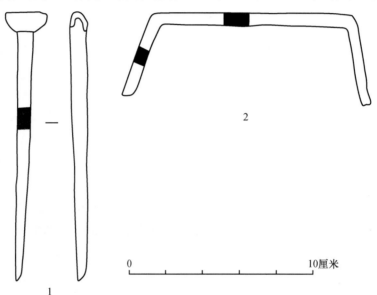

0　　　　　　　　　　　　　　　　10厘米

图九七　M39出土铁棺钉
1. M39：2-1　2. M39：2-2

十六、M40

（一）墓葬形制

位于T66西南部。开口于第2层下，打破生土层。长方形竖穴土坑，墓坑较窄。方向256°。长185、宽65、残深30厘米。人骨架不存。头端随葬2件青花瓷碗。灰黑色填土（图九八）。

（二）出土器物

青花瓷碗　2件。

M40：1，粗瓷，粉青釉。底露胎。敞口，斜壁深直，平底，极矮圈足。下底边缘一周凹圈。口外以青料绘一宽一窄两周圈带纹，内一周点彩。口内两周圈带纹，内底双圈内绘兰草纹。青料颜色灰暗。口径13.6、足径5、高5.4厘米（图九九，1；图版四四，1）。

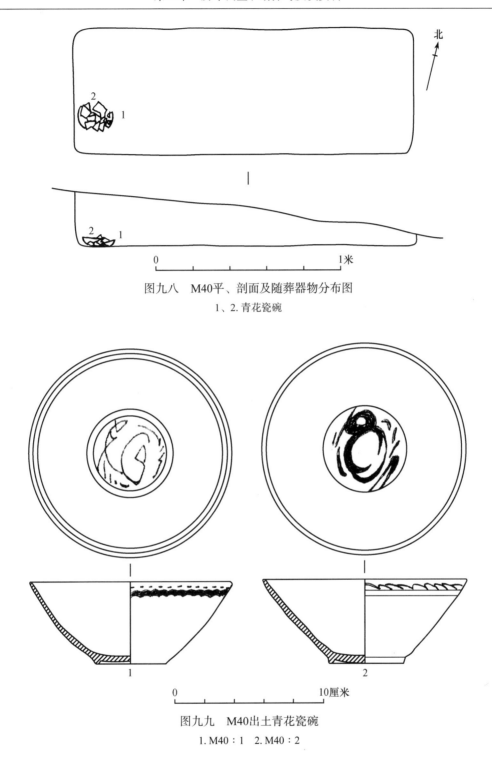

图九八 M40平、剖面及随葬器物分布图
1、2. 青花瓷碗

图九九 M40出土青花瓷碗
1. M40：1 2. M40：2

　　M40：2，胎、釉及形态同M40：1。底微下凸。口外以青料绘一周水波纹及两周圈带纹。口内一周圈带纹，内底两周圈带纹及水草纹。口径13.8、足径5、高5.5厘米（图九九，2；图版四四，2）。

十七、M41

（一）墓葬形制

位于T75东隔梁。墓口暴露于地表，打破第3层及生土层。长方形竖穴土坑，前端已毁。方向325°。残长120、宽60、残深30厘米。头端随葬1件青花瓷碗。灰黑色填土（图一〇〇）。

（二）出土器物

青花瓷碗　1件。

M41：1，粗瓷，粉白釉。底露胎。敞口外侈，弧壁较深，平底，矮圈足内斜。口外以青料绘四周圈带纹间编织纹，下底及圈足绘一周水波纹及三周圈带纹。腹部绘四枝折枝莲花纹。口内一周圈带纹。内底双圈内绘兰花纹。青料颜色灰暗。口径13.3、足径5.4、高5.6厘米（图一〇一；图版四六，1）。

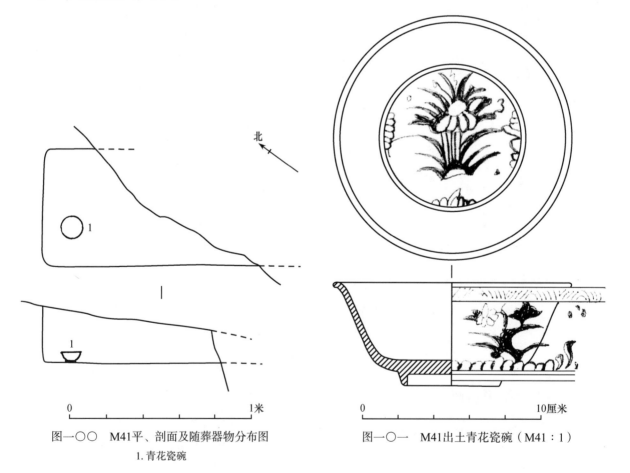

图一〇〇　M41平、剖面及随葬器物分布图
1.青花瓷碗

图一〇一　M41出土青花瓷碗（M41：1）

十八、M42

位于T68西北端。开口于第2层下，打破第3层及生土层。长方形竖穴土坑，墓坑较宽。一端宽一端窄，墓壁略斜。方向15°。墓口长305、宽205～228厘米；墓底长278、宽170～200、残深150厘米。墓底两端有枕木沟，沟宽14～16、深5厘米。棺木及人骨不存。不见随葬品。灰黑色填土（图一〇二）。

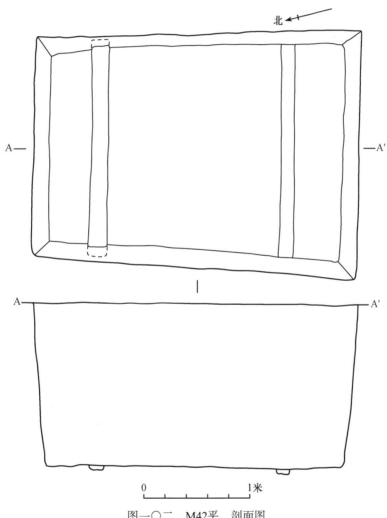

图一〇二　M42平、剖面图

十九、M43

（一）墓葬形制

M43位于T70东部。开口于第3层下，打破生土层。普通长方形竖穴土坑墓。方向115°。墓坑垂直，墓壁光滑。墓长248、宽150、深140厘米。葬具及人骨不存。随葬品置于墓底头端。填土浅褐色较紧密。在M43下面的山坎边有一座土洞墓M45，应该晚于M43。M45墓顶西南角与M43墓底东北角垂直重合，但当时应该没有挖穿。在清理土洞墓时出土有属于M43的陶罐底部残片，应为M43后来底部塌陷后而掉下去的。这是峡江地区古墓的奇特现象，早期墓直接叠压于晚期墓之上（图一〇三、图一〇四）。

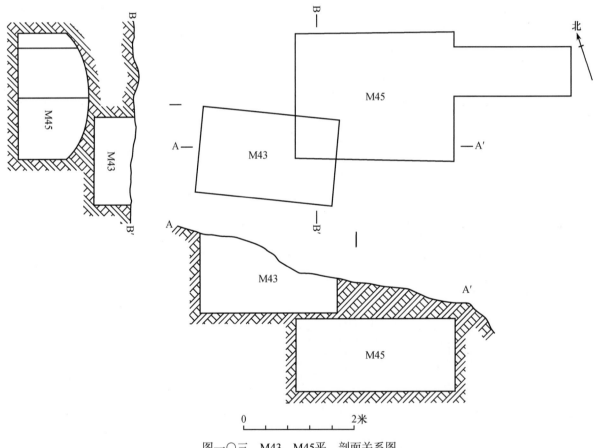

图一〇三　M43、M45平、剖面关系图

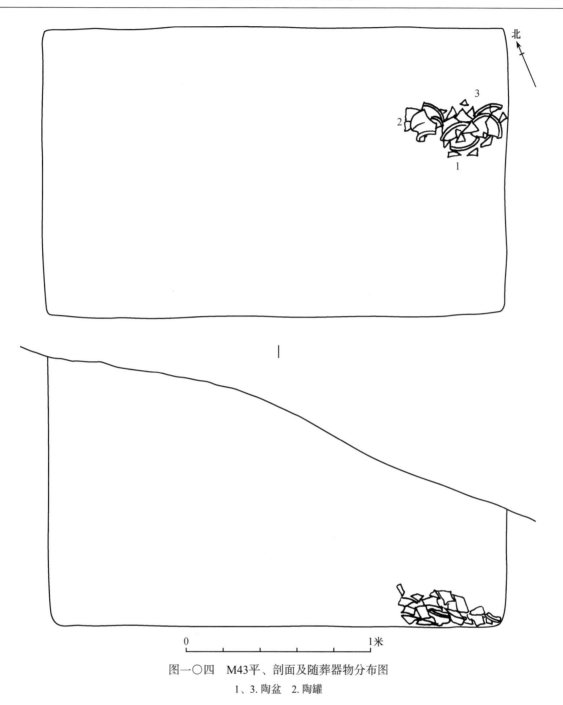

图一〇四　M43平、剖面及随葬器物分布图
1、3. 陶盆　2. 陶罐

（二）出土器物

出土陶器3件，器体大，为实用器（图版四五，4）。

（1）罐　1件。

M43：2，泥质褐陶。侈口，平折沿微坠，高弧领，溜肩，球形腹，凹圜底。上腹饰三周宽弦纹，肩、腹饰竖向、斜向和交错绳纹。口径20.5、腹径33.6、高31.9厘米（图一〇五，1；图版四五，1）。

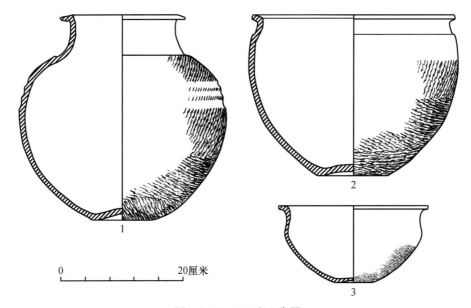

图一〇五　M43出土陶器

1.罐（M43：2）　2、3.盆（M43：1、M43：3）

（2）盆　2件。深腹盆和浅腹盆各1件。

M43：1，深腹盆。泥质褐陶。短斜折沿，方唇，矮弧颈，深弧腹，凹圜底。腹至底饰竖向、斜向和交错绳纹。口径32.8、高24.9厘米（图一〇五，2；图版四五，3）。

M43：3，浅腹盆。泥质黑衣灰陶。侈口，平沿，方唇，弧颈较高，弧腹，凹圜底。腹至底饰斜向绳纹。口径24、高12厘米（图一〇五，3；图版四五，2）。

二十、M44

（一）墓葬形制

位于T84北隔梁边。开口于地表下，打破第2、3层及生土层。长方形竖穴土坑，墓坑较窄。头端有一熟土二层台。二层台高35、宽15厘米。方向300°。墓口长220、宽70厘米；墓底长205、宽70、深80厘米。保存有较完整骨架，仰身直肢。釉陶罐1件置于二层台上。灰黑色填土（图一〇六）。

（二）出土器物

釉陶罐　1件。

M44：1，红褐胎，酱褐釉，直口略变形。厚圆唇，矮弧颈，斜肩，斜直腹，平底。内壁有瓦楞纹。口径8.8、腹径11、底径8、高12厘米（图一〇七；图版四四，5）。

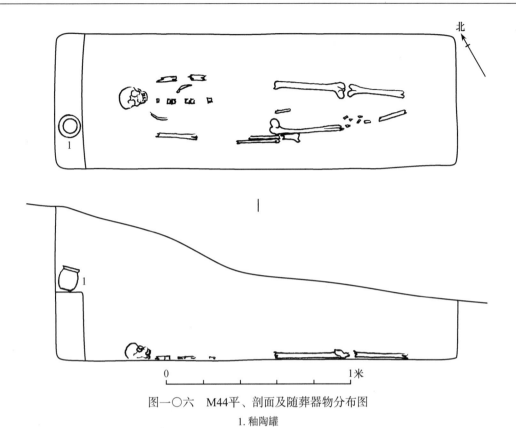

图一〇六 M44平、剖面及随葬器物分布图
1.釉陶罐

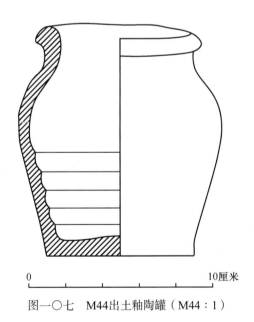

图一〇七 M44出土釉陶罐（M44：1）

二十一、M45

位于T70东端，墓道在探方外。墓道口开口于表土下，打破第3层及生土层。带斜坡墓道长方形土壁弧顶洞室墓，墓室前端略宽，后端略窄，墓道偏向墓室右侧。方向110°。墓室长285、宽220～228、高130厘米；墓道长215、宽90、深220厘米，坡度约25°。墓底左、右、后壁边及墓道口铺有块石，墓室前后部位块石以内铺撒小砾石，中部不铺。墓底见有两具骨架痕迹分布于两侧。不见随葬品。灰黑色填土（图一〇八；图版四三，2）。

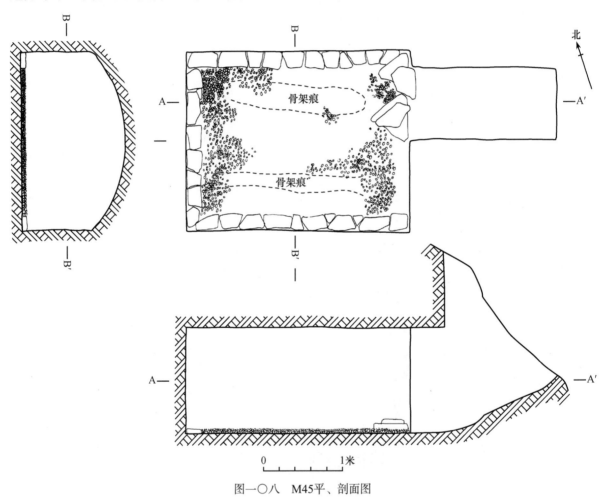

图一〇八 M45平、剖面图

二十二、M46

（一）墓葬形制

位于T80东南角。开口于地表下，打破第3层及生土层，并打破M49南壁。长方形竖穴土坑，墓坑较窄。方向285°。墓口长202、宽64、深60厘米。人骨架不存。釉陶罐1件置于头端。灰黑色填土（图一〇九、图一一〇）。

（二）出土器物

釉陶罐 1件。

M46：1，红褐胎，酱褐釉。下腹及底露胎。敛口，三角形沿，矮斜领，宽腹凸鼓，平底微凹。上腹饰一周弦纹，中、下腹饰瓦楞状弦纹。口径8、腹径14、底径7.6、高11.6厘米（图一一一；图版四四，4）。

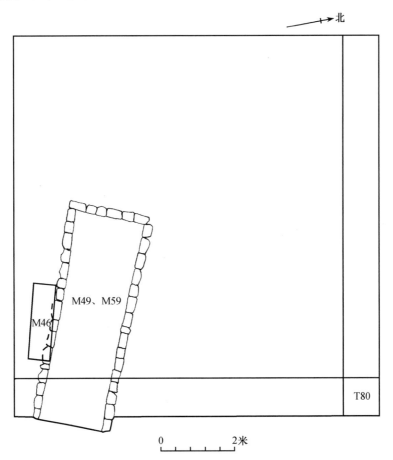

图一〇九 M46与M49、M59平面位置及关系图

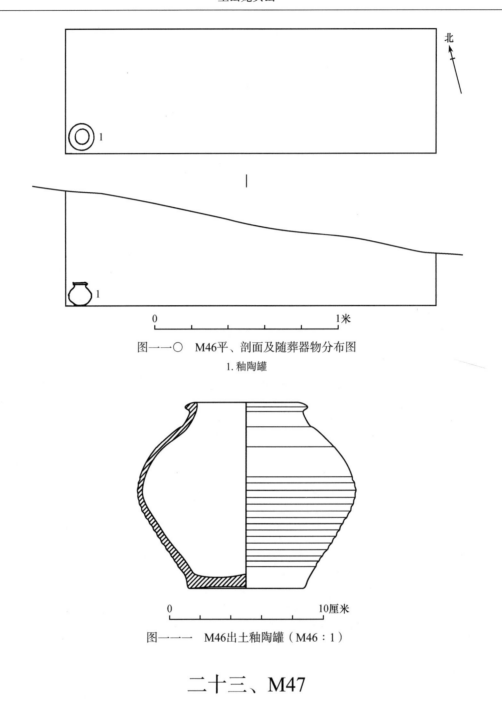

图一一〇　M46平、剖面及随葬器物分布图
1. 釉陶罐

图一一一　M46出土釉陶罐（M46：1）

二十三、M47

（一）墓葬形制

位于T78中部。开口于地表下，打破第3层及生土层。长方形竖穴土坑，墓坑较窄，前端已毁。方向300°。残长130、宽70、深110厘米。头端中间呈"T"形垫有13片瓦。残存头骨及少量肢骨。釉陶罐1件置于头端一侧。灰黑色填土（图一一二）。

（二）出土器物

釉陶罐　1件。

M47：1，砖红胎，金黄色釉，下腹及底露胎。口部釉脱落。敛口，内外凸唇，矮领斜直，圆腹，底边下凸，平底微凹。颈、肩各有一周弦纹，上腹有一周排戳指甲纹。口径9、腹径11、底径8.6、高10.6厘米（图一一三；图版四七，4）。

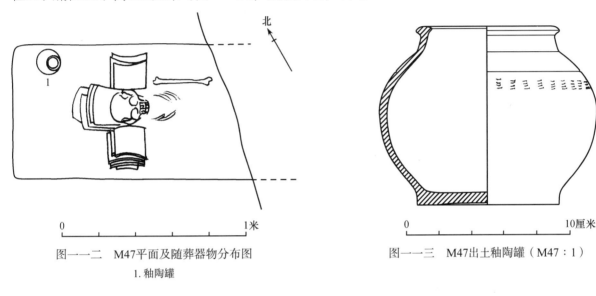

图一一二　M47平面及随葬器物分布图
1. 釉陶罐

图一一三　M47出土釉陶罐（M47：1）

二十四、M48

（一）墓葬形制

位于T78南端。开口于地表下，打破第3层及生土层。长方形竖穴土坑，墓坑较窄，前端已毁。方向310°。残长120、宽70、残深70厘米。残存头骨及少量肢骨。釉陶罐1件置于头端一侧。灰黑色填土（图一一四）。

（二）出土器物

釉陶罐　1件。

M48：1，砖红胎，姜黄色釉，下腹及底露胎。口部釉脱落。敛口，内外凸唇，矮领斜直，圆腹，底边下凸，平底微凹。上腹饰一周弦纹，中、下腹饰瓦楞纹。口径8.2、腹径14、底径8、高11.1厘米（图一一五；图版四七，5）。

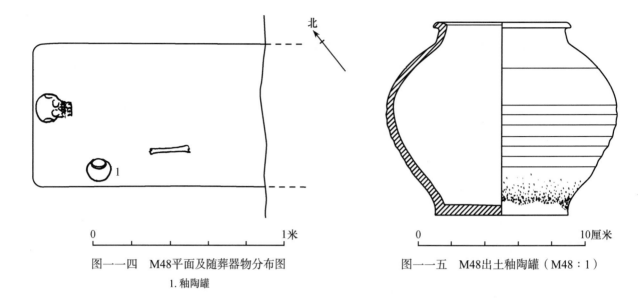

图一一四　M48平面及随葬器物分布图　　　　　图一一五　M48出土釉陶罐（M48：1）
1. 釉陶罐

二十五、M49

（一）墓葬形制

M49位于T80东南部，南壁上部被M46打破。开口于表土下，打破第3层及生土层。竖穴土坑内砌石室券顶。墓前端被毁，有无甬道不知。方向112°。用经加工的石板错缝平砌墓壁及券顶，墓室后壁上部倒塌，稍有变形（宋墓M59二次利用该墓室时把甬道挖掉，入葬后，将墓室门口处封筑。详后）。墓室内长550、宽170～190、高153厘米。由于被二次利用，墓被扰乱，原葬具、人骨不存，随葬品少而凌乱（图一一六）。

墓室底局部铺绳纹板瓦十余片。板瓦横切断面为圆弧形，外表饰斜绳纹，一端抹两道弦纹。内壁饰较稀疏横向粗绳纹。M49：4，长52.4、宽35、高7.6厘米（图一一七，1）。

（二）出土器物

计3件（套）。有青瓷钵、铁削及铜钱。

1. 青瓷钵

1件。

M49：3，红褐胎，灰绿釉。器内满釉，器外下腹及底露胎。直口，斜壁，大平底。口外饰二周宽弦纹，弦纹下饰网格纹及麻点纹。口径15、底径10.8、高5.6厘米（图一一七，2；图版四七，3）。

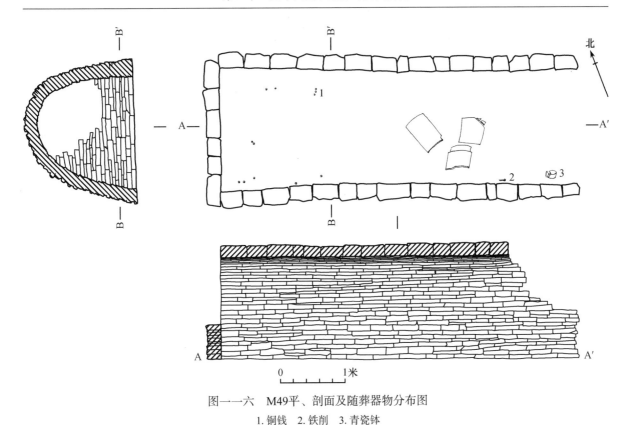

图一一六　M49平、剖面及随葬器物分布图

1. 铜钱　2. 铁削　3. 青瓷钵

2. 铁削

1件。

M49：2，锈蚀。环首，削断面呈锥形，前端斜削。长12厘米（图一一七，3）。

3. 铜钱

21枚（以1件计）。其中五铢钱18枚，货泉钱1枚，直百五铢钱2枚。

M49：1-1，五铢。钱文清晰规范，"五"字交笔弧曲，"铢"字"金"字头为等腰三角形，"朱"字上下圆折。直径2.6厘米（图一一七，4）。

M49：1-11，五铢。钱文模糊不清，无郭。直径2.4厘米（图一一七，5）。

M49：1-16，剪廓五铢，胎薄，体小。直径2.1厘米（图一一七，6）。

M49：1-19，货泉。肉、好有郭，钱文清晰。直径2.1厘米（图一一七，7）。

M49：1-20，直百五铢。肉、好有郭，钱文清晰。直径2.7厘米（图一一七，8）。

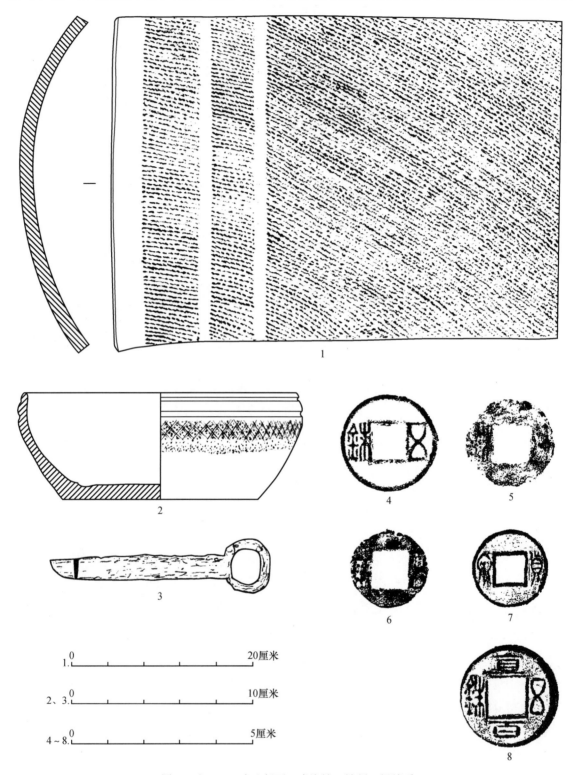

1

2

3

4

5

6

7

8

图一一七　M49出土板瓦、青瓷钵、铁削、铜钱币

1. 板瓦（M49：4）　2. 青瓷钵（M49：3）　3. 铁削（M49：2）　4～6. 铜五铢钱（M49：1-1、M49：1-11、M49：1-16）

7. 铜货泉钱（M49：1-19）　8. 铜直百五铢钱（M49：1-20）

二十六、M50

（一）墓葬形制

位于T77东端。开口于地表下，打破第3层及生土层。长方形竖穴土坑，墓坑较窄。方向306°。长206、宽60、残深60厘米。头端垫4片瓦。骨架尚有保存，仰身直肢。釉陶罐1件置于头端一角。灰黑色填土（图一一八）。

（二）出土器物

釉陶罐　1件。

M50：1，酱红胎，酱褐釉，下腹及底露胎。口部釉脱落。敛口，翻沿，深弧腹，底微凸。腹饰一周弦纹。口径11.6、腹径12.7、底径10、高12.6厘米（图一一九；图版四六，4）。

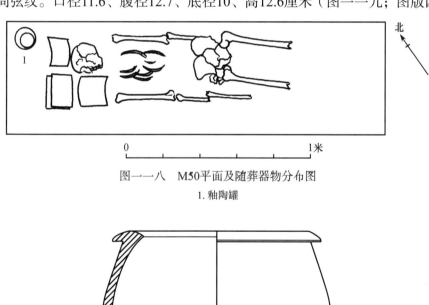

图一一八　M50平面及随葬器物分布图
1.釉陶罐

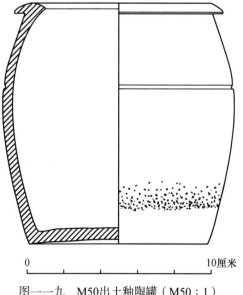

图一一九　M50出土釉陶罐（M50：1）

二十七、M51

位于T77东部。开口于第2层下，打破第3层及生土层。竖穴土坑内砌带刀把形甬道长方形石室券顶墓。甬道位于墓室前端右侧，甬道前有斜坡墓道。方向130°。墓室内长240、宽170、高200厘米；甬道内长285、宽115、高150厘米；墓道长330、宽90、深240厘米，坡度35°。以制作较规整的条石砌筑墓壁及券顶，条石大小较一致，错缝平砌。条石长25~40、宽15~23、厚6~13厘米。墓室后壁未砌到顶，券顶墓室高甬道低。甬道券顶前端平砌挡土墙，挡土墙宽180、高58、厚25厘米。棺木及人骨不存。不见随葬品。填土为含石块杂土（图一二〇）。

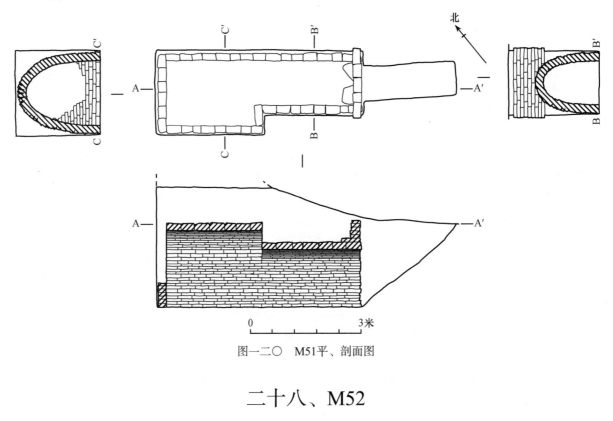

图一二〇　M51平、剖面图

二十八、M52

（一）墓葬形制

位于T81西南部。开口于地表下，打破生土层。长方形竖穴土坑，墓坑较窄，前端已毁。方向313°。残长160、宽60、残深30厘米。头端垫瓦，骨架保存较好，仰身直肢。青花瓷碗1件置于头端一侧。灰黑色填土（图一二一）。

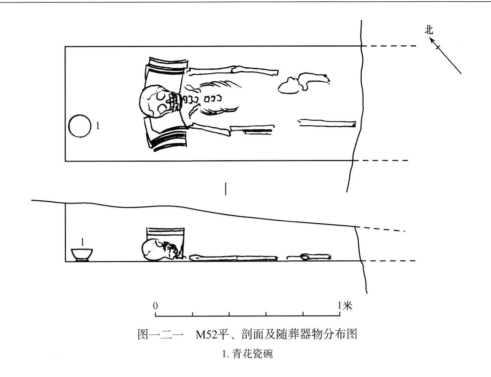

图一二一　M52平、剖面及随葬器物分布图
1.青花瓷碗

（二）出土器物

青花瓷碗　1件。

M52：1，粗瓷碗，粉白釉。下底露胎。敞口，斜直壁，平底，矮圈足。外壁以深蓝色青料绘一周抽象的草叶纹。口径12.6、足径6.8、高5.3厘米（图一二二；图版四六，2）。

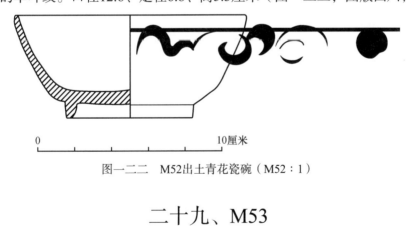

图一二二　M52出土青花瓷碗（M52：1）

二十九、M53

（一）墓葬形制

位于T83东北部。开口于地表下，打破第3层及生土层。长方形竖穴土坑，墓坑较窄。方向290°。长210、宽70、残深60厘米。头端垫一条瓦。保存部分肢骨。釉陶罐1件置于头端一角。灰黑色填土（图一二三）。

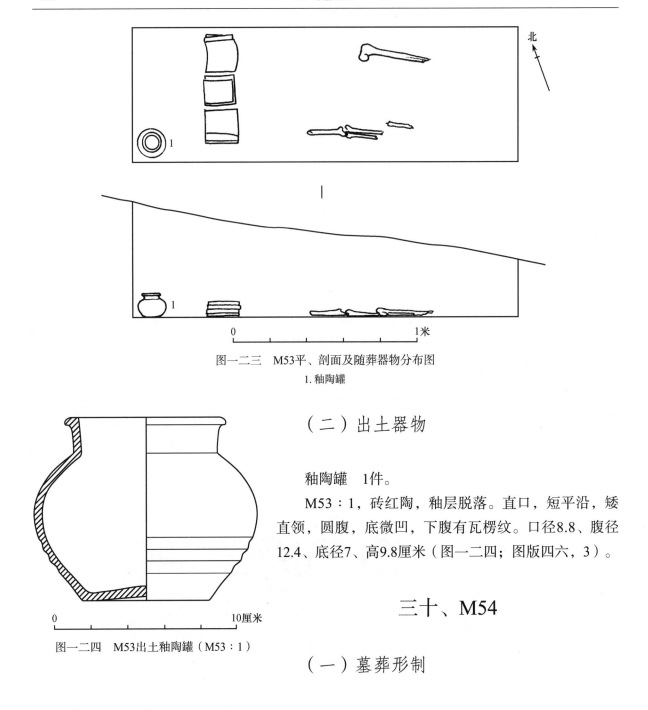

图一二三　M53平、剖面及随葬器物分布图
1. 釉陶罐

（二）出土器物

釉陶罐　1件。

M53：1，砖红陶，釉层脱落。直口，短平沿，矮直领，圆腹，底微凹，下腹有瓦楞纹。口径8.8、腹径12.4、底径7、高9.8厘米（图一二四；图版四六，3）。

三十、M54

（一）墓葬形制

图一二四　M53出土釉陶罐（M53：1）

　　位于T83西北部，部分在探方外。开口于地表下，打破第3层及生土层。长方形竖穴土坑，墓坑较窄。方向286°。长200、宽65、残深80厘米。棺木及人骨不存。釉陶罐1件置于头端一角。灰黑色填土（图一二五）。

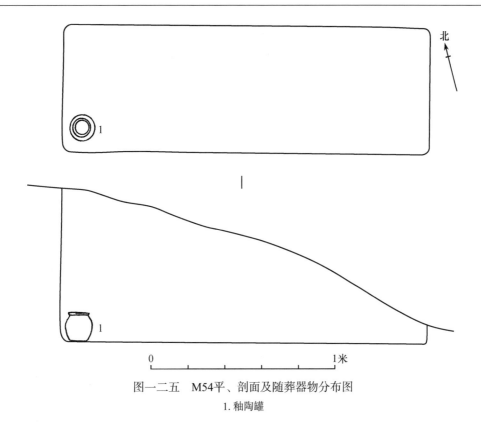

图一二五　M54平、剖面及随葬器物分布图
1. 釉陶罐

（二）出土器物

釉陶罐　1件。

M54：1，紫红砂质陶，外施酱褐釉，口部、下腹及底露胎。敛口，外卷沿，圆腹，平底微凹。口径9.8、腹径13.6、底径10.4、高12.5厘米（图一二六；图版四八，3）。

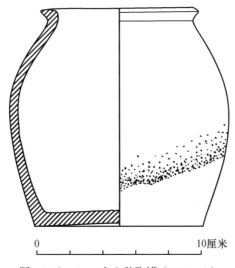

图一二六　M54出土釉陶罐（M54：1）

三十一、M55

（一）墓葬形制

位于T85西北角。开口于地表下，打破第2、3层及生土层。长方形竖穴土坑，墓坑较窄。方向305°。长220、宽75、残深65厘米。棺木及人骨不存。釉陶罐1件置于头端一角。灰黑色填土（图一二七）。

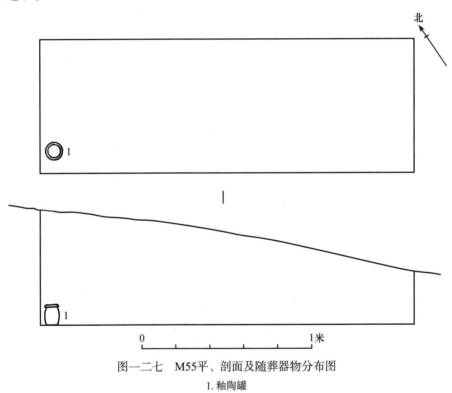

图一二七　M55平、剖面及随葬器物分布图
1. 釉陶罐

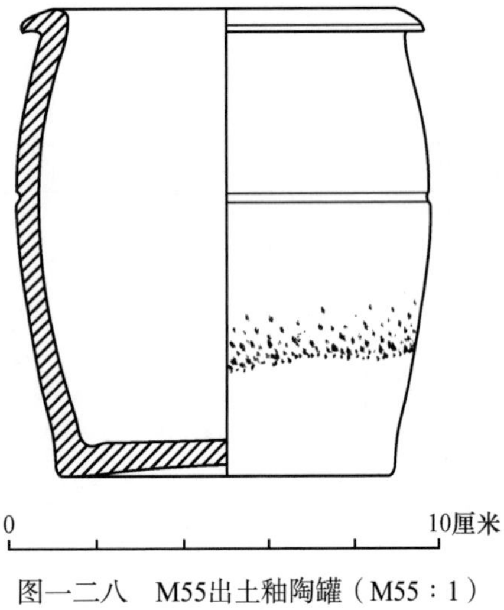

（二）出土器物

釉陶罐　1件。

M55：1，紫红砂质陶，外施灰釉，口部、下腹及底露胎。敛口，翻沿，弧腹较直，平底微凹。中腹饰一周弦纹。口径9.4、腹径9.6、底径8、高10.2厘米（图一二八；图版四八，4）。

图一二八　M55出土釉陶罐（M55：1）

三十二、M56

（一）墓葬形制

位于墓区南部探方外。开口于地表下，打破第3层及生土层。长方形竖穴土坑，墓坑较窄。方向252°。长210、宽70、残深40厘米。棺木及人骨不存。釉陶罐1件及青花瓷碗1件置于头端，碗置于罐口之上。灰黑色填土（图一二九）。

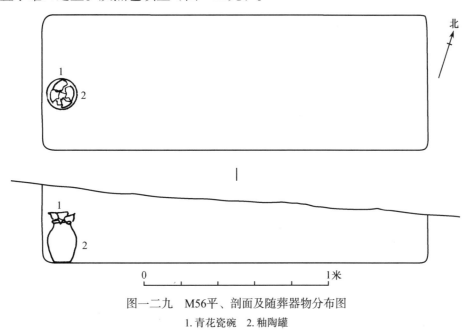

图一二九　M56平、剖面及随葬器物分布图
1. 青花瓷碗　2. 釉陶罐

（二）出土器物

釉陶罐及青花瓷碗各1件。

1. 釉陶罐

1件。

M56：2，灰褐色砂陶，器外酱黑釉，下腹及底露胎。高直领内斜，短折厚沿，溜圆肩，深弧腹，下腹斜直领，平底，中、下腹有瓦楞纹。略变形。口径9、腹径17.4、底径9.6、高22.4厘米（图一三〇，1；图版四八，5）。

2. 青花瓷碗

1件。

M56：1，土黄色粗瓷，青白釉，圈足边缘露胎。侈口，弧壁，下底微凸，矮圈足内斜。器外口部以青料绘两周圈带纹间一周斜向排线纹，下腹一周水波纹。腹部主题纹饰为一周折枝

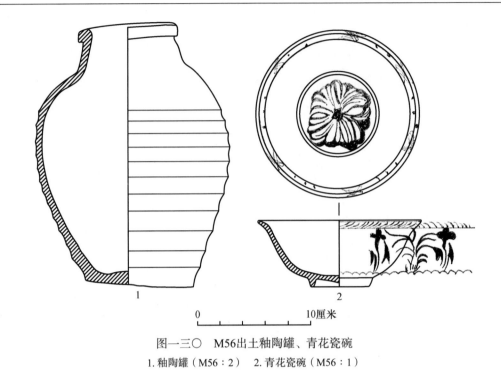

图一三〇　M56出土釉陶罐、青花瓷碗
1. 釉陶罐（M56：2）　2. 青花瓷碗（M56：1）

兰草纹。口内两周圈带纹内绘间断网状纹及卵点纹。内底两周圈带纹及菊花纹。口径14.4、足径5、高5.7厘米（图一三〇，2；图版四七，1）。

三十三、M57

（一）墓葬形制

位于T63西侧探方外。开口于地表下，打破生土层。长方形竖穴土坑，墓坑较窄。方向305°。长220、宽70、深90厘米。棺木及人骨不存。出土器物5件置于头端，其中1件青花瓷碗置于釉陶罐口之上。灰黑色填土（图一三一）。

（二）出土器物

出土器物5件，有釉陶罐、青花瓷盘、铜笄各1件，银耳坠2件。

1. 釉陶双系罐

1件。

M57：2，酱褐砂胎，外壁施姜黄釉，口沿、下腹及底露胎。卷沿，矮领内斜，上腹圆鼓，下腹斜收，平底微凹。颈肩部两个对称竖耳。腹有瓦楞纹。口径9、腹径19.6、底径8.5、高24.4厘米（图一三二，2；图版四八，6）。

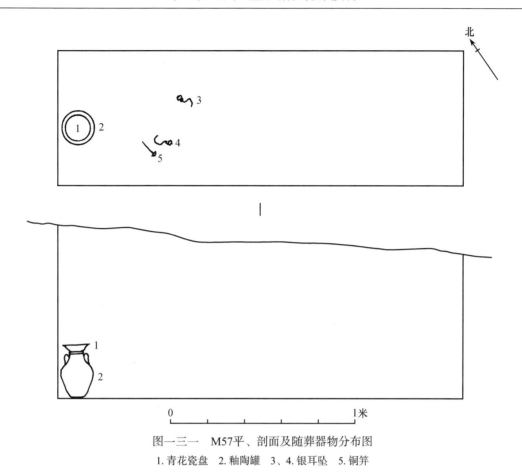

图一三一　M57平、剖面及随葬器物分布图

1.青花瓷盘　2.釉陶罐　3、4.银耳坠　5.铜笄

2. 青花瓷盘

1件。

M57：1，灰白粗瓷，青白釉，外底露胎。侈口，弧壁，平底，矮圈足略内斜。外壁以青料绘缠枝石榴及蝙蝠纹，寓意多子多福。圈足有三周圈带纹。口内一周有交替斜线纹及两周圈带纹，内底边缘饰两周圈带纹，再内有山石花草纹，中心一端坐人物。口径14.4、足径7.6、高3.4厘米（图一三二，1；图版四七，2）。

3. 银耳坠

2件。

M57：3，耳环为圆茎，前端尖削，拉伸。坠为瓜实形。长6.2厘米（图一三二，3；图版四八，1）。

M57：4，形制同M57：3。长6.5厘米（图一三二，4）。

4. 铜笄

1件。

M57：5，圆茎，菌状笄首上铸有四个涡状纹，内两圈为栉齿纹，再内四出交错排线纹。通长10.2厘米（图一三二，5；图版四八，2）。

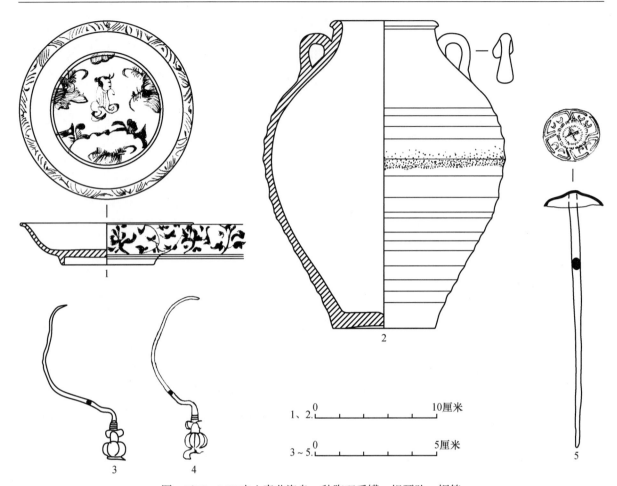

图一三二　M57出土青花瓷盘、釉陶双系罐、银耳坠、铜笄

1.青花瓷盘（M57：1）　2.釉陶双系罐（M57：2）　3、4.银耳坠（M57：3、M57：4）　5.铜笄（M57：5）

三十四、M58

（一）墓葬形制

　　M58位于T65西部与T66东部。开口于表土下，打破第3层及生土层。带斜坡墓道的长方形竖穴土坑墓。墓道位于墓室东部中间偏北侧，方向120°。墓坑较宽，墓壁略斜，修整光滑，因山体滑坡挤压，局部墓壁变形。墓底平，沿墓底两侧壁各铺一排石块，石块长15～26、宽12～20、厚5厘米左右。底满铺一层河砾石，砾石直径4～6厘米。斜坡墓道较窄，墓道下端直达墓底。坡度25°。墓口长460、宽220、深390厘米，墓底长420、宽204厘米；墓道口长328、宽75、深240厘米。葬具不存。墓底可见四具人骨架灰痕，沿墓底两侧前后平行摆放，头均朝东。身高在160厘米以上。随葬品置于墓底两侧前后骨架之间。灰褐色填土紧密，墓室下部未见使用白膏泥（图一三三）。

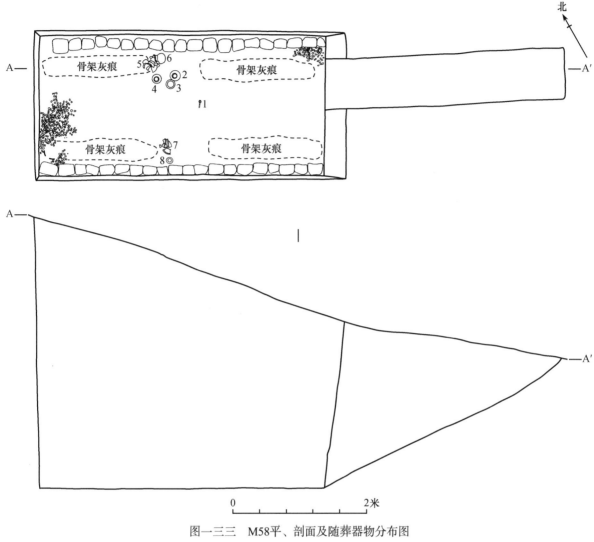

图一三三　M58平、剖面及随葬器物分布图
1.铁削　2~5.陶罐　6.陶壶　7.陶甑　8.陶釜

（二）出土器物

出土器物8件，其中陶器7件，铁器1件。

1.陶器

7件。有壶、罐、釜、甑。均泥质灰陶，火候较高（图版四九，1）。

（1）壶　1件。

M58：6，泥质红褐陶。敞口斜直，高弧颈，宽斜折肩，斜直腹略弧，平底，极矮圈足。肩上部两周凹凸相间弦纹，肩下部饰网格纹。出土时器表饰有红彩图案，脱落不清。口径12.2、腹径20.8、足径12.4、高20.4厘米（图一三四，1；图版四九，2）。

（2）罐　4件。

M58：2，泥质红褐陶。直口，矮直领，圆肩，斜弧腹，平底。肩、腹各饰一周弦纹。口径9.6、腹径17、底径8、高11厘米（图一三四，2；图版四九，3）。

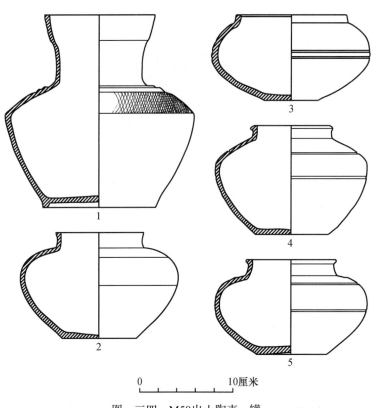

图一三四　M58出土陶壶、罐

1.壶（M58：6）　2~5.罐（M58：2、M58：3、M58：4、M58：5）

　　M58：3，泥质红褐陶。敛口，方唇，矮直领略斜，扁圆腹，下腹斜直，小平底。中腹饰弦纹二周。口径11.6、腹径17、底径5、高9厘米（图一三四，3；图版五〇，2）。

　　M58：4，泥质黑褐陶。大致同M58：2。口径8.8、腹径16.4、底径8、高11.3厘米（图一三四，4；图版五〇，3）。

　　M58：5，泥质红褐陶。大致同M58：2。口微敛，底微凹。口径9.7、腹径16.6、底径7.6、高9.8厘米（图一三四，5；图版五〇，4）。

　　（3）釜　1件。应为灶的附件，灶不见。

　　M58：8，泥质褐陶。矮直领，斜肩，斜直腹，平底。下腹有削棱。口径6.4、腹径10、底径6.4、高6.6厘米（图一三五，3；图版五〇，5）。

　　（4）甑　1件。与釜同为灶的附件，置于釜之上，灶不见。

　　M58：7，泥质褐陶。敞口，凸唇，弧颈，弧腹，小平底微凹。底有16个小箅孔，排列无序。口径18.2、底径5、高7.2厘米（图一三五，2；图版五〇，1）。

2. 铁器

铁削1件。

　　M58：1，环首，平背略弯曲，双面刃缘。前端残。残长22.6厘米（图一三五，1）。

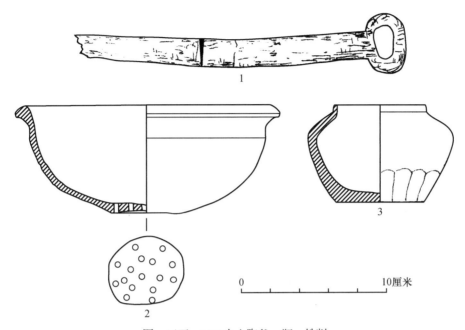

图一三五　M58出土陶釜、甑、铁削

1. 铁削（M58：1）　2. 陶甑（M58：7）　3. 陶釜（M58：8）

三十五、M59

（一）墓葬形制

M59位于T80东南部。开口于表土下，打破第3层及生土层。利用三国时期墓葬M49的长方形石室墓室埋葬。或者其土坑墓穴碰巧与该墓垂直重合。方向292°。墓室内长550、宽170～190、高153厘米。葬具已朽，头骨尚存，在西部。随葬品置于墓室中部，被少量淤土覆盖（图一三六）。

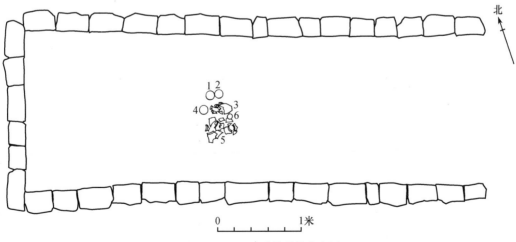

图一三六　M59随葬器物分布图

1、2、4. 白瓷碗　3. 釉陶执壶　5. 釉陶双系罐　6. 釉陶盏

（二）出土器物

出土器物中有釉陶器3件，白瓷器3件。均泥质褐陶，器形均为碗（图版五一，3）。

1. 釉陶器

3件，为双系罐、执壶、盏。

（1）双系罐　1件。

M59：5，夹砂红褐陶，口内及上腹施茶褐色釉，腹下釉泪垂挂，呈棕褐色。矮直领，唇外凸，溜肩，深弧腹，凹底。肩部有对称环形双系，为系绳提携之用。口径11.4、腹径15.4、底径8、高17.2厘米（图一三七，1；图版五二，3）。

（2）执壶　1件。

M59：3，夹砂褐陶，中腹以上施姜黄色釉，下腹及底露胎。直口，弧颈高直，溜肩，长弧腹，凹底。肩部两侧有对称的把手和高流，流口略低于壶口。口径5、腹径11、底径6.2、高19.8厘米（图一三七，2；图版五二，4）。

（3）盏　1件。

M59：6，泥质褐陶，胎厚实。酱褐色釉局部脱落，下腹及底露胎。敞口，厚方唇，斜直壁，饼形底。口径10、底径3.6、高3厘米（图一三七，6；图版五二，1）。

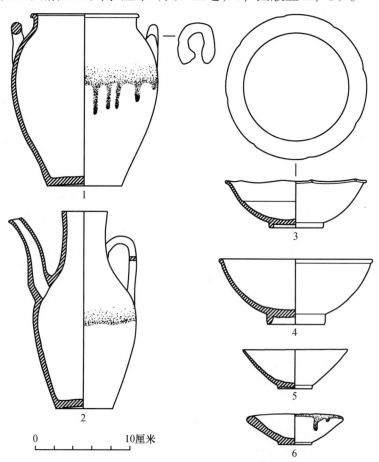

0　　　　　　　　　10厘米

图一三七　M59出土釉陶器、白瓷碗

1. 釉陶双系罐（M59：5）　2. 釉陶执壶（M59：3）　3~5. 白瓷碗（M59：2、M59：1、M59：4）　6. 釉陶盏（M59：6）

2. 白瓷碗

3件。

M59：1，青白瓷，卵白釉，外底露胎。敞口，卷沿，圆唇，弧腹较深，平底，矮直圈足。口径16、足径6、高6.5厘米（图一三七，4；图版五二，2）。

M59：2，青白瓷，卵白釉，外底露胎。敞口微侈，口作8瓣葵口形。弧腹，平底，矮直圈足。内壁腹部一圈台棱。口径14.6、足径5.6、高4.7厘米（图一三七，3；图版五一，1）。

M59：4，青白瓷，卵白釉，外底露胎。胎薄。略呈斗笠形。敞口，斜直壁，平底，矮圈足。碗心有一凸圈。口径11、足径3.8、高3.9厘米（图一三七，5；图版五一，2）。

三十六、M60

（一）墓葬形制

位于T82西壁外。开口于地表下，打破第2、3层及生土层。长方形竖穴土坑，墓坑较窄。方向310°。长206、宽70、残深60厘米。棺木及人骨不存。釉陶罐1件置于头端一角。灰黑色填土（图一三八）。

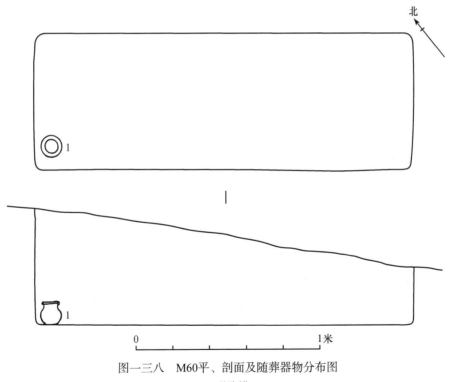

图一三八　M60平、剖面及随葬器物分布图

1. 釉陶罐

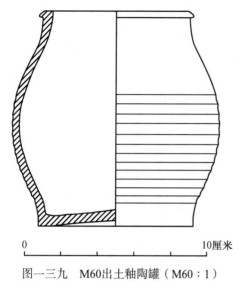

图一三九　M60出土釉陶罐（M60∶1）

（二）出土器物

釉陶罐　1件。

M60∶1，酱红砂胎，姜黄釉，下腹及底露胎。敛口，三角凸唇，矮领斜直。弧腹，凹底。腹有瓦楞纹。口径8.4、腹径11.4、底径8.5、高11.2厘米（图一三九；图版五三，3）。

三十七、M61

（一）墓葬形制

位于主要发掘区南部约30米外。长方形竖穴土坑，墓坑较窄。方向232°。长268、宽80、残深80厘米。棺木及人骨不存。头端两侧各垫两片瓦，青花瓷碗2件相扣置于头端。灰黑色填土（图一四○）。

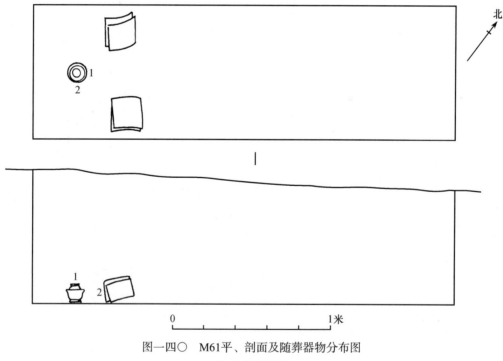

图一四○　M61平、剖面及随葬器物分布图

1、2.青花瓷碗

（二）出土器物

青花瓷碗　2件。

M61：1，灰白粗瓷，粉青釉有冰裂纹。敞口，方唇，深弧腹，平底，矮圈足。外壁以青料绘抽象草叶纹，内底随意绘一图案。口径11.4、足径5.4、高6.4厘米（图一四一，1；图版五三，1）。

M61：2，灰白粗瓷，粉青釉。侈口，深弧腹，平底，矮圈足。外壁以青料绘一圈菊花纹，口部两周窄圈带纹，下腹一周宽圈带及短线纹。口内两周窄圈带及一周卵点纹，内底两周窄圈带内菊花纹。口径14.1、足径6.4、高7.8厘米（图一四一，2；图版五三，2）。

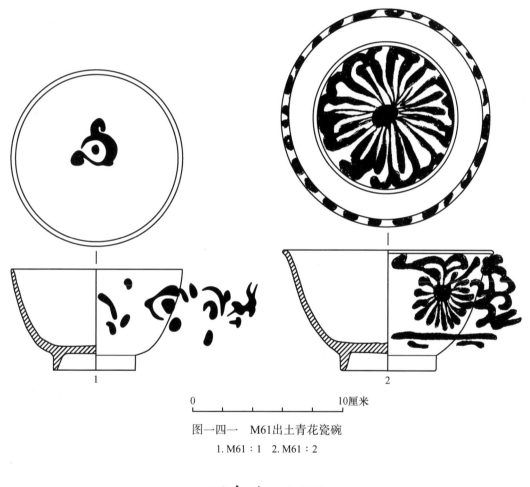

图一四一　M61出土青花瓷碗
1. M61：1　2. M61：2

三十八、M62

（一）墓葬形制

位于主要发掘区南部约30米外。长方形竖穴土坑，墓坑较窄。方向260°。长210、宽70、残深70厘米。棺木及人骨不存。釉陶罐1件置于头端。灰黑色填土（图一四二）。

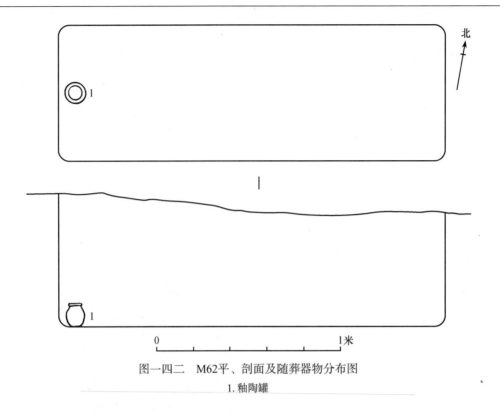

图一四二　M62平、剖面及随葬器物分布图
1. 釉陶罐

（二）出土器物

釉陶罐　1件。

M62：1，酱红砂胎，姜黄釉，下腹及底露胎。敛口，翻沿，深弧腹，平底微凹。上腹有两周弦纹。口径9.2、腹径10.6、底径7.8、高11.6厘米（图一四三；图版五三，4）。

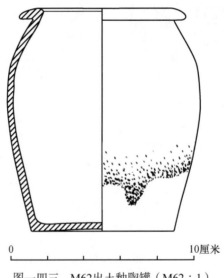

图一四三　M62出土釉陶罐（M62：1）

三十九、M63

（一）墓葬形制

位于主要发掘区南部约30米外。长方形竖穴土坑，墓坑较窄。方向262°。长250、宽90、深90厘米。棺木及人骨不存。釉陶罐1件置于头端。灰黑色填土（图一四四）。

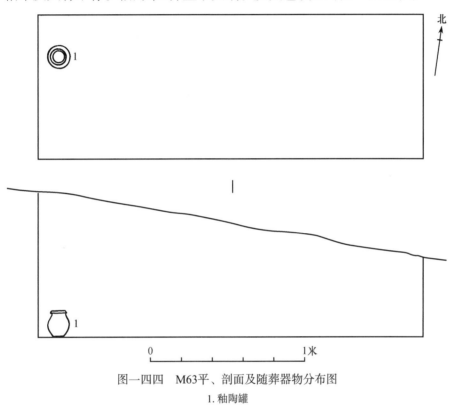

图一四四　M63平、剖面及随葬器物分布图
1. 釉陶罐

（二）出土器物

釉陶罐　1件。

M63：1，酱红砂胎，酱褐釉，下腹及底露胎。敛口，折沿，深弧腹，凹底。腹有瓦楞纹。口径10、腹径14.4、底径9.8、高15.2厘米（图一四五；图版五四，3）。

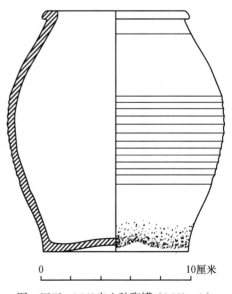

图一四五　M63出土釉陶罐（M63：1）

四十、采 集 器 物

三个年份在遗址及墓地除出土器物外，另采集到器物13件，其中2004年采集新石器时代石斧1件，为孤例，在此略过。余为陶器，12件。2007年采集3件，2008年采集9件。器形有罐、钵、甑等。原分别编号，现以2008年采集品为先，2007年在后统一编号。分述如下：

采：1，陶罐。泥质灰褐陶。敛口，方唇，斜肩圆转，斜弧腹，平底。下腹有削棱，内底有轮刮旋涡纹。口径7、腹径10.8、底径5.6、高6.1厘米（图一四六，1；图版五四，4）。

采：2，陶罐。泥质灰黑陶。敛口，方唇，矮领，斜折肩，斜腹较深，平底。口径11、腹径14.8、底径9.4、高11.4厘米（图一四六，2；图版五四，1）。

采：3，陶罐。圆唇。余同采：2。口径10.2、腹径14.8、底径8、高10.8厘米（图一四六，3；图版五四，2）。

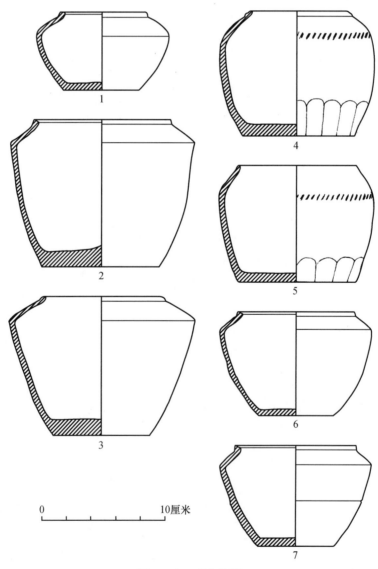

图一四六　采集陶罐

1.采：1　2.采：2　3.采：3　4.采：4　5.采：5　6.采：6　7.采：7

采：4，陶罐。泥质灰陶。弇口，圆唇，圆肩，弧腹，平底。口外有一周弦纹，上腹压印一周斜条纹，下腹削棱。口径7、腹径12.2、底径9、高9.6厘米（图一四六，4；图版五五，3）。

采：5，陶罐。泥质灰陶。弇口，圆唇，斜肩略折，斜直腹，平底。上腹压印一周斜条纹，下腹削棱。口径9.4、腹径12.2、底径9.4、高9厘米（图一四六，5；图版五五，4）。

采：6，陶罐。泥质灰陶。敛口，方唇，矮领，斜折肩，平底。中腹呈台棱状突出。口径9、腹径12、底径6.2、高8厘米（图一四六，6；图版五五，1）。

采：7，陶罐。同采：6。口径9.6、腹径12.2、底径6、高7.8厘米（图一四六，7；图版五五，2）。

采：8，陶甑。泥质灰陶。敞口，平沿，斜直腹有折，小平底。下腹削棱。底有六个圆箅孔，呈梅花形。口径11.4、底径2、高5.4厘米（图一四七，5；图版五六，1）。

采：9，釉陶四系罐。红褐色硬陶。上腹施姜黄色釉，釉泪垂挂，下腹及底露胎。敛口，斜沿，矮弧领。凸肩，深弧腹，上腹圆，下腹斜直，底微凹。肩部以下有对称四个圆弧形横耳。口径14.8、腹径20.6、底径10.4、高24.2厘米（图一四七，1；图版五六，4）。

采：10，釉陶罐。泥质褐陶。上腹施姜黄色釉，下腹施褐色釉，腹下部露胎。直口，矮直领，窄圆肩。上腹圆鼓，下腹凹弧。底残。肩及上腹饰虺形图案。口径10、腹径15、残高16厘米（图一四七，2）。

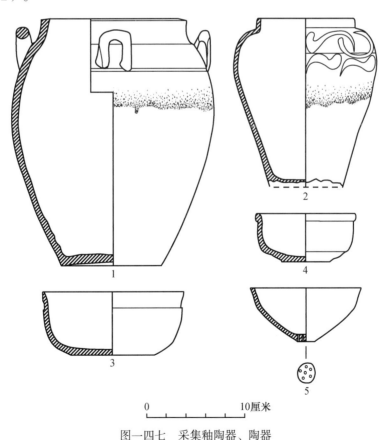

图一四七 采集釉陶器、陶器

1.釉陶四系罐（采：9） 2.釉陶罐（采：10） 3、4.陶钵（采：11、采：12） 5.陶甑（采：8）

采：11，陶钵。泥质红褐陶，胎质较硬。敞口，深弧腹，平底。上腹饰一周凸棱。口径14.6、底径8.6、高6.2厘米（图一四七，3；图版五六，3）。

采：12，陶钵。泥质灰陶，外表红褐色。敞口，圆唇，口外一周凹圈，深弧腹，下腹有折，平底向下略出边。底边一周弦纹。口径10、底径4.6、高4.8厘米（图一四七，4；图版五六，2）。

第三章　遗址及墓葬断代论述

遗址部分除地层外，清理灰坑和窑各一个。主要为墓葬，有63座，其中8座墓未出随葬品（M31为合葬墓之一），实际有随葬品的墓为55座。数量不多，而且出土器物也较少。从遗址地层仅选取标本8件，灰坑标本22件，窑中标本仅4件。墓葬出土器物212件。各单位所属时代较为分散，延续时间较长，从战国直到明清。现依时代分别论述如下（遗址及遗迹综合论述）。

第一节　遗址及遗迹

遗址大都淹没于水下，未淹部分仅剩100多平方米。在近水边间断布6个探方发掘遗址地层。文化层较薄，主要分布于T1、T2，仅有生土面上一层，厚20～45厘米。H1和Y1分布于T5、T6，开口第2层下，打破生土层，H1又打破Y1。遗迹与遗址地层没有直接关系，从出土器物形态分析，其时代应存在一定差异（表二）。

表二　遗址出土代表陶器统计表

单位：件

单位	高领罐		瓮	鬲	盆		钵		豆	合计	筒瓦板瓦
	I 式	II 式			I 式	II 式	I 式	II 式			
地层	1		1	2	2		1		1	8	
H1		1	1			4	2	2	1	11	√
Y1		1						1		2	√
合计	1	2	2	2	2	4	3	3	2	21	

（一）主要器物形态分析

1. 陶高领罐

有折沿高领和高直领两式。

I 式　折沿高领罐。平折沿，高直领，领、肩有细竖绳纹。

T2③：1，口部残片。泥质褐陶。斜肩以下残。口径13.2、残高3.6厘米（图一四八，2）。

II 式　高直领罐。直口，直领，斜肩。肩以下残。

H1：9，泥质灰陶。弧沿，直领微弧，肩部饰粗绳纹。口径21.4、残高6厘米（图一四八，3）。

Y1：9，泥质灰陶。肩部可见弦纹间刻划纹二周。口径14、残高4.8厘米（图一四八，4）。

2. 陶瓮

T5③：3，口部残片。泥质灰陶。敛口，宽斜沿，斜折肩，肩以下一周弦纹，弦纹上下有竖绳纹。口径14、肩径30.8、残高5厘米（图一四八，1）。

3. 陶鬲足

T5③：1，夹砂褐陶。锥柱形。有绳纹。残长7.6厘米（图一四八，9）。

4. 陶盆

有侈口折沿和直口折沿两式。

Ⅰ式　侈口折沿盆

T2③：4，泥质灰陶。沿面下弧，短颈，弧腹下部一周凸棱，底残。口径19、残高5.4厘米（图一四八，5）。

Ⅱ式　直口折沿盆

H1：11，泥质黑褐陶。弧腹，平底。颈部饰四周凹凸相间弦纹。口径25.8、底径11.6、高12厘米（图一四八，6；图版五，2）。

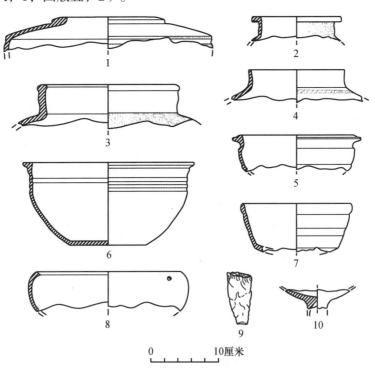

图一四八　遗址地层及遗迹出土陶器

1. 瓮（T5③：3）　2. Ⅰ式高领罐（T2③：1）　3、4. Ⅱ式高领罐（H1：9、Y1：9）　5. Ⅰ式盆（T2③：4）
6. Ⅱ式盆（H1：11）　7. Ⅰ式钵（T5③：4）　8. Ⅱ式钵（H1：43）　9. 鬲足（T5③：1）　10. 豆（T2③：6）

5. 陶钵

有敞口直壁和敛口弧壁两式。

Ⅰ式　敞口直壁盆

T5③：4，泥质灰陶。外贴弧沿，底边折转。底残。腹有瓦楞状弦纹。口径16、残高7厘米（图一四八，7）。

Ⅱ式　敛口弧壁盆

H1：43，泥质灰陶。方唇，腹较深。底残。口外有一小孔。口径22、残高5.8厘米（图一四八，8）。

6. 陶豆

T2③：6，残。泥质褐陶。弧壁盘，柱状柄。残高3.2厘米（图一四八，10）。

7. 筒瓦

数量较多。形态相同。横剖面呈半圆形，瓦背前大部分饰粗绳纹，后部抹光，前端有下凹短瓦舌。H1：8，泥质灰陶。长38、宽16.2、高8厘米（图一四九，2；图版三，3）。

8. 板瓦

数量多，形态相同。形体大，横断面呈弧形，一端略上卷。瓦背满饰粗绳纹。标本Y1：1，泥质灰陶。长52.4、宽40、高8.4厘米（图一四九，1；图版七，3、4）。

（二）时代分析

地层中日用陶器的基本组合为罐、盆、鬲、钵、瓮、豆等，这在战国楚文化遗存中较为常见。部分器形也具有楚器的基本特征，如Ⅰ式高领罐、Ⅰ式盆、Ⅰ式钵、鬲、豆等，其中Ⅰ式高领罐、Ⅰ式盆与本报告中M43所出罐、盆时代特征一致。因而可以认为遗址地层出土物应为战国时期。

H1、Y1时代应晚于遗址地层，所在位置没有遗址文化堆积，因而其与遗址应没有直接联系，应属不同时期遗存。H1打破Y1，H1的相对年代应晚于Y1，但从所出遗物看，时代差距不会太大，可以合并论述。两遗迹中均出有较多筒瓦、板瓦，代表陶器器形有Ⅱ式高领罐、Ⅱ式盆、Ⅱ式钵等，不见鬲。器形及组合突出体现汉代器物的特征。Ⅱ式高领罐与巫山麦沱汉墓M54中B型陶矮领罐形态一致；Ⅱ式盆则与M101中B型Ⅰ式陶钵形态接近[1]。筒瓦、板瓦也多出于汉代遗存。因而H1、Y1应为汉代遗迹。

---

① 重庆市文物局、重庆市移民局：《巫山麦沱墓地》，科学出版社，2018年，第390、391页。

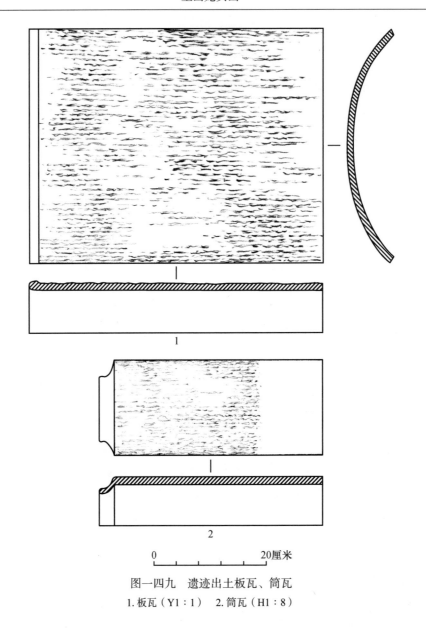

图一四九　遗迹出土板瓦、筒瓦
1. 板瓦（Y1：1）　2. 筒瓦（H1：8）

第二节　战国墓葬

（一）墓葬形制分析

2座，2007和2008年各一座，M23和M43。均为竖穴土坑墓，M23为狭长坑，足端已毁。M43为宽坑墓。前者西向，后者东向。随葬器物位于墓底头端（图一五〇，1、2）。

（二）器物形态分析

出土陶器4件。

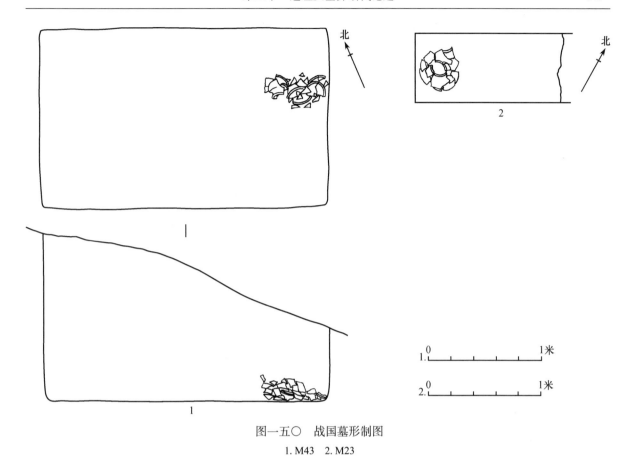

图一五〇　战国墓形制图
1. M43　2. M23

1. 陶瓮

1件。

M23：1，泥质灰陶。器体高大。平折沿，矮弧领，圆肩，深圆腹，下腹斜收，凹圜底较小。上腹至肩部饰横断竖绳纹，下腹饰弦纹间竖绳纹，肩部绳纹抹去。口径12、腹径20、高19.3厘米（图一五一，1）。

2. 陶罐

1件。

M43：2，泥质褐陶。侈口，平折沿微坠，高弧领，溜肩，球形腹，凹圜底。上腹饰三周宽弦纹，肩、腹饰竖向、斜向和交错绳纹。口径20.5、腹径33.6、高31.9厘米（图一五一，2；图版四五，1）。

3. 陶盆

2件。深腹、浅腹各1件。方唇，凹圜底。

M43：1，深腹盆。泥质褐陶。短斜折沿，矮弧颈。腹至底饰竖向、斜向和交错绳纹。口径32.8、高24.9厘米（图一五一，4；图版四五，3）。

M43：3，浅腹盆。泥质黑衣灰陶。侈口，平沿，弧颈较高。腹至底饰斜向绳纹。口径24、高12厘米（图一五一，3；图版四五，2）。

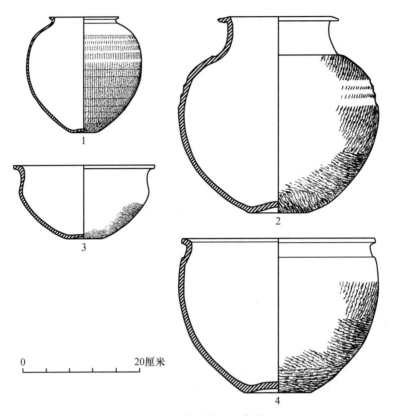

图一五一　战国墓出土陶器

1.瓮（M23：1）　2.罐（M43：2）　3.浅腹盆（M43：3）　4.深腹盆（M43：1）

（三）时代分析

　　两墓中所出陶器均为日用陶器，个体都较大，应为实用器。陶罐、盆（盂）具有典型楚器特征，因而M43应属楚墓。但与传统楚墓在器物形态和组合上还是存在一定差异，可视为非典型楚墓。M23的文化性质难以归属为楚墓，应为当地土著文化传统。在两湖地区的楚墓中无论仿铜陶礼器还是日用陶器均以明器为主，随葬大型实用器的极少。而明器与实用器在形态上还是有些差异，因而两墓出土物堪与遗址中实用器比对。M23所出陶瓮多见于里耶城址第三期。M43所出陶高领罐与里耶城址第三期B型罐形态接近[1]，深腹盆则大致同于沅陵窑头城址03T5第13层所出盆[2]。里耶和沅陵窑头的材料属于战国中晚期，综合考察，M23与M43应属战国中晚期墓葬。

①　湖南省文物考古研究所：《里耶发掘报告》，岳麓书社，2007年，第154、156、157页。

②　湖南省文物考古研究所：《沅陵窑头发掘报告——战国至汉代城址及墓葬》，文物出版社，2015年，第32页。

第三节　西汉墓葬

（一）墓葬形制分析

2007年发掘3座，分别为M19、M21和M22。M19为普通长方形竖穴土坑墓。头向西南骨骸尚存，仰身直肢。随葬器物置于墓底足端靠右角（图一五二，2）。M21为带斜坡墓道的长方形土壁洞室墓，墓道位于墓室南端正中。筑墓方法为先从地表挖出斜坡墓道，然后向山体掏洞成墓室。墓室底平，沿两侧壁各铺一条砾石，墓室中铺撒一层小砾石。随葬器物仅1件陶灶位于墓道与墓室之间（图一五二，1）。M22为竖穴土坑内砌刀把形甬道石室墓。墓上部已破坏。甬道位于墓室南端左侧。甬道及墓室底部铺一层小砾石。葬具已朽。可见人骨残骸。墓被盗扰，随葬器物位于甬道内及墓室前端右角（图一五二，3）。西汉时期出现了石室墓和洞室墓。

（二）器物形态分析

三座墓出土器物9件，还有采集品中6件陶罐，也属西汉时期器物。共有器物15件，代表性器物13件。均为陶器，主要为陶罐，次陶灶（表三）。

表三　西汉墓代表器形统计表 单位：件

墓号	陶罐						陶灶		合计
	A	BⅠ	BⅡ	BⅢ	C	D	Ⅰ	Ⅱ	
M19		1				1	1		3
M21								1	1
M22					3			1	4
采集	2		1	2					5
合计	2	1	1	2	3	1	1	2	13

1. 陶罐

11件。火候较高。根据形态差异分四型。

A型　2件。弇口，圆唇，斜肩圆转，斜弧腹，大平底。上腹压印一周斜条纹，下腹削棱。

采：4，泥质灰陶。口外一周弦纹。口径7、腹径12.2、底径9、高9.6厘米（图一五三，1；图版五七，1）。

采：5，泥质灰陶。口径9.4、腹径12.2、底径9.4、高9厘米（图一五三，2；图版五七，2）。

B型　5件。弇口，斜折肩，肩较A型平直，斜腹较直，平底。根据腹、底差异分三式。

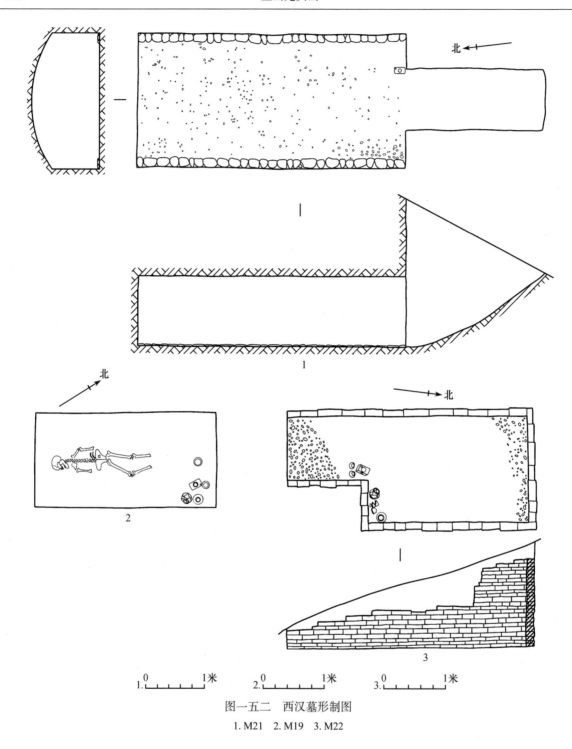

图一五二 西汉墓形制图
1. M21　2. M19　3. M22

Ⅰ式　1件。

M19：2，泥质红褐陶。口外一周凹圈。筒形腹斜直，大平底。腹上部及中部饰两周戳印纹。口径10、肩径14.8、底径12、高10.4厘米（图一五三，3；图版五七，3）。

Ⅱ式　2件。泥质灰黑陶。圆唇或方唇，矮领，斜腹较深，平底较Ⅰ式小。素面。

采：3，圆唇。口径10.2、腹径14.8、底径8、高10.8厘米（图一五三，4；图版五七，4）。

Ⅲ式　2件。泥质灰陶。方唇，略见矮领，斜折肩较Ⅰ、Ⅱ式窄，斜腹中部呈台棱状突出。平底。素面。

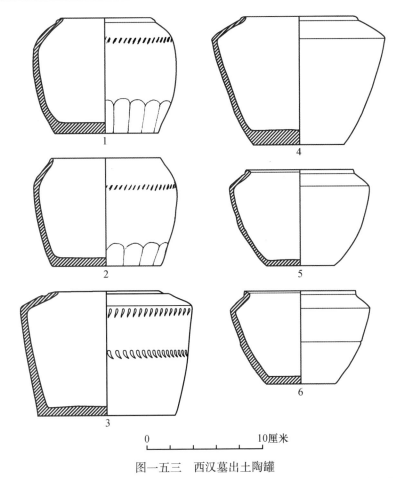

图一五三　西汉墓出土陶罐

1、2.A型（采：4、采：5）　3.B型Ⅰ式（M19：2）　4.B型Ⅱ式（采：3）　5、6.B型Ⅲ式（采：6、采：7）

采：6，口径9、腹径12、底径6.2、高8厘米（图一五三，5；图版五七，5）。

采：7，口径9.6、腹径12.2、底径6、高7.8厘米（图一五三，6；图版五七，6）。

C型　1件。

M19：1，泥质褐陶。直口，三角形唇，高直领，宽斜肩弧形转折，弧腹，小圈底微凹。腹饰交错粗绳纹，肩部绳纹抹去。口径10.6、腹径20、高15.8厘米（图一五四，3；图版五八，1）。

D型　3件。均出于M22。泥质灰褐陶。敞口，矮领斜直，斜折肩平直，斜腹深直，平底。肩部戳印一周花边，肩以下一周似莲瓣刀削痕。

M22：2，口径10.4、肩径15.6、底径10、高13.4厘米（图一五四，1；图版五八，2）。

M22：3，口径10.4、肩径15.6、底径10.6、高13.4厘米（图一五四，2；图版五八，3）。

2. 陶钵

1件。

M19：4，泥质褐陶。烧制变形。敞口，弧壁折收，平底。腹部一周凸棱。口径11.6、高4.4厘米（图一五四，4；图版三五，1）。

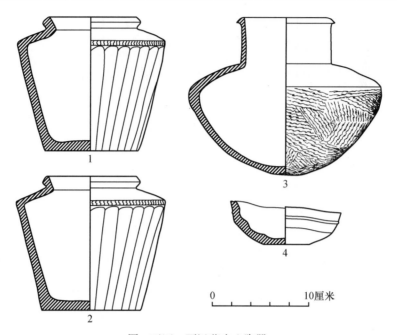

图一五四　西汉墓出土陶器

1、2. D型罐（M22∶2、M22∶3）　3. C型罐（M19∶1）　4. 钵（M19∶4）

3. 陶灶

3件。灶体形态大致相同。长方体，四角圆弧形，下部中空。上面正中一圆形釜眼，左后侧有一圆形小囱孔。前面与釜眼对应有一火门。分二式。

Ⅰ式　1件。

M19∶3，1套，含灶、釜、甑3小件。泥质灰陶。灶前方斜向拱形火门直通底部。釜眼上置釜，釜上置甑。釜为直口，矮领，斜折肩，扁折腹，平底。腹部有对称小纽，下腹凹弧，近底有削棱。甑为短斜折沿，尖唇，直口，短颈下部外凸。弧腹，平底。底有呈梅花形分布五个箅孔。下腹削棱。釜口径6.4、腹通宽11、高6.6厘米；甑口径18.2、高7.2厘米；灶长18、宽12、高5.8、通高14厘米（图一五五，1）。

Ⅱ式　2件。前面与釜眼对应悬置三角形火门。

M22∶4，1套，含灶及双釜。灶釜眼上置双釜。下釜为直口，矮领，溜肩，鼓腹偏上，平底。腹部以下有削棱。上釜为敞口，矮领，肩缓平，鼓腹偏上，平底。下釜口径6、肩径10、底径5.6、高6.6厘米；上釜口径5.6、肩径9.3、底径4.2、高6厘米；灶长17.6、宽10、高6.6、通高18厘米（图一五五，2；图版五八，4）。

（三）时代分析

西汉墓出土器物组合及形态具有峡区同时期墓葬的基本特质。出土器物少，三座墓中仅出土9件，另采集陶罐6件。以陶罐为主，次为灶。A、B、D三型陶罐分别可与巫山麦沱汉墓中的A型、D型和F型三型陶罐对应，形态完全相同。C型陶罐没有可以与之精准对比的形态，其与

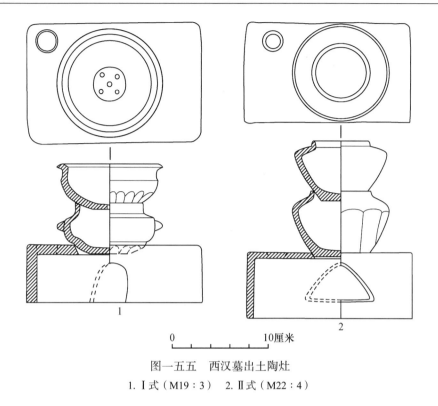

图一五五　西汉墓出土陶灶
1. Ⅰ式（M19∶3）　2. Ⅱ式（M22∶4）

B型Ⅰ式陶罐同出于M19，为同时代器物，应与巫山麦沱汉墓中C型Ⅰ式高领罐属于同一类型器物。Ⅰ、Ⅱ式陶灶的形态分别与麦沱汉墓中D型Ⅰ、Ⅱ式陶灶形态一致[①]。

通过以上分析，可将龙头山西汉墓分为二期。第一期为M19和采集陶罐，代表性器物为A、B、C三型陶罐和Ⅰ式陶灶；第二期为M21、M22，代表性器物为D型陶罐和Ⅱ式陶灶（表四）。

以上两期可分别与巫山麦沱汉墓第三期和第四期对应。麦沱汉墓第三期报告断为西汉晚期，第四期断为西汉末期至东汉早期，以新莽前后为主。其标志是出现了大量的釉陶器和新莽钱币。但龙头山三座汉墓及采集品均为陶器，没有釉陶器，也未出新莽钱币。M19为土坑竖穴墓；M21为带墓道的土壁洞室墓，墓底两侧铺卵石；M22为带甬道的石室墓。M19明显早于M21和M22，因而以上断代大致不误。

表四　西汉墓分期表

分期	陶罐					陶灶
第一期	A	BⅠ	BⅡ	BⅢ	C	Ⅰ式
第二期					D	Ⅱ式

① 重庆市文物局、重庆市移民局：《巫山麦沱墓地》，科学出版社，2018年，第332、333、337、352页。

第四节　东汉墓葬

（一）墓葬形制分析

　　5座，2004年发掘1座，2007年发掘3座，2008年发掘1座。分别为M6、M10、M12、M17、M58。

　　石室券顶墓两座：M12和M17。其中M12结构完整。为带墓道竖穴土坑内砌刀把形甬道石室券顶墓。甬道较短，位于墓室左侧。甬道前有土壁墓道，未清理。东向。墓壁及券顶用经加

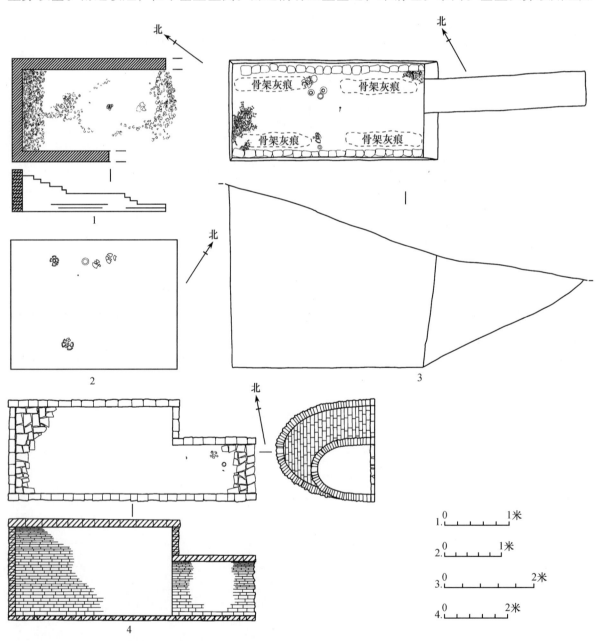

图一五六　东汉墓形制图

1. M6　2. M10　3. M58　4. M12

工的大致呈长方形的石板错缝砌成，甬道及墓室底用块石平铺。墓被盗扰，随葬器物位于甬道内（图一五六，4）。M17与M12结构相同，甬道在墓室前端右侧，后端未砌石壁。葬具已朽，可见多具人骨残骸。随葬器物置于甬道内及墓室前端。

M6为砖室墓，墓壁及墓前端摧毁，券顶有无不知。墓壁砌砖为单砖错缝平砌。坑底满铺一层小砾石（图一五六，1）。墓砖均为长方形，两端有榫卯结构。

M10为普通竖穴土坑墓，墓坑较宽，墓壁垂直。葬具已朽，可见人骨残骸。随葬器物位于墓底两侧（图一五六，2）。

M58为带斜坡墓道的长方形竖穴土坑墓。墓道位于墓室东部中间偏北侧。沿墓底两侧壁各铺一排石块，底满铺一层河砾石。斜坡墓道较窄，墓道下端直达墓底。坡度25°。葬具不存。墓底可见四具人骨架灰痕，沿墓底两侧前后平行摆放，头均朝东。随葬品置于墓底两侧前后骨架之间（图一五六，3）。

东汉时期多种形态的墓葬结构并存，砖室墓和石室墓占主导地位，即使土坑墓也极少纯粹的竖穴土坑，或在墓底铺以石块和砂砾石。

（二）主要器物形态分析

出土器物29件（套）。另采集品中有4件陶器，以及位于M16墓门外的1件陶罐也属于东汉器物，共有器物34件。有陶器、釉陶器、青瓷器及铜、铁器，以陶器和釉陶器为主，代表性器物22件（表五）。

表五 东汉墓代表器形统计表   单位：件

墓号	陶器										合计
	罐				甑		钵		壶	盒	
	A	BI	BII	BIII	A	B	I	II			
M6										1	1
M58		1	2	1	1				1		6
采集	1			1		1	1	1			5
合计	1	1	2	2	1	1	1	1	1	1	12

墓号	釉陶器										合计
	盆		钵		魁		壶	盒	甑	博山炉	
	I	II	I	II	I	II					
M10		1		1				1			3
M12						1					1
M17	1		1		1		1		1	1	6
合计	1	1	1	1	1	1	1	1	1	1	总22

1. 陶罐

6件。均为矮领，宽体，平底。根据领、腹差异分二型。

A型　1件。

采：1，泥质灰褐陶。敛口斜折，方唇，斜肩圆转，扁斜腹。下腹有削棱，内底有轮刮旋涡纹。口径7、腹径10.8、底径5.6、高6.1厘米（图一五七，1；图版五九，1）。

B型　5件。矮领，扁弧腹，平底。根据腹部差异分三式。

Ⅰ式　1件。

M58：3，泥质红褐陶。方唇，下腹斜直。中腹饰弦纹二周。口径11.6、腹径17、底径5、高9厘米（图一五七，2；图版五九，2）。

Ⅱ式　2件。泥质红褐陶。领较Ⅰ式略高，略见折沿，圆肩，底较Ⅰ式宽。肩、腹各饰一周弦纹。

M58：2，口径9.6、腹径17、底径8、高11厘米（图一五七，3；图版五九，3）。

M58：5，口微敛，底微凹。口径9.7、腹径16.6、底径7.6、高9.8厘米（图一五七，4；图版五九，4）。

Ⅲ式　2件。腹较Ⅰ、Ⅱ式深，余大致同Ⅱ式。

M16：10，泥质灰陶。侈口，矮弧领，宽圆肩，斜直腹，大平底。肩部有一周较宽弦纹。口径10.4、腹径22、底径13、高15.6厘米（图一五七，5；图版五九，5）。

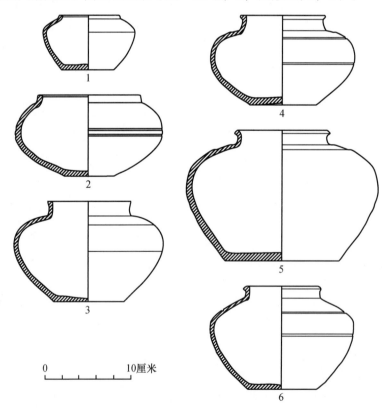

图一五七　东汉墓出土陶罐

1. A型（采：1）　2. B型Ⅰ式（M58：3）　3、4. B型Ⅱ式（M58：2、M58：5）　5、6. B型Ⅲ式（M16：10、M58：4）

M58：4，泥质黑褐陶。矮直领，三角凸唇。斜肩略有折。肩、腹各有一周弦纹。口径8.8、腹径16.4、底径8、高11.3厘米（图一五七，6；图版五九，6）。

2. 陶壶

1件。

M58：6，泥质红褐陶。敞口斜直，高弧颈，宽斜折肩，斜直腹略弧，平底，极矮圈足。肩上部饰两周凹凸相间弦纹，肩下部饰网格纹。出土时器表饰有红彩图案，脱落不清。口径12.2、腹径20.8、足径12.4、高20.4厘米（图一五八，1；图版四九，2）。

3. 陶盒

1件。

M6：1，泥质灰黑陶。子母口微敛，圆弧腹，平底中心内凸，矮斜圈足。盖失。口径14、圈足径7.6、高6.6厘米（图一五八，3；图版一一，4）。

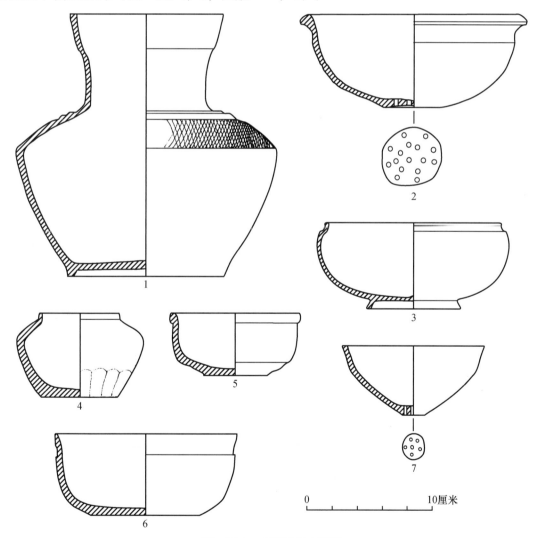

图一五八　东汉墓出土陶器

1. 壶（M58：6）　2. A型甑（M58：7）　3. 盒（M6：1）　4. 釜（M58：8）　5. Ⅱ式钵（采：12）
6. Ⅰ式钵（采：11）　7. B型甑（采：8）

4. 陶钵

2件。分二式。

Ⅰ式　1件。

采：11，泥质红褐陶，胎质较硬。敞口，深弧腹，平底。口外凹弧，上腹呈肩状外凸。口径14.6、底径8.6、高6.2厘米（图一五八，6；图版六〇，1）。

Ⅱ式　1件。

采：12，泥质灰陶，外表红褐色。敞口，圆唇，口外一周凹圈，深弧腹，下腹有折，平底向下略出边。底边有一周弦纹。口径10、底径4.6、高4.8厘米（图一五八，5；图版六〇，2）。

5. 陶甑

2件。分二型。

A型　1件。

M58：7，泥质褐陶。敞口，唇外凸，弧颈，弧腹，小平底微凹。底有16个小箅孔，排列无序。口径18.2、底径5、高7.2厘米（图一五八，2；图版六〇，3、4）。

B型　1件。

采：8，泥质灰陶。敞口，平沿，斜直腹有折，小平底。下腹削棱。底有六个圆箅孔，呈梅花形。口径11.4、底径2、高5.4厘米（图一五八，7；图版六〇，5、6）。

6. 陶釜

1件。与A型陶甑应同为灶的附件，灶不见。

M58：8，泥质褐陶。矮直领，斜肩，斜直腹，平底。下腹有削棱。口径6.4、腹径10、底径6.4、高6.6厘米（图一五八，4；图版五〇，5）。

7. 釉陶壶

1件。

M17：4，泥质红褐陶，器外满施酱色釉，器内及外底露胎。敞口，唇内凸，弧颈，斜肩。中腹折转，下腹弧收，圜底，矮斜圈足有折。中腹有对称铺首衔环，口至腹共九周凸弦纹。口径16.4、腹径22.8、底径14.8、高28厘米（图一五九，1；图版三三，3）。

8. 釉陶壶盖

1件。

M12：4，泥质红褐陶，器外施酱褐色釉。壶已残，不能复原。鼓腹，高圈足。盖为低子母口内凸，弧盖上两周凹凸相间弦纹，顶部有乳凸钮。盖口径16、高6厘米（图一五九，3）。

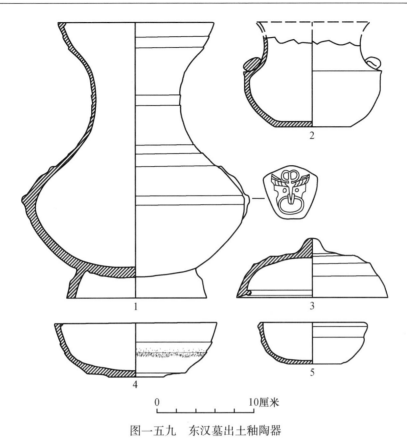

0　　　　　　　　　　10厘米

图一五九　东汉墓出土釉陶器

1.壶（M17：4）　2.釜（M10：3）　3.器盖（M12：4）　4.Ⅰ式钵（M17：2）　5.Ⅱ式钵（M12：1）

9. 釉陶釜

1件。

M10：3，口部已残。弧颈，折肩微凸，弧腹，平底。肩部有对称扁桥形纽。腹径14.4、底径8、残高9.4厘米（图一五九，2）。

10. 釉陶钵

3件。分二式。

Ⅰ式　2件，1件残。

M17：2，泥质红褐陶，器内外施酱色釉，腹下部及底露胎。敞口，唇内勾，折弧腹，平底。上腹饰一周凸棱，下腹饰两段凹弧。口径17、底径5.6、高5.4厘米（图一五九，4；图版六一，1）。

Ⅱ式　1件。

M12：1，泥质红褐陶，器内外施酱褐色釉，下腹及底露胎。釉层脱落。敞口，弧壁，平底。口径11.4、底径5.2、高4.2厘米（图一五九，5；图版六一，2）。

11. 釉陶盆

3件。分二式。

Ⅰ式　1件。

M17：1，泥质红褐陶，器内外施酱色釉，腹下部及底露胎。敞口，平折沿，深弧腹，平底。上腹饰一周凸棱，下腹饰两段凹弧。口径17、底径4.8、高7.5厘米（图一六〇，1；图版六一，3）。

Ⅱ式　2件，1件残。

M10：2，侈口，短平沿，上腹直，下腹弧收，平底。腹部饰三周凸弦纹间两周瓦楞纹。口径19、底径8、高7.8厘米（图一六〇，2；图版六一，4）。

12. 釉陶魁

2件。分二式。

Ⅰ式　1件。

M17：6，泥质红褐陶，器内外施酱色釉，腹下部及底露胎。敞口，弧壁近底凹折，平底。上腹部一侧有鋬，圆形弧曲，下粗上细，尾端下卷。口径15.8、底径5.4、通宽21.6、高6.8厘米（图一六〇，4；图版六一，5）。

Ⅱ式　1件。

M10：4，腹下部有釉垂现象。敞口，深弧腹，平底。一侧口沿处平置椭圆形鋬，末端下钩。上腹有一周凹圈。口径20、通宽25、底径11.3、高7.2厘米（图一六〇，5；图版六一，6）。

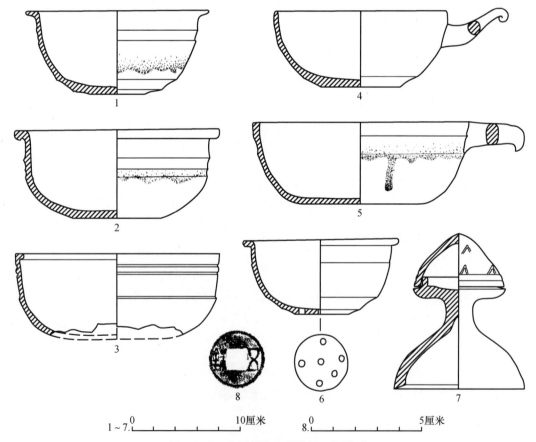

图一六〇　东汉墓出土釉陶器、铜钱币

1. Ⅰ式釉陶盆（M17：1）　2. Ⅱ式釉陶盆（M10：2）　3. 釉陶盒（M10：5）　4. Ⅰ式釉陶魁（M17：6）　5. Ⅱ式釉陶魁（M10：4）　6. 釉陶甑（M17：7）　7. 釉陶博山炉（M17：5）　8. 铜五铢钱（M6：2-1）

13. 釉陶盒

1件。

M10：5，内折沿，深弧腹。底残。上腹有两周弦纹，中腹有一周凸棱。盖失。口径19、残高7.6厘米（图一六○，3）。

14. 釉陶甑

1件。

M17：7，泥质红褐陶，器外施酱色釉，腹下部及底露胎。釉层多已脱落。平折沿，深弧腹，平底。上腹有一周凸棱，下腹有两段凹弧。底有六个箅孔，排列不规则。口径14.4、底径4.8、高6.6厘米（图一六○，6；图版三四，1）。

15. 釉陶博山炉

1件

M17：5，泥质红褐陶，身、盖外露部分施酱色满釉，余露胎。器身直立子母口，平折沿承盖。浅平盘，细柄，高盖状圈座。盖呈斗笠状，上凿三角形熏孔七个。口径6.8、座径12.2、高10厘米，盖径4.4、高4.6厘米，通高13.8厘米（图一六○，7；图版三三，2）。

16. 铜五铢钱

59枚（以1件计）。

M6：2-1，五铢。无廓，"五"字交笔曲，"铢"字"金"字头矢状。"朱"字上下圆折。直径2.3厘米（图一六○，8）。

（三）时代分析

东汉墓与西汉墓比较，主要变化是砖室墓和石室墓的比例增大，随葬品中出现较多釉陶器。并出现了一些新的器类，如釉陶魁、博山炉以及带网格纹的陶器等。其中M58：6网格纹陶壶与2005年奉节拖板墓地M3：1陶壶形态一致。M17：4釉陶壶也与M10：1釉陶壶形态接近。拖板M3与M10为新莽至东汉时期[①]。M58所出B型陶罐与丰都镇江汉至六朝墓中2005FRTDM9中所出陶罐形态一致[②]。相较而言，M58应略晚。B型陶罐也与丰都镇江汉至六朝墓中2005FRYZM1所出陶罐形态一致。M10：3陶釜与2005FRYZM1：8陶釜形态接近，属同时

---

① 重庆市文化局、湖南省考古研究所、湖南省津市市博物馆等：《重庆奉节拖板崖墓群2005年发掘报告》，《江汉考古》2007年第3期，第35页。

② 重庆市文物局、重庆市移民局：《丰都镇江汉至六朝墓群》，科学出版社，2013年，第115、116页。

期遗物[①]。釉陶魁在丰都镇江汉至六朝墓中也主要见于二期以后[②]。博山炉的形态也趋于退化，与麦沱汉墓第五期的B型陶灯形态接近[③]。综合考察，龙头山东汉墓的年代大致为东汉早期。

第五节　三国墓葬

（一）墓葬形制分析

三国墓葬共5座，三个年份均有，其中2004年3座，2007年和2008年各1座，分别为M2、M7、M8、M20、M49。除M8外，余4座均为石室券顶墓。M7及M20墓室前端均有刀把形甬道，甬道位于墓室左侧。M2及M49券顶及墓前端残，也应有甬道。甬道前有墓道，或未发掘，或不存。M8为土坑竖穴宽坑墓，墓壁垂直。坑底周边多铺石块，其余铺一层河卵石。

M2仅见骨架灰痕。随葬器物位于墓室后部。M7墓室及甬道铺满烧土及灰烬，并铺有零散小砾石等。甬道与墓室间铺有几块石头。人骨已朽，其灰痕可辨，见有两个下颌骨，应为合葬墓。随葬品主要位于甬道内，金银饰品则出自墓室内。随葬品中存放在甬道内的完好无损，而置于墓室后端的5件陶器全部打烂，散落其中。铜钱也无规律存放，墓室内到处都是。M8葬具已朽，仅残存一小块棺板，见有四具骨架灰痕。随葬品仅有小件残存（图一六一，2）。M20墓底铺一层小砾石。葬具已朽，有多具人骨残骸。随葬器物较少，位于甬道内（图一六一，1）。M49后被宋墓M59二次利用，将甬道挖掉。由于被二次利用，墓被扰乱，原葬具、人骨不存，随葬品少而凌乱。墓室底局部铺绳纹板瓦十余片。

石室券顶和砖室券顶墓是三国墓葬的主流形态，也是峡江地区汉六朝墓葬的主流形态，还有洞室墓，土坑墓较少，不见砖室券顶墓和洞室墓应是数量局限所致。墓葬方向较一致，均为东向略偏南。这应与山向有关。

（二）主要器物形态分析

出土器物84件，有陶器、釉陶器、青瓷器、金银器、铜器、铁器、料器等。陶器、青瓷器几全出于M7。下对其中74件主要器形予以分类描述（表六）。

---

① 重庆市文物局、重庆市移民局：《丰都镇江汉至六朝墓群》，科学出版社，2013年，第525、526页。

② 重庆市文物局、重庆市移民局：《丰都镇江汉至六朝墓群》，科学出版社，2013年，第653页。

③ 重庆市文物局、重庆市移民局：《巫山麦沱墓地》，科学出版社，2018年，第395页。

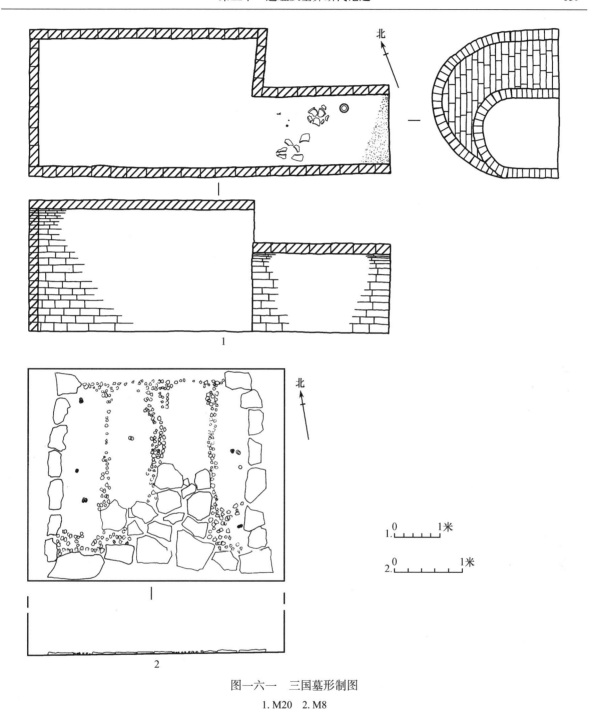

图一六一　三国墓形制图

1. M20　2. M8

表六　三国墓代表器形统计表

单位: 件

墓号	陶器						牲圈	灶	井	合计
	罐				盆					
	A	B	C	D	A	B				
M7	4	1	1	3	3		1	1	1	15
M20						1				1
小计	4	1	1	3	3	1	1	1	1	

续表

墓号	陶器									合计
	俑				鸡		鸭	猪	狗	
	A	B	C	D	A	B				
M7	2	2	5	2	3	2	2	1	2	21

墓号	釉陶器		青瓷器					金耳坠	银钏	合计
	钵	摇钱树座	四系罐	四系壶	盂	钵	盏			
M7			1	1	1	2	3	3	1	12
M20	1	1								2
M49						1				1
小计	1	1	1	1	1	3	3	3	1	

墓号	银器		铜器		钱币					合计
	戒指	钗	镜	带钩	半两	五铢	货泉	直百五铢	大泉当千	
M2			1			1				2
M7	1	2	1		1	1	1	1		8
M8	5					1				6
M20				1		1			1	3
M49						1	1	1		3
小计	6	2	1	2	1	5	2	2	1	总74

1. 陶罐

9件。均出于M7。有矮直领、矮弧领、盘口和双耳罐四个类型。

A型　4件。矮直领罐。泥质褐陶。弧腹，平底。

M7：26，敛口，领斜直，溜肩，筒形弧腹。上腹有一周凹圈。口径8、腹径13.2、底径9.2、高11厘米（图一六二，1；图版六二，1）。

M7：37，直领，平底向下略出边。素面。余同M7：26。口径12、腹径16.4、底径11.2、高13厘米（图一六二，2；图版六二，2）。

M7：58，圆肩，弧腹深斜。肩部有一周凹弦纹。口径13.2、腹径20、底径10.4、高16厘米（图一六二，3）。

B型　1件。矮弧领罐。

M7：29，泥质青灰陶。侈口，圆肩，弧腹，平底。肩部有一周凹弦纹。口径11.2、腹径16.8、底径10.8、高15厘米（图一六二，4；图版六二，3）。

C型　1件。盘口罐。

M7：39，泥质青灰陶。盘状口略弧，弧领，斜肩，中腹外凸，下腹斜直，平底微凹。肩部有一周凹弦纹。口径16、腹径18、底径12.4、高14.4厘米（图一六二，5；图版六二，4）。

D型　3件。双耳罐。泥质黑褐陶。矮领，弧腹，平底。肩部有对称双耳。素面。

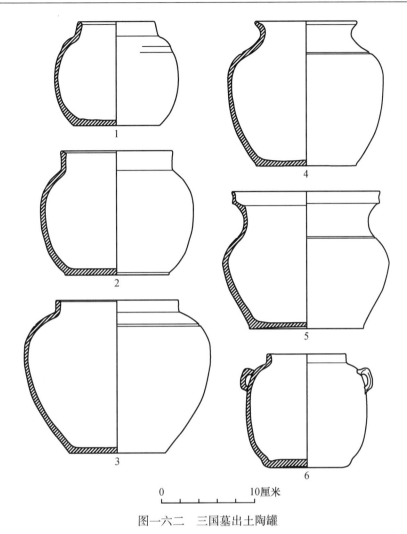

图一六二　三国墓出土陶罐

1~3. A型（M7：26、M7：37、M7：58）　4. B型（M7：29）　5. C型（M7：39）　6. D型（M7：54）

M7：50，宽体。敞口斜直，圆肩，弧腹斜收，平底微凹。耳面较宽，中间凹弧。口径19.2、腹径25.2、底径12.4、高18.2厘米（图一六三，1；图版六二，5）。

M7：54，矮直领，窄斜肩，筒形深弧腹，近底凹弧，平底微凹。环耳。口径8.4、腹径13.2、底径8.4、高11.8厘米（图一六二，6；图版六二，6）。

2. 陶盆

4件。敞口，斜折沿，弧腹，平底。根据折沿长短和腹的深浅分二型。

A型　3件。泥质黑褐陶。短斜折沿，浅弧腹。

M7：1，下腹微凹。平底。口径21.2、底径12、高7厘米（图一六三，3；图版六三，1）。

M7：2，腹较M7：1浅。下腹圆转。口径22、底径12、高5厘米（图一六三，2；图版六三，2）。

M7：3，体宽大。平底微凹。口径34、底径21.6、高7.2厘米（图一六三，5；图版六三，3）。

B型　1件。宽斜折凹沿，深弧腹。

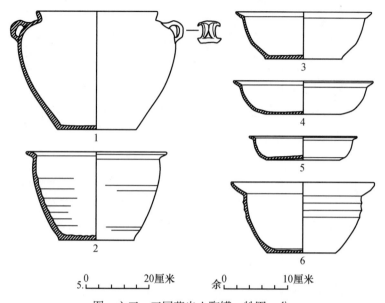

图一六三　三国墓出土陶罐、牲圈、盆

1. D型罐（M7：50）　2. 牲圈（M7：42）　3～5. A型盆（M7：1、M7：2、M7：3）　6. B型盆（M20：3）

M20：3，泥质灰黑陶。火候较高。上腹饰三周凹凸相间弦纹。口径22.8、底径11、高11.2厘米（图一六三，6；图版六三，4）。

3. 陶牲圈

1件。

M7：42，泥质灰陶。盆形。直口微敛，斜折沿，深弧腹，平底。外四周细弦纹，内壁有瓦楞状弦纹。内置鸡、犬各一件。口径22.5、底径12、高13.6厘米（图一六三，2；图版一三，3）。

4. 陶灶

1套，含灶、釜、甑。泥质褐陶。

M7：56，中部一大圆釜眼，后部一小圆囱孔。前面一方形火门直通底部。出土时釜眼上置陶釜，但甑的位置在墓中距灶、釜较远，但大小与之匹配，应为扰乱所致。釜为矮直领，圆腹，圜底。甑为敞口，口内凸起，深弧腹微凸，略有折，平底。底有五个梅花形箅孔，下腹削棱。釜口径8、腹径5.6、高8.4厘米；甑口径13.6、底径6、高7.6厘米；灶长22.8、宽18.4、高15、通高22厘米（图一六四，1；图版一七）。

5. 陶井

1件。

M7：48，泥质黑褐陶。筒形直腹，平底。口外饰一周宽弦纹，下腹饰八道细弦纹。口径16、底径15.6、高15.3厘米（图一六四，2；图版一三，2）。

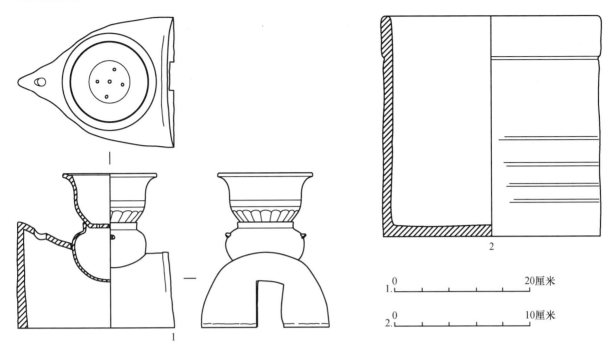

图一六四　三国墓出土陶灶、井

1. 灶（M7：56）　2. 井（M7：48）

6. 陶俑

11件。火候较高。可分四型。

A型　2件。头与身分别制作。身泥质灰陶，头泥质黑陶。颈以下圆肩，凹腰，下身筒形。下身前面双腿间微凹。头顶平，方脸形，暴眼，隆准，虬髯，张嘴吐舌，似胡人形象。脑后有一圆洞。将头插入颈内成一整体。

M7：52，头顶前面有三个角，中间一角残。双手抱一铲状物于胸前。通高35.2厘米（图一六五，1；图版六四，3）。另1件无手臂，无角。

B型　2件。形态相同。泥质褐陶。头、身一体。头部五官较抽象，圆目外凸，长方形高鼻，两耳外张，刻槽为嘴，刻划胡须。头上有两个锥突角。身上小下大呈喇叭状，无手足。

M7：41，通高29.4厘米（图一六五，2；图版六四，4）。

C型　5件。形态大同小异。泥质褐陶，头有黑衣。椭圆形头顶有锥髻，面部刻出月牙形双眼和嘴，无耳。身呈扁锥形。

M7：34，有八字胡。前面中间下凹分出双腿。通高19厘米（图一六五，3；图版六五，1）。

M7：36，体较矮胖。通高16厘米（图一六五，4；图版六五，2）。

D型　2件。形态基本相同。泥质褐陶。圆锥形头，头上有锥髻。五官抽象，圆眼珠外凸，高鼻梁，张嘴，竖耳。身筒形呈站立状，双臂前屈。

M7：53，下巴刻有胡须，通高19.5厘米（图一六五，5；图版六五，3）。另1件无胡须。

图一六五　三国墓出土陶俑
1. A型（M7：52）　2. B型（M7：41）　3、4. C型（M7：34、M7：36）　5. D型（M7：53）

7. 陶鸡

5件。有大、小二型。

A型　3件。大鸡。形态基本相同。泥质灰陶。体大，火候高。嘴呈啄食状，尾上翘，腹下有较高圆座。

M7：31，圆座较矮。长18.8、宽6、高8.8厘米（图一六六，1；图版六四，1）。

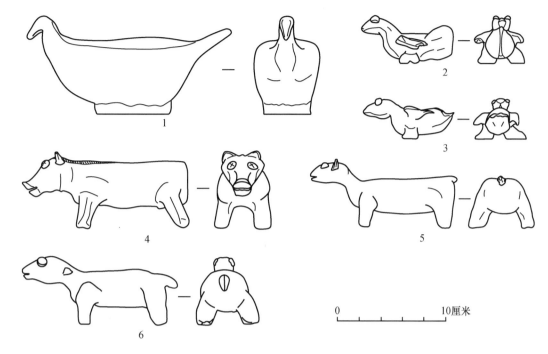

图一六六　三国墓出土陶鸡、鸭、猪、狗

1. A型鸡（M7：31）　2. B型鸡（M7：23）　3. 鸭（M7：24）　4. 猪（M7：30）　5、6. 狗（M7：51、M7：44）

B型　2件。小鸡。形态基本相同。泥质褐陶。制作粗放，火候较低。置于牲圈内。尖喙，突目，展翅，翘尾，矮足。呈奔跑状。为雏鸡形象。

M7：23，长8.6、宽4.4、高4.3厘米（图一六六，2；图版六四，2）。

8. 陶鸭

2件。形态基本相同。泥质褐陶。造型与雏鸡接近，唯尾部宽扁，为乳鸭形象。

M7：24，长8.4、宽4.8、高3.8厘米（图一六六，3；图版二一，5）。

9. 陶猪

1件。

M7：30，泥质褐陶。长体。站立。圆目，竖耳，矮足，夹尾。背部有鬃。长15、宽5、高6.8厘米（图一六六，4；图版二一，2）。

10. 陶狗

2件。形态基本相同。泥质褐陶。长体，短足，嘴前伸似吠，凸眼，短尾。

M7：44，置于牲圈内。耳贴于头部两侧，长14.2、宽5.8、高6厘米（图一六六，6；图版二一，4）。

M7：51，两耳竖立。长13.4、宽6、高6厘米（图一六六，5；图版二一，6）。

11. 釉陶钵

1件。

M20：1，泥质红褐陶。施酱褐色釉。器内满釉，器外下腹及底露胎。敞口，弧腹，平底。口外饰两周宽弦纹，内底饰数周瓦楞状弦纹。口径16.2、底径11.4、高6.6厘米（图一六七，1；图版三六，2）。

12. 釉陶摇钱树座

1件。

M20：2，泥质红褐陶，器表施暗绿色釉。火候较高。上部已残。中空。平面呈梯形，断面呈合瓦形，有合范痕。上部前后浮雕马身的两侧。上部残，应为过顶圆雕。一面下部浮雕两个图案化的人物及"8"字形纹，另一面下部似两只行走的羔羊。座底宽26、残高29厘米（图一六七，5；图版三六，3）。

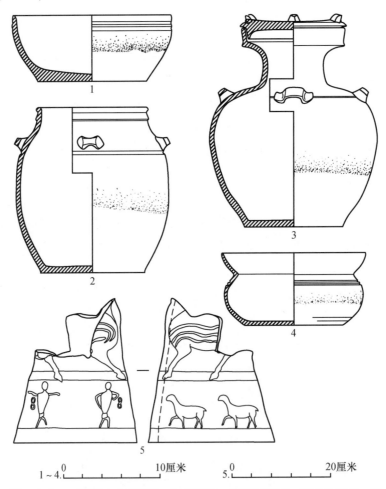

图一六七　三国墓出土釉陶钵、摇钱树座、青瓷四系罐、四系盘口壶、盂
1.釉陶钵（M20：1）　2.青瓷四系罐（M7：17）　3.青瓷四系盘口壶（M7：25）　4.青瓷盂（M7：38）
5.釉陶摇钱树座（M20：2）

13. 青瓷四系罐

1件。

M7：17，青灰胎，口至上腹施粉绿釉，下腹及底露胎。直口，矮领，口外有两周凸圈。溜肩，深弧腹，平底。上腹等列四桥形系，系下一周弦纹。口径11.4、腹径15.8、底径11、高16.2厘米（图一六七，2；图版二二，4）。

14. 青瓷四系盘口壶

1件。

M7：25，器内外及盖面施翠绿釉，下腹及底、盖内露胎。盘状直口，口下折转，弧颈，圆肩，弧腹，平底。肩部等列四桥形系及两周弦纹。折边平顶盖，直立子母口。盖边三个乳凸纽。口径10.4、腹径17、底径10、身高19.4、通高20.6厘米（图一六七，3；图版二二，5）。

15. 青瓷盂

1件。

M7：38，器内外施褐绿釉，釉层厚薄不匀，下腹及底露胎。敞口，折颈，扁鼓腹，大平底。腹上部饰二周弦纹。口径14.8、腹径14.4、底径10、高7.2厘米（图一六七，4；图版二二，3）。

16. 青瓷钵

3件。形态接近。器内满釉，器外下腹及底露胎。敛口，弧腹，平底。

M7：21，器内外粉绿釉，宽体，饼形平底。口外一周宽弦纹，内底边一周凹圈及一圈方形支钉残疤。口沿有数组间隔褐色点彩，每组五个圆点。口径17.6、底径10.4、高6.2厘米（图一六八，1；图版二二，1）。

M7：22，器内外灰绿釉，斜弧腹，平底。口外一周宽弦纹，内底边一周凹圈及六个支钉残疤。口沿一周饰褐色点彩。口径17.6、底径11.2、高6.8厘米（图一六八，3；图版二二，2）。

M49：3，红褐胎，灰绿釉。直口，斜壁，大平底。口外饰二周宽弦纹，弦纹下饰网格纹及麻点纹。口径15、底径10.8、高5.6厘米（图一六八，2；图版四七，3）。

17. 青瓷盏

3件。形态接近。器内满釉，器外底部露胎。弧腹，饼形平底。

M7：18，翠绿釉，敛口，浅腹。内底三个圆形支钉残疤。口径8、底径5.4、高3.6厘米（图一六八，4；图版二三，1）。

M7：19，灰绿釉，直口，深弧腹，底微凹。口沿外一周凹弦纹。口径8.8、足径4.4、高4.4厘米（图一六八，5；图版二三，2）。

M7：20，腹较深，底微凹。余同M7：19。口径8、底径5.2、高4.2厘米（图一六八，6；图版二三，3）。

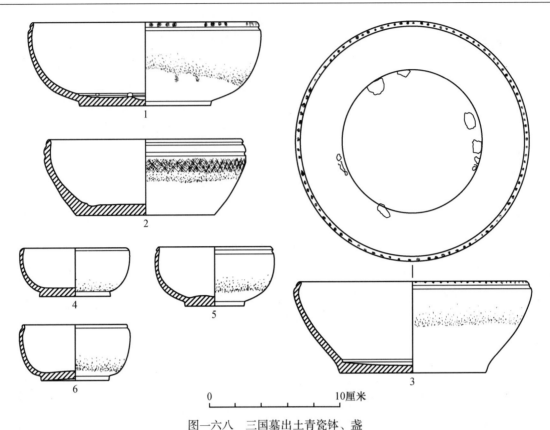

图一六八　三国墓出土青瓷钵、盏

1～3. 钵（M7∶21、M49∶3、M7∶22）　4～6. 盏（M7∶18、M7∶19、M7∶20）

18. 金耳坠

3件。形态相同，大小有别。以金丝缠绕呈蛹状，中有孔。

M7∶10，长1.5、粗0.8厘米（图一六九，1；图版二四，3）。

M7∶11，长1、粗0.9厘米（图一六九，2）。

M7∶12，长0.9、粗0.55厘米（图一六九，3）。

19. 银戒指

12枚。形态相同，大小接近。环形，圆茎。

M8∶5，直径2厘米（图一六九，4）。

20. 银顶针

1件。

M7∶7，圆环形，扁茎。一侧有顶片，上錾刻网格纹和圆圈纹。直径2.3、高1.8厘米（图一六九，5；图版二四，2）。

21. 银钏

1件。

M7∶5，以银条缠绕三圈后固定，为腕钏。直径7.2厘米（图一六九，6；图版二四，4）。

22. 银镯

2件。形态相同，大小接近。环形，椭圆茎。

M2∶9，直径6.3、茎宽0.25厘米（图一六九，7；图版一〇，2）。

23. 银钗

2件。形态各异。

M7∶13，银条折作两股，末端呈锥形。弯曲处捶扁錾刻花纹，两侧有人形花纹。长23厘米（图一六九，9；图版二四，1）。

M7∶14，用较粗银条折作两股，无锥尖。长11.5厘米（图一六九，8）。

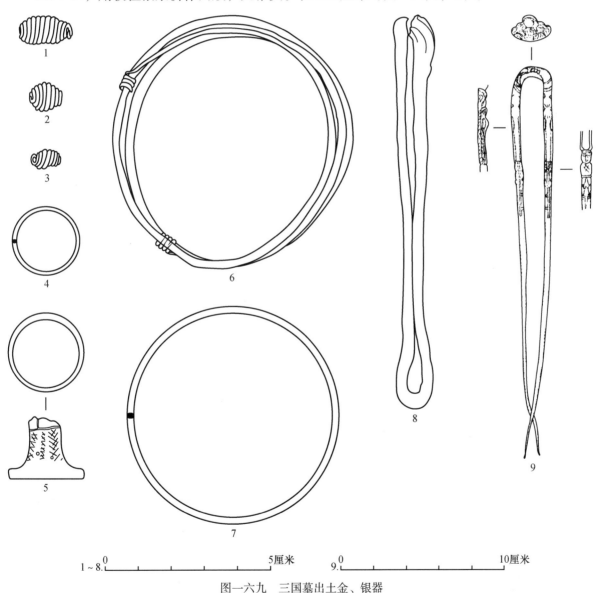

图一六九　三国墓出土金、银器

1~3.金耳坠（M7∶10、M7∶11、M7∶12）　4.银戒指（M8∶5）　5.银顶针（M7∶7）　6.银钏（M7∶5）

7.银镯（M2∶9）　8、9.银钗（M7∶14、M7∶13）

24. 铜镜

1件。

M7：16，黑色。较小。半球形纽，三角形缘，缘内一周凸圈。锈蚀严重，背面花纹图案不清，隐约见有鸟纹及云气纹等。直径9、缘厚0.2厘米（图一七〇，1；图版二三，4）。

25. 铜带钩

2件。短体，鹅嘴形长钩，下有圆扣。

M2：2，长3.25、宽1.4、高2.4厘米（图一七〇，2；图版一〇，4）。

M20：5，钩首已残。长2.9厘米（图一七〇，3）。

26. 铜镯

3件。形制大小相同。圆环形，圆茎。

M2：5，直径5.4、茎粗0.3厘米（图一七〇，4）。

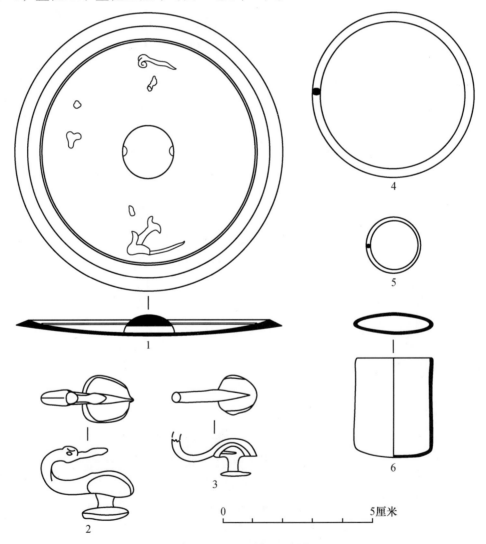

图一七〇　三国墓出土铜器

1. 镜（M7：16）　2、3. 带钩（M2：2、M20：5）　4. 镯（M2：5）　5. 戒指（M2：7）　6. 帽（M2：18）

27. 铜戒指

1件。

M2：7，圆环形，椭圆茎。直径1.8、茎粗0.1厘米（图一七〇，5）。

28. 铜帽

1件。

M2：18，横断面呈扁椭圆形，平面长方形，弧形底，中空。高3.45、宽2.7、厚0.7厘米（图一七〇，6）。

29. 铜钱币

若干枚。币种有：半两、五铢、货泉、直百五铢、大泉当千等。

M7：4-1，半两。胎薄、无廓、篆体阳文。直径2.2厘米（图一七一，1）。

M20：4-1，五铢。"五"字交股弯曲，铢字"金"字头呈等腰三角形，"朱"上圆折下方折。直径2.5厘米（图一七一，2）。

M8：6-2，五铢。无廓。"五"字交笔曲，上下两横出头，"铢"字"金"字头呈三角形，"朱"字上方折下圆折。直径2.4厘米（图一七一，3）。

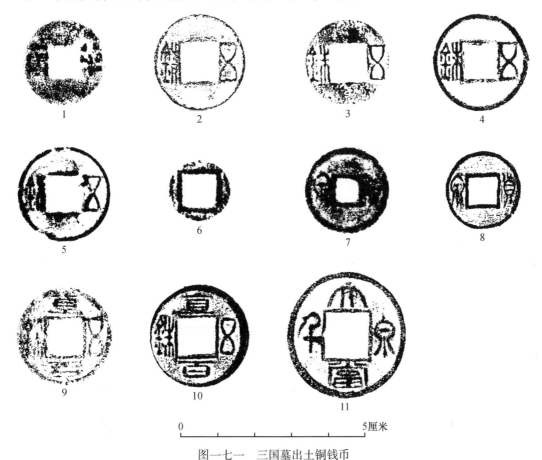

图一七一　三国墓出土铜钱币

1. 半两（M7：4-1）　2~6. 五铢（M20：4-1、M8：6-2、M49：1-1、M2：16-1、M7：4-4）　7、8. 货泉（M7：4-7、M49：1-19）
9、10. 直百五铢（M7：4-8、M49：1-20）　11. 大泉当千（M20：4-7）

M49：1-1，五铢。钱文清晰规范，"五"字交笔弧曲，"铢"字"金"字头为等腰三角形，"朱"字上下圆折。直径2.6厘米（图一七一，4）。

M2：16-1，五铢。钱文清晰，"五"字交笔直，"珠"字"金"字头为矢状，"朱"字上方折下圆折。直径2.4厘米（图一七一，5）。

M7：4-4，榆荚五铢。钱小而轻薄。直径1.6厘米（图一七一，6），

M7：4-7，货泉。廓较宽，篆体，右起对读。直径2.2厘米（图一七一，7）。

M49：1-19，货泉。肉、好有郭，钱文清晰。直径2.1厘米（图一七一，8）。

M7：4-8，直百五铢。上下左右对读。直径2.5厘米（图一七一，9）。

M49：1-20，直百五铢。肉、好有郭，钱文清晰。直径2.7厘米（图一七一，10）。

M20：4-7，大泉当千。钱径较大。肉、好有廓。钱文清晰，篆体旋读。直径3.3厘米（图一七一，11）。

（三）时代分析

三国墓出土器物类别及组合有：陶日用器、模型器、人物俑、牲畜俑、青瓷日用器、釉陶日用器、明器、金银首饰、铜装饰器、铁工具、料饰品及钱币等。最具年代标志的便是直百五铢铜钱和大泉当千铜钱。

直百五铢钱，三国蜀汉发行的虚值大钱，蜀主刘备于东汉献帝建安十九年（214）铸行，时值东汉末三国初。

三国吴孙权于嘉禾五年（236）始铸虚值大钱，文"大泉五百"，一当五百。嘉禾七年（238）三月更铸"大泉当千"钱，赤乌九年（246）罢铸①。而《三国志·吴书·吴主传》谓："赤乌元年春，铸当千大钱。"又曰："秋八月，武昌言麒麟见。有司奏言麒麟者太平之应，宜改年号。诏曰：'间者赤乌集于殿前，朕所亲见。若神灵以为嘉祥者，改年宜以赤乌为元。'……于是改年。"②改元在是年秋，铸钱时尚未改元，实为嘉禾七年。

M7和M49都出有直百五铢钱，M20出有大泉当千钱。三墓中所出青瓷器、釉陶器具有典型六朝早期风格，三墓时代无疑为三国时期。M2和M8虽未出土三国时期钱币，但所出银镯、银戒指、铜带钩、铁刀等与M7和M20同类器形态一致，因而应属同时期墓葬。

建安十五年（210），吴主孙权将荆州借与刘备。刘备改临江郡为宜都郡，巫县隶焉③。刘备入川后，皆为蜀领地。建安二十四年（219），蜀将关羽为吴所害，荆州失守，吴收复南郡、宜都二郡，自是，终三国一朝再未易主④。也就是说，从建安十五年（210）至建安二十三年（218）巫山一带属蜀，建安二十四年（219）以后属吴。M7和M49出蜀币直百五铢钱，理论上讲墓葬时代应为蜀占领时期。而M20出吴币大泉当千钱，墓葬时代应为建安二十四年

---

① 唐石父：《中国古钱币》，上海古籍出版社，2001年，第124～127页。

② （晋）陈寿撰，（宋）裴松之注：《三国志》卷四十七，中华书局，1964年，第1142页。

③ 梁允麟：《三国地理志》，广东人民出版社，2004年，第309页。

④ 张习孔、田珏：《中国历史大事编年》第一卷，北京出版社，1987年，第721页。

（219）后。但可能不是绝对的，也有吴地出蜀币，蜀地出吴币的现象。如湖北武昌任家湾吴墓、安徽马鞍山孙吴朱然墓等，都见有直百五铢钱出土。吴地出蜀币可能是随贸易流入[①]。总的来说，五座墓葬的年代大致应为三国早中期。

M7是一座保存较完好的墓葬。随葬品多达57件（套），包括陶、青瓷、金、银、铜、铁、料器等七类，特别引人注目的是出土陶俑，是重庆库区考古发掘中尚不多见的三国蜀汉陶俑精品。形态多样的陶罐、盆、灶及青瓷器也为峡江地区三国墓的断代提供了可靠依据。

第六节　南朝墓葬

（一）墓葬形制分析

1座，2004年发掘的M5。竖穴土坑内砌狭长形砖室墓。东向。墓上部已毁，底砖错缝平铺。墓内人骨架散乱，见有头骨两个，已移位，应为双人合葬墓。随葬品数量少，位于墓室前部（图一七二，1）。墓砖均为长方形，有厚薄之分，平面光素，侧面有叶脉状排线纹和菱形回纹（图一七二，2、3）。

（二）器物形态分析

出土器物4件，棺钉1枚。

1. 青瓷盏

2件。器内外施豆绿釉，釉面有冰裂纹，下腹及底露胎。深弧腹，矮假圈足，饼形底。内底中心下凹。

M5∶1，口微敛。口径9、底径3.6、高4.4厘米（图一七三，2；图版一一，2）。

M5∶2，直口。口径9、底径3.6、高4.4厘米（图一七三，3；图版一一，3）。

2. 青瓷饰件

1件。

M5∶3，灰胎，施豆绿釉脱落。圆饼形，中有穿。直径2.7、高0.95厘米（图一七三，4）。

3. 铁棺钉

1枚。

---

① 唐石父：《中国古钱币》，上海古籍出版社，2001年，第126页。

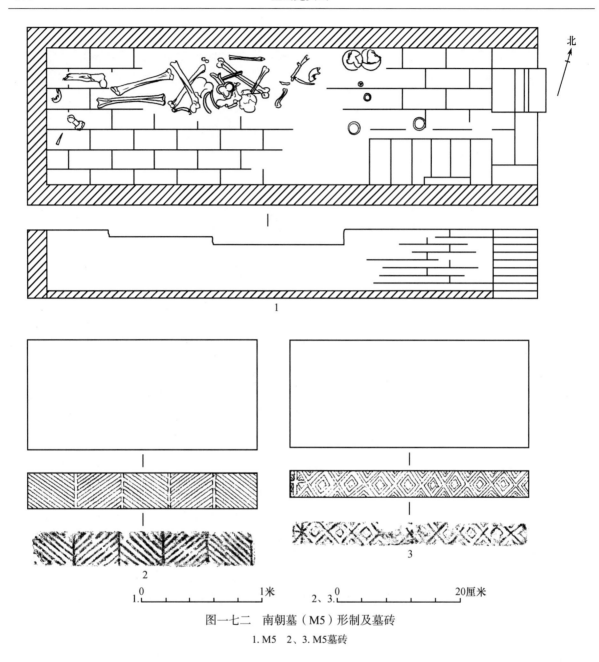

图一七二　南朝墓（M5）形制及墓砖
1. M5　2、3. M5墓砖

M5：5，锈蚀。方锥体。长12.8、厚1～1.2厘米（图一七三，1）。
还有铜五铢钱1枚。残。

（三）时代分析

墓中出土两件青瓷盏时代特征鲜明，直口，深腹，饼形底较高，呈假圈足状。与丰都镇江汉至六朝墓四期二段南朝墓中盏的形态相同[1]。墓葬形制及墓砖花纹也与巫山麦沱南朝墓M77相同[2]。因而该墓应属南朝时期。

① 重庆市文物局、重庆市移民局：《丰都镇江汉至六朝墓群》，科学出版社，2013年，第668页。

② 重庆市文物局、重庆市移民局：《巫山麦沱墓地》，科学出版社，2018年，第264、265页。

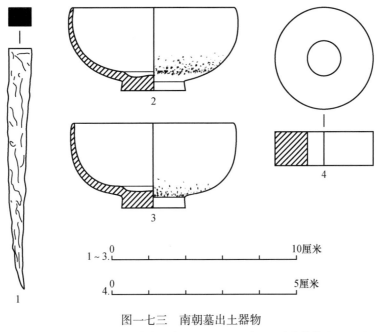

图一七三　南朝墓出土器物

1.铁棺钉（M5∶5）　2、3.青瓷盏（M5∶1、M5∶2）　4.青瓷饰件（M5∶3）

第七节　宋代墓葬

（一）墓葬形制分析

宋代墓7座，均为2008年所出，分别为M32、M36、M46、M47、M48、M53和M59。除M59为利用三国墓M49的石室墓作为墓穴外，余均为狭长形土坑竖穴墓，墓坑较浅。均头向西北。随葬品多仅1件陶罐，位于墓底头端一侧。M32和M36头端有生土或熟土二层台，陶罐置于二层台之上。M47和M53头端垫瓦，横向三摞，一摞或二三片，或五六片。M47中间一摞错后，部分墓残存有头骨和肢骨。M59为利用三国时期石室墓M49埋葬。或者其土坑墓穴碰巧与该墓垂直重合，墓坑不明显。M59出土器物较多，共6件。葬具均朽无存，有的墓中有铁棺钉（图一七四）。

（二）主要器物形态分析

出土器物12件，另采集品中也有1件宋代器物，共13件，代表性器物12件。以釉陶器和罐为主，有釉陶矮领罐、釉陶双系罐、釉陶四系罐、釉陶执壶、硬陶瓜棱罐，次为白瓷碗等（表七）。

表七　宋墓代表器形统计表　　　　　　　　　　　单位：件

墓号	釉陶器							硬陶瓜棱罐	白瓷碗			合计
	矮领罐		执壶	双系罐		四系罐						
	Ⅰ	Ⅱ		Ⅰ	Ⅱ				Ⅰ	Ⅱ	Ⅲ	
M32								1				1
M36					1							1
M46	1											1
M47	1											1
M48	1											1
M53		1										1
M59			1	1					1	1	1	5
采集						1						1
合计	3	1	1	1	1	1		1	1	1	1	12

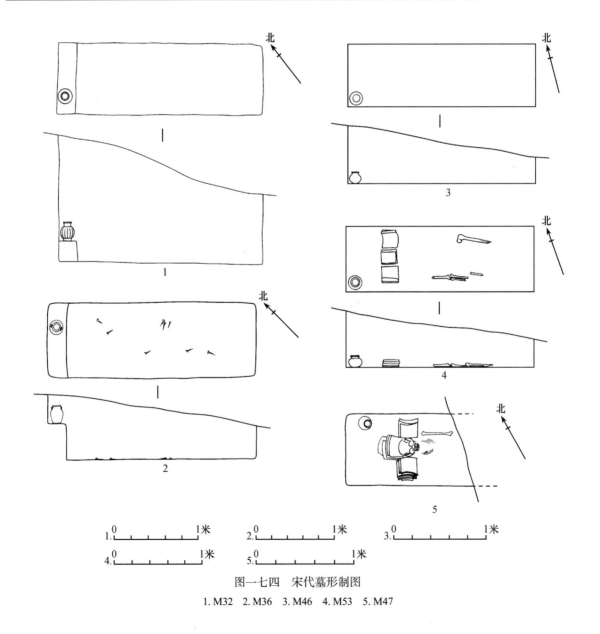

图一七四　宋代墓形制图

1. M32　2. M36　3. M46　4. M53　5. M47

1. 釉陶矮领罐

4件。上腹施釉，下腹及底露胎。矮领，弧腹，平底。分二式。

Ⅰ式 3件。敛口，短折沿，矮领斜直，弧腹或略有折，平底有出边。

M46∶1，红褐胎，酱褐釉。三角形沿，平底微凹。上腹饰一周弦纹，中、下腹饰瓦楞状弦纹。口径8、腹径14、底径7.6、高11.6厘米（图一七五，1；图版六六，1）。

M47∶1，砖红胎，金黄色釉。口部釉脱落。内外凸唇，圆腹，平底微凹。颈、肩各有一周弦纹，上腹有一周排戳指甲纹。口径9、腹径11、底径8.6、高10.6厘米（图一七五，2；图版六六，2）。

M48∶1，砖红胎，姜黄色釉。口部釉脱落。上腹饰一周弦纹，中、下腹饰瓦楞纹。口径8.2、腹径14、底径8、高11.1厘米（图一七五，3；图版六六，3）。

Ⅱ式 1件。

M53∶1，砖红陶，釉层脱落。直口，短平沿，矮直领，圆腹，底微凹，下腹有瓦楞纹。口径8.8、腹径12.4、底径7、高9.8厘米（图一七五，4；图版六六，4）。

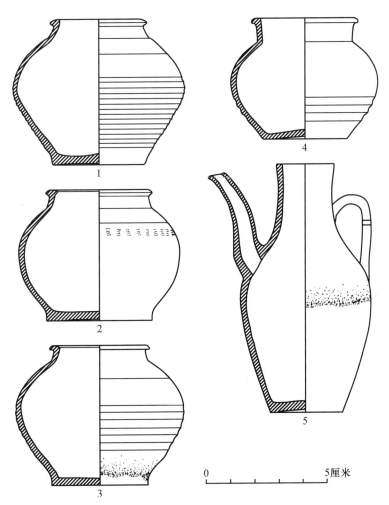

0   5厘米

图一七五 宋墓出土釉陶矮领罐、执壶

1~3. Ⅰ式矮领罐（M46∶1、M47∶1、M48∶1） 4. Ⅱ式矮领罐（M53∶1） 5. 执壶（M59∶3）

2. 釉陶双系罐

2件。上腹施釉，下腹及底露胎。矮直领，溜肩，鼓腹，下腹斜直，凹底。肩部有对称环形双系，为系绳提携之用。分二式。

Ⅰ式　1件。

M59：5，夹砂红褐陶，口内及上腹施茶褐色釉，腹下釉泪垂挂，呈棕褐色。唇外凸。口径11.4、腹径15.4、底径8、高17.2厘米（图一七六，1；图版六六，5）。

Ⅱ式　1件。

M36：1，青灰胎，上腹施姜黄釉。敛口，翻沿，内壁有瓦楞状弦纹。口径13.6、腹径19.6、底径11.6、高22.5厘米（图一七六，2；图版六六，6）。

3. 釉陶四系罐

1件。

采：9，釉陶四系罐。红褐色硬陶。上腹施姜黄色釉，釉泪垂挂，下腹及底露胎。敛口，斜沿，矮弧领。凸肩，深弧腹，上腹圆，下腹斜直，底微凹。肩部以下有对称四个圆弧形横耳。口径14.8、腹径20.6、底径10.4、高24.2厘米（图一七六，3；图版五六，4）。

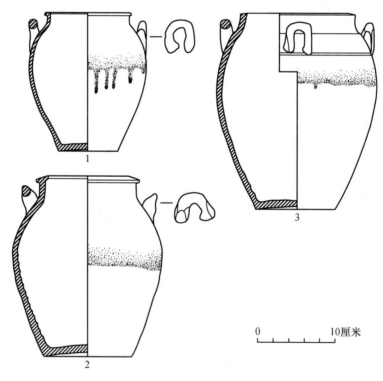

图一七六　宋墓出土釉陶罐

1. Ⅰ式双系罐（M59：5）　2. Ⅱ式双系罐（M36：1）　3. 四系罐（采：9）

4. 釉陶执壶

1件。

M59：3，夹砂褐陶，中腹以上施姜黄色釉，下腹及底露胎。直口，弧颈高直，溜肩，长弧腹，凹底。肩部两侧有对称的把手和高流，流口略低于壶口。口径5、腹径11、底径6.2、高19.8厘米（图一七五，5；图版五二，4）。

5. 硬陶瓜棱罐

1件。

M32：1，泥质砖红陶，酱色釉脱落殆尽。直口，短平折沿，矮直颈，斜肩，圆腹，腹作15瓣瓜棱形。下腹呈假圈足，底微凹，肩部有弦纹一周。口径9.8、腹径17、底径9.8、高17.4厘米（图一七七，1；图版四一，2）。

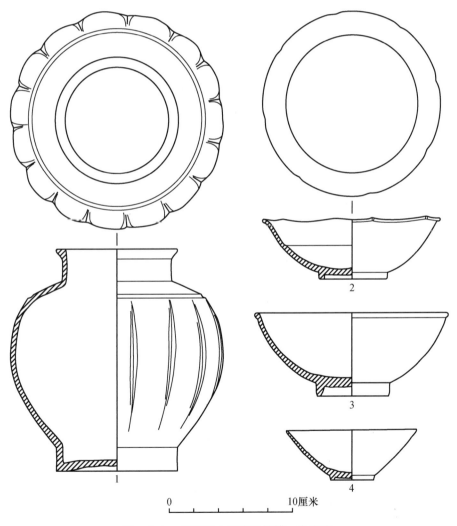

0　　　　　　　　　　　10厘米

图一七七　宋墓出土硬陶瓜棱罐、白瓷碗

1. 硬陶瓜棱罐（M32：1）　2. I 式白瓷碗（M59：2）　3. II 式白瓷碗（M59：1）　4. III 式白瓷碗（M59：4）

6. 白瓷碗

3件。敞口，弧壁，矮直圈足。分三式。

Ⅰ式　1件。

M59：2，青白瓷，卵白釉，外底露胎。敞口微侈，口作8瓣葵口形。弧腹，平底，矮直圈足。内壁腹部有一圈台棱。口径14.6、足径5.6、高4.7厘米（图一七七，2；图版六七，1）。

Ⅱ式　1件。

M59：1，青白瓷，卵白釉，外底露胎。敞口，卷沿，圆唇，弧腹较深，平底，矮直圈足。口径16、足径6、高6.5厘米（图一七七，3；图版六七，2）。

Ⅲ式　1件。

M59：4，青白瓷，卵白釉，外底露胎。胎薄。略呈斗笠形。敞口，斜直壁，平底，矮圈足。碗心有一凸圈。口径11、足径3.8、高3.9厘米（图一七七，4；图版六七，3）。

（三）时代分析

宋墓中时代特征鲜明的器形有釉陶矮领罐、双系罐、釉陶四系罐、执壶、白瓷碗等。其中釉陶矮领罐与平江伍市宋墓同类器形态接近。如Ⅰ式釉陶矮领罐与伍市M9：1酱釉深腹罐形态一致，Ⅰ式釉陶矮领罐则与M6：2略同。Ⅱ式釉陶双横系罐也与伍市M9：2酱釉双耳罐特征相同[1]。Ⅰ式釉陶双横系罐以及釉陶四系罐与襄阳磨基山崇宁二年（1103）墓中双耳釉陶小罐形态接近[2]，又与成都北郊宣和六年（1124）墓中M1：1釉陶双耳罐形态相同[3]。釉陶执壶与四川长宁县宋代岩墓出土釉陶执壶特征一致[4]。M49所出白瓷碗Ⅰ式与岳阳文桥宋墓中青白瓷葵口碗（M1：7）酷肖，Ⅱ式与文桥宋墓中青瓷葵口碗（M1：6），Ⅲ式与茆山宋墓中青瓷斗笠盏（M1：22）形态接近[5]。以上对比资料中，伍市宋墓的年代大致为北宋时期，其余均为北宋晚期。

M32所出1件硬陶瓜棱罐与江西清江南宋绍兴三十年（1160）墓中出土青白瓷瓜棱罐形态相同[6]，也与浙江金华南宋郑刚中妻石氏墓出土青白瓷瓜棱水盂（M2：2）形态接近。石氏葬于淳熙四年（1177）[7]。

综上所述，7座宋墓中M32为南宋前期，M36、M59及采：9釉陶四系罐为北宋晚期，其余四座出釉陶罐的墓大致属北宋中晚期。

① 湖南省文物考古研究所、岳阳市文物管理处：《岳阳唐宋墓》，上海古籍出版社，2016年，第175、189页。
② 襄樊市博物馆：《襄阳磨基山宋墓发掘简报》，《江汉考古》1985年第3期，第28页。
③ 成都市文物考古工作队：《成都北郊甘油村发现北宋宣和六年墓》，《四川文物》1999年第3期，第115页。
④ 王秦岭：《长宁县的宋代岩墓》，《四川文物》1984年第3期，第52页。
⑤ 湖南省文物考古研究所、岳阳市文物管理处：《岳阳唐宋墓》，上海古籍出版社，2016年，第69、70、115页。
⑥ 黄冬梅：《清江南宋纪年墓出土的瓷器》，《江西历史文物》1987年第1期，第11页。
⑦ 浙江省文物考古研究所：《浙江宋墓》，科学出版社，2009年，第125页。

第八节　明清墓葬

（一）墓葬形制分析

明清墓葬数量最多，共33座，其中2004年1座，2007年6座，2008年26座，分别为M3、M9、M13、M14、M15、M16、M18、M24、M25、M26、M27、M28、M29、M30、M31、M34、M35、M37、M38、M39、M40、M41、M44、M50、M52、M54、M55、M56、M57、M60、M61、M62、M63。其中M13与M14、M15与M16、M30与M31为三组合葬墓。

33座墓有两种基本形态：长方形土坑竖穴墓和砖室墓。以长方形土坑竖穴墓占绝对优势，共27座，砖室墓均为合葬墓，共3组6座。头向均朝西，以西偏北为多，少部分西偏南。长方形土坑竖穴墓又可分为三种形态：普通狭长形土坑竖穴、狭长形土坑竖穴头端有熟土二层台、长方形土坑竖穴墓底有砖砌棺床（图一七八，3）。后两种形态各仅一座。

土坑竖穴墓中有5座墓（含有棺床的墓1座）头端有并排两摞瓦片（图一七九，2、4、6）。少数墓底尚保存有头骨和肢骨。随葬器物很少，多仅釉陶罐1件，也有青花瓷碗，或罐上一碗。置于头端一侧或中间（图一七九，1、5），头端带二层台的随葬品置于二层台上（图一七九，3）。

砖室墓中M13与M14、M15与M16都是同圹并列双券双室合葬墓。宽大的竖穴土圹内用砖并排砌两个券顶墓室。墓壁及券顶用单砖错缝平砌，两墓中间靠拢但分别砌壁。M13、M14墓底中部用砖两横一纵平砌棺床。墓室后端有头龛，头龛高出墓底墓被盗扰，葬具及人骨架不存，随葬器物也基本不见。M15墓室底前中后各垫两块砖以为棺床，M16前后各垫两块砖以为棺床。两墓后壁有龛，后部墓壁又设边龛。在两墓室之间后部墓壁上又开有连通两墓的龛形小窗，俗称"过仙桥"，是方便两边墓主灵魂交流的孔道。葬具已朽，仅见棺底板残痕，人骨不存。随葬器物置于龛内和过仙桥内。在棺与墓壁间的空隙处填筑石灰，形成石灰壁，厚约10厘米。墓室底部及券顶之上也铺厚约10厘米石灰（图一七八，2）。M30、M31为夫妇异穴合葬墓。均为竖穴土坑内砌长方形砖室，不见券顶。两墓平行，间距150厘米。M30较M31略短。在土圹内用青砖错缝平砌四壁。M30坑底头、足部各纵铺青砖两排为棺床。墓室内四壁与棺间填充石灰浆厚约10厘米。M31坑底两侧各铺青砖一排、两端纵铺青砖各四块为棺床，中部留排水沟。墓室壁与棺间填石灰浆同M30。棺及人骨均朽不存。两墓前方有条石砌拜台，一级台阶，两侧呈"八"字形。墓被严重扰乱，M30中仅出土砖质墓志一方和铁棺钉四枚，墓志弃置于墓上地面。M31中则空无一物（图一七八，1）。

（二）主要器物形态分析

出土器物52件，另采集器物中1件釉陶罐也属明代器物，代表性器物46件（表八）。

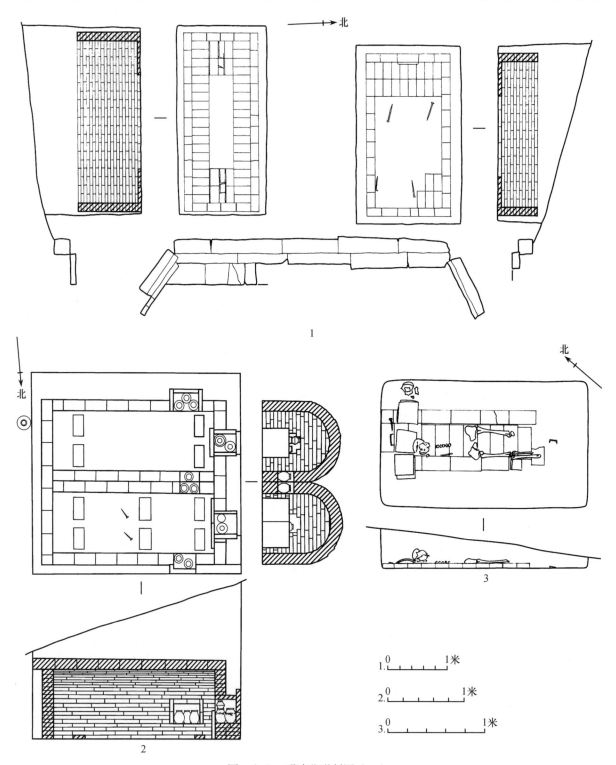

图一七八　明清墓形制图（一）
1. M30、M31　2. M15、M16　3. M39

表八　明清墓代表器形统计表　　　　　单位：件

墓号	釉陶器　罐										双系罐	合计
	AⅠ	AⅡ	AⅢ	BⅠ	BⅡ	CⅠ	CⅡ	D	E	F		
M9					1							1
M15	4											4
M16	1	2		1								4
M18									1			1
M24									1			1
M26									1			1
M27						1						1
M28									1			1
M29									1			1
M38									1			1
M44							1					1
M50									1			1
M54								1				1
M55									1			1
M56			1									1
M57											1	1
M60								1				1
M62									1			1
M63								1				1
采集										1		1
小计	5	2	1	1	1	1	1	3	9	1	1	26

墓号	釉陶器 带流单把罐			魂瓶		白瓷碗	青花瓷器 盘	碗					合计
	Ⅰ	Ⅱ	Ⅲ	Ⅰ	Ⅱ			AⅠ	AⅡ	BⅠ	BⅡ	BⅢ	
M3			1										1
M15				1		1							2
M16				1	1	2							4
M25		1											1
M34	1												1
M35												1	1
M37		1									1		2
M40										2			2
M41								1					1
M52											1		1
M56								1					1
M57							1						1
M61									1			1	2
小计	1	2	1	2	1	3	1	2	1	2	2	2	总46

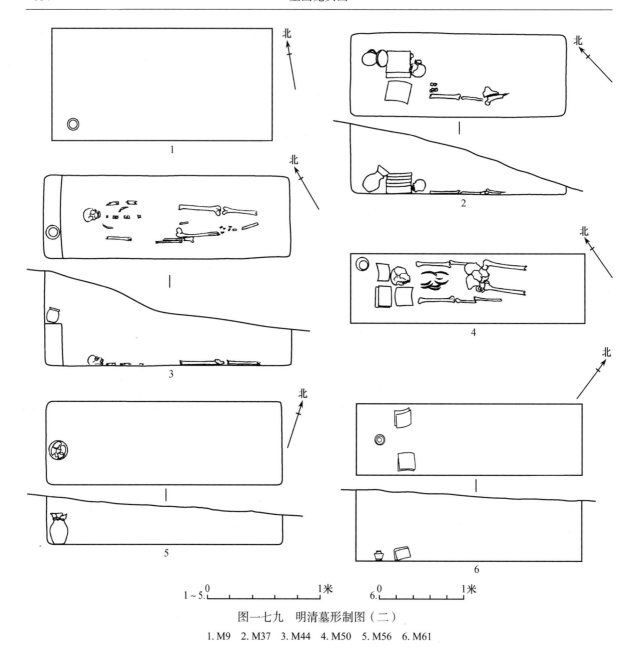

图一七九　明清墓形制图（二）

1. M9　2. M37　3. M44　4. M50　5. M56　6. M61

1. 釉陶罐

24件。口内外施釉，多脱落。根据口、领、腹等部位的差异分六型。

A型　8件。基本特征为长体，高领，深弧腹，平底。腹有瓦楞状弦纹。根据口部差异分三式。

Ⅰ式　5件。卷沿，高弧领，溜肩，长鼓腹。

M15：6，红褐陶。口径7.4、腹径13.6、底径7.6、高16.4厘米（图一八〇，1；图版六八，1）。

M15：7，酱褐陶。口径7、腹径12.4、底径8、高16厘米（图一八〇，2；图版六八，2）。

M16：6，红褐陶。口径7.2、腹径11.2、底径6.4、高13厘米（图一八〇，3；图版六八，3）。

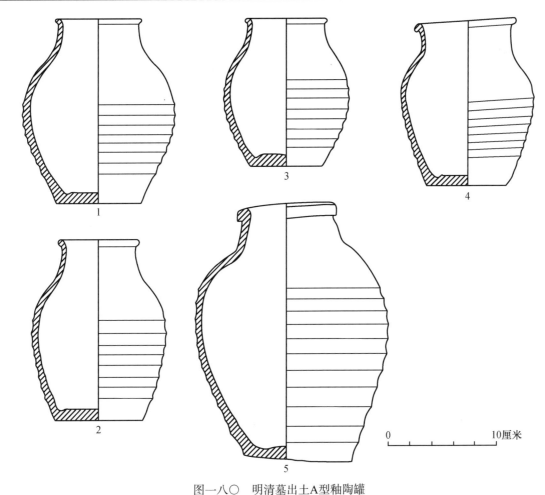

图一八〇 明清墓出土A型釉陶罐

1~3. Ⅰ式（M15：6、M15：7、M16：6） 4. Ⅱ式（M16：9） 5. Ⅲ式（M56：2）

Ⅱ式 2件。敞口，折沿，斜肩，斜直腹。余同Ⅰ式。

M16：9，酱褐陶，酱黑色釉。口部变形。口径9.6、腹径12.2、底径7.4、高15厘米（图一八〇，4；图版六八，4）。

Ⅲ式 1件。

M56：2，灰褐色砂陶，器外酱黑釉，下腹及底露胎。高直领内斜，短折厚沿，溜圆肩，深弧腹，下腹斜直领，平底，中、下腹有瓦楞纹。略变形。口径9、腹径17.4、底径9.6、高22.4厘米（图一八〇，5；图版六八，5）。

B型 2件。长体，直口，矮直领。分二式。

Ⅰ式 1件。

M16：8，酱褐陶，酱黑色釉。矮弧领，余同M15：6（图版二九，1）。口径7.8、腹径12、底径8、高15.8厘米（图一八一，1）。

Ⅱ式 1件。

M9：1，泥质褐陶。口沿、腹下近底部露胎，余施深酱色釉。直口，矮领，溜肩，鼓腹，平底。口径8.6、底径9.4、高15.2厘米（图一八一，2；图版六九，1）。

C型 2件。矮体，矮领，厚圆唇外凸，斜直腹。

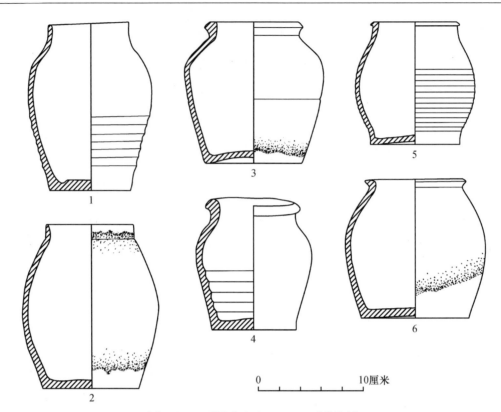

图一八一　明清墓出土B、C、D型釉陶罐

1. B型Ⅰ式（M16：8）　2. B型Ⅱ式（M9：1）　3. C型Ⅰ式（M27：1）　4. C型Ⅱ式（M44：1）

5、6. D型（M60：1、M54：1）

Ⅰ式　1件。

M27：1，红褐胎，姜黄釉。器外下腹及底露胎。直口，斜肩微有折，凹底。腹部饰弦纹一周。口径9.2、腹径13.2、底径9.2、高12.9厘米（图一八一，3）。

Ⅱ式　1件。

M44：1，红褐胎，酱褐釉，直口略变形。矮弧领，斜肩，平底。内壁有瓦楞纹。口径8.8、腹径11、底径8、高12厘米（图一八一，4；图版六九，2）。

D型　3件。矮体，敛口，折沿，圆腹，凹底。

M60：1，酱红砂胎，姜黄釉，下腹及底露胎。三角凸唇。腹有瓦楞纹。口径8.4、腹径11.4、底径8.5、高11.2厘米（图一八一，5；图版六九，3）。

M54：1，紫红砂质陶，外施酱褐釉，口部、下腹及底露胎。外卷沿。口径9.8、腹径13.6、底径10.4、高12.5厘米（图一八一，6；图版六九，4）。

E型　9件。内外施酱褐釉。口部，下腹及底露胎。敛口，翻沿或折沿，尖唇，筒形弧腹，平底或凹底。

M18：1，红褐陶，黑褐釉。平底。腹部饰凹弦纹一周。口径11.2、腹径12、底径9.8、高11厘米（图一八二，1）。

M24：1，红褐陶。凹底。腹饰弦纹二周。口径10.8、腹径12.4、底径10.2、高13.6厘米（图一八二，2；图版六九，5）。

M38：1，红胎，姜黄釉。平底中心内凸。腹饰两周弦纹。口径12、腹径12.8、底径9.8、

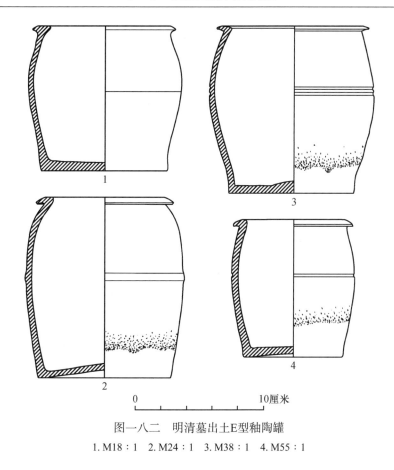

图一八二　明清墓出土E型釉陶罐

1. M18：1　2. M24：1　3. M38：1　4. M55：1

高12.5厘米（图一八二，3；图版六九，6）。

M55：1，紫红砂质陶，灰釉。平底微凹。中腹有一周弦纹。口径9.4、腹径9.6、底径8、高10.2厘米（图一八二，4；图版七〇，1）。

F型　1件。

采：10，釉陶罐。泥质褐陶。上腹施姜黄色釉，下腹施褐色釉，腹下部露胎。直口，矮直领，窄圆肩。上腹圆鼓，下腹凹弧。底残。肩及上腹饰虺形图案。口径10、腹径15、残高16厘米（图一八三，2）。

2. 釉陶双系罐

1件。

M57：2，酱褐砂胎，外壁施姜黄釉，口沿、下腹及底露胎。卷沿，矮领内斜，上腹圆鼓，下腹斜收，平底微凹。颈肩部两个对称竖耳。腹有瓦楞纹。口径9、腹径19.6、底径8.5、高24.4厘米（图一八三，1；图版七〇，2）。

3. 釉陶带流单把罐

4件。红褐胎，器外下腹及底露胎。直口，口部一侧有圆弧流，对应流一侧上腹部有一鋬。分二式。

Ⅰ式　1件。直领微弧，弧腹较直，凹底。颈部有一周凸弦纹。

M34：1，黑褐釉。口径9.2、腹径12.6、底径10.2、高14.7厘米（图一八四，1；图版

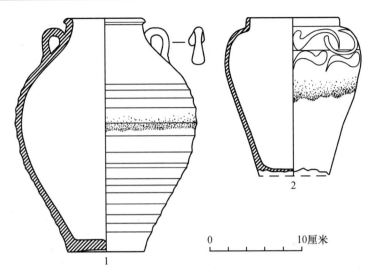

图一八三　明清墓出土釉陶双系罐、F型釉陶罐
1. 双系罐（M57：2）　2. F型罐（采：10）

七〇，3）。

Ⅱ式　2件。弧腹。凹底。下腹有瓦楞纹。

M37：2，酱褐釉。直领微弧。腹略有折。口径8.6、腹径14、底径8.6、高16.4厘米（图一八四，2；图版七〇，4）。

Ⅲ式　1件。

M3：1，夹砂黑褐陶。直口，斜直领，溜肩，深弧腹，小平底。口沿一侧有流，与流对应一侧肩部有弧形把手。把手以下腹部满布瓦楞纹。口径10、腹径14、底径5.6、高17.9厘米（图一八四，3；图版七〇，5）。

4. 釉陶魂瓶

3件。紫红色硬陶胎，酱黑色釉，底部及盖内露胎。深弧腹，平底，极矮圈足。上腹堆塑云龙纹和凸起泥片。平盖面微凹，直立饼形子母口。蒜头纽。分二式。

Ⅰ式　2件。长鼓腹。

M15：5，敛口，圆唇，矮斜领，窄肩，肩至腹有四周凹圈，口径7.4、腹径18、足径9.6、通高23.8厘米（图一八五，1；图版七一，2）。

Ⅱ式　1件。斜弧腹。

M16：4，矮直领，圆肩，下腹折收。盖面有一周凸圈。口径6.8、腹径14、足径8、通高19.6厘米（图一八五，2；图版七一，3）。

5. 白瓷碗

3件。形态相同。白瓷，青白满釉。敞口外侈，深弧腹，矮圈足内斜。

M15：4，口径13.8、足径4.8、高6厘米（图一八六，1；图版三〇，1）。

图一八四　明清墓出土釉陶带流单把罐
1. Ⅰ式（M34：1）　2. Ⅱ式（M37：2）　3. Ⅲ式（M3：1）

6. 青花瓷盘

1件。

M57：1，灰白粗瓷，青白釉，外底露胎。侈口，弧壁，平底，矮圈足略内斜。外壁以青料绘缠枝石榴及蝙蝠纹，寓意多子多福。圈足三周圈带纹。口内一周交替斜线纹及两周圈带纹，内底边缘两周圈带纹，再内有山石花草纹，中心一端坐人物。口径14.4、足径7.6、高3.4厘米（图一八六，2；图版七一，1）。

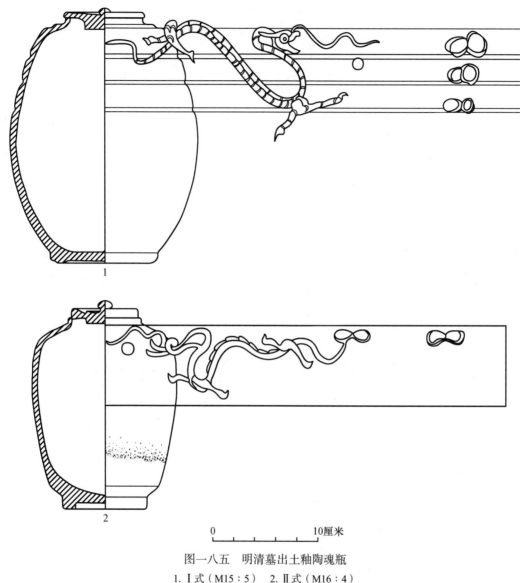

图一八五　明清墓出土釉陶魂瓶
1. Ⅰ式（M15：5）　2. Ⅱ式（M16：4）

7. 青花瓷碗

9件。敞口，矮圈足。器内外以青料绘花纹图案。根据腹壁的形态差异分二型。

A型　3件。敞口，沿外侈，弧壁，矮圈足。分二式。

Ⅰ式　2件。土黄色粗瓷，青白釉，圈足边缘露胎。侈口，弧壁，下底微凸，矮圈足内斜。

M56：1，器外口部以青料绘两周圈带纹间一周斜向排线纹，下腹一周水波纹。腹部主题纹饰为一周折枝兰草纹。口内两周圈带纹内绘间断网状纹及卵点纹。内底两周圈带纹及菊花纹。口径14.4、足径5、高5.7厘米（图一八六，4；图版七二，1）。

Ⅱ式　1件。

M61：2，灰白粗瓷，粉青釉。侈口，深弧腹，平底，矮圈足。外壁以青料绘一圈菊花纹，口部两周窄圈带纹，下腹一周宽圈带及短线纹。口内两周窄圈带及一周卵点纹，内底两周窄圈带内菊花纹。口径14.1、足径6.4、高7.8厘米（图一八六，3；图版七二，2）。

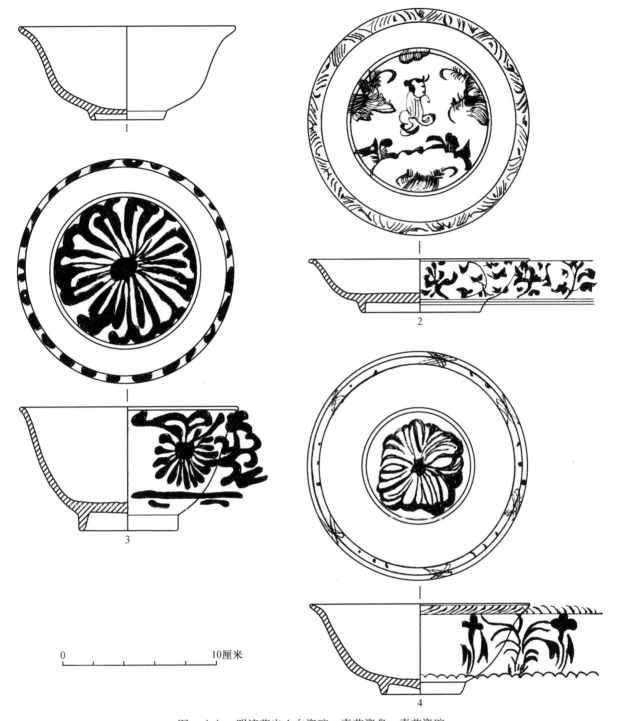

0   10厘米

图一八六 明清墓出土白瓷碗、青花瓷盘、青花瓷碗

1.白瓷碗（M15∶4） 2.青花瓷盘（M57∶1） 3.A型Ⅱ式青花瓷碗（M61∶2） 4.A型Ⅰ式青花瓷碗（M56∶1）

B型 6件。敞口，斜直壁。分三式。

Ⅰ式 2件。粗瓷，粉青釉。底露胎。极矮圈足。

M40∶1，平底，下底边缘一周凹圈。口外以青料绘一宽一窄两周圈带纹，内一周点彩。口内两周圈带纹，内底双圈内绘兰草纹。青料颜色灰暗。口径13.6、足径5、高5.4厘米（图一八七，1；图版七二，3）。

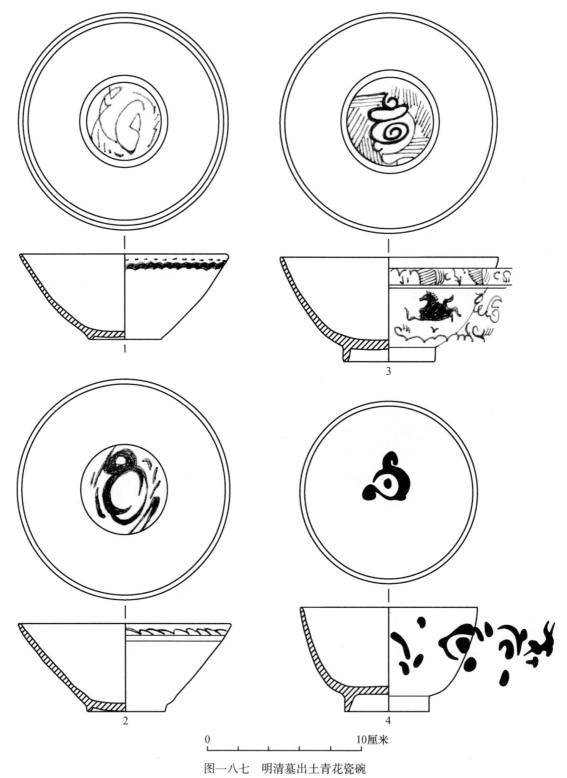

图一八七　明清墓出土青花瓷碗

1、2. B型Ⅰ式（M40：1、M40：2）　3. B型Ⅱ式（M37：1）　4. B型Ⅲ式（M61：1）

M40：2，底微下凸。口外以青料绘一周水波纹及两周圈带纹。口内一周圈带纹，内底两周圈带纹及水草纹。口径13.8、足径5、高5.5厘米（图一八七，2；图版七二，4）。

Ⅱ式　2件。腹较Ⅰ式深，平底，圈足较高。

M37：1，粗瓷胎，卵白釉。以蓝色青料绘花纹，外壁上下绘抽象卷云纹、花草纹及楼梯纹，中腹等距离绘四匹奔马，其间补云纹。器内底两周圈带内绘卷草纹及编织纹，口内一周圈带。口径14、足径5.8、高6.5厘米（图一八七，3；图版七二，5）。

Ⅲ式　2件。敞口，方唇，腹深直，平底，矮圈足。

M61：1，灰白粗瓷，粉青釉有冰裂纹。外壁以青料绘抽象草叶纹，内底随意绘一图案。口径11.4、足径5.4、高6.4厘米（图一八七，4；图版七二，6）。

8. “万历拾年”墓志铭

1件。

M15：3，青灰色正方形砖，外表涂黑衣。右起竖行阴刻行书，共20行，330字。宽36.5、高36、厚5.5厘米（图一八八，1；图版三一）。墓主为江鲧及其夫人张氏，分别卒于万历壬午（十年，1582）和万历辛巳（九年，1581），墓志释文详见前发掘资料。

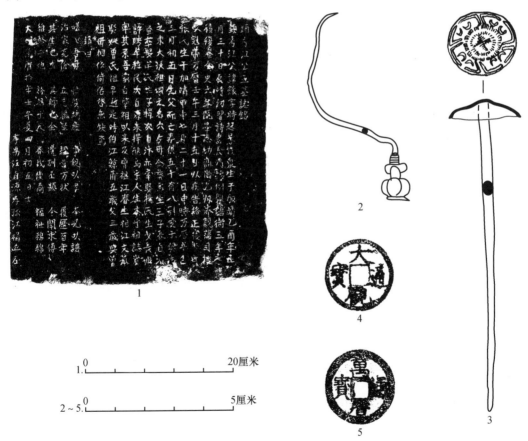

图一八八　明清墓出土墓志铭、银耳坠、铜笄、铜钱币
1. “万历拾年”墓志铭（M15：3）　2. 银耳坠（M57：3）　3. 铜笄（M57：5）　4. 大观通宝铜钱（M13：1）
5. 万历通宝铜钱（M14：1）

9. 银耳坠

2件。形态相同。圆茎，前端尖削，拉伸。坠为瓜实形。

M57：3，长6.2厘米（图一八八，2；图版四八，1）。

10. 铜笄

1件。

M57：5，圆茎，菌状笄首上铸有四个涡状纹，内两圈栉齿纹，再内四出交错排线纹。通长10.2厘米（图一八八，3；图版四八，2）。

11. 铜钱币

2枚。大观通宝、万历通宝各1枚。

M13：1，瘦金书"大观通宝"。直径2.3厘米（图一八八，4）。

M14：1，楷书"万历通宝"。直径2.3厘米（图一八八，5）。

（三）时代分析

1. 明代墓葬

33座明清墓中以明墓居多，大致有19座。

M13与M14、M15与M16为两组同圹并列双券双室合葬墓，形制基本相同。M15与M16中出土墓志铭有明确纪年，为明万历十年（1582）。M13与M14中虽未出土墓志铭，但出土了两种钱币：宋"大观通宝"和明"万历通宝"，后者应体现了墓葬的大致年代。因而两组墓葬的年代应为明代中晚期。由于M15、M16有明确纪年，墓中又出有较多的釉陶魂瓶、A型和B型釉陶罐以及白瓷碗等，从而为我们提供了一批断代标志器。M9所出B型Ⅱ式釉陶罐与M16中B型Ⅰ式釉陶罐相差无几，应属同时代器物。M40出土两件青花瓷碗敞口，浅腹，圜底，极矮圈足的形态与M15、M16白瓷碗形态接近，只是前者腹壁较直，后者腹壁弧曲。时代应接近。

M56出土A型Ⅲ式釉陶罐与M15、M16中所出A型Ⅰ、Ⅱ式釉陶罐为同一类型器物。同墓所出A型Ⅰ式青花菊花纹瓷碗器形及碗内青花图案均与吉林扶余明墓XM28：1青花缠枝菊花纹碗高度一致[①]。M41与M56所出青花瓷碗形态一致，同为A型Ⅰ式，青花图案虽不同，但年代应相若。器内外的折枝花草纹布局也与奉节二溪沟T24②：2青花瓷碗相同[②]。

---

① 吉林省文物考古研究所：《扶余明墓——吉林扶余油田砖厂明代墓地发掘报告》，文物出版社，2011年，第199页。

② 重庆市文化遗产研究院：《奉节二溪沟墓地2001年度发掘简报》，《重庆库区考古报告集·2003卷（一）》，科学出版社，2019年，第342页。

M57釉陶双系罐与奉节二溪沟M10：1硬陶丰肩罐器身形态相同，后者无双系，但有双竖系的罐见于二溪沟M3：1及T20③：5等。青花瓷盘内底人物图案的格局也与M9：2青花瓷碗同。铜笄也与T23：2铜簪形态接近①。

有四座墓出有釉陶带流单把罐，分三式，其中Ⅰ式与武汉江夏区大谭村M3所出同类器形态一致②，Ⅱ式则与奉节二溪沟T20③：2釉陶流口罐相同③，M37中与Ⅱ式釉陶带流单把罐同出的奔马火焰纹青花瓷碗也是明中期的产物，Ⅲ式与前二式相差无几，时代亦应相当。

采集F型釉陶罐与湖北宜城詹营村明墓M17：1釉陶瓶形态接近，应属同时代产物④。

M35和M61同出B型Ⅲ式青花瓷碗，花纹也相同，内绘团菊纹，外绘缠枝菊花纹。器形及花纹与扶余明墓DM11：1青花瓷碗同⑤。M52所出B型Ⅱ式青花瓷碗也应为明代器物。

M30与M31为异穴合葬墓。均为竖穴土坑内砌长方形砖室，两墓平行，间距150厘米。两墓前方用条石砌"八"字形拜台。形制与前两组合葬墓有别。墓中不见随葬品，有墓志铭，朱书铭文已经磨灭不辨，因而绝对年代不明。墓葬形制也暂未见到可资对比的材料，暂且定为明墓，存疑。

M39出有陶壶1件，残甚，形态不明。该墓墓底砌有棺床，头端横向垫有三摞小青瓦。出土棺钉同于M13与M14、M15与M16所出，亦应为明墓。

2. 清代墓葬

C、D、E三型釉陶罐形态差别不大，体较矮。所属墓葬应为清代，共14座。其中D型釉陶罐形态与奉节白马M25：1釉陶罐相同，后者墓中伴出有"乾隆通宝"铜钱⑥。E型釉陶罐同奉节白衣庵M24：1釉陶罐，后者墓中亦出有"乾隆通宝"铜钱⑦。C型釉陶罐大致与之时代相当。

---

① 重庆市文化遗产研究院：《奉节二溪沟墓地2001年度发掘简报》，《重庆库区考古报告集·2003卷（一）》，科学出版社，2019年，第340、343页。

② 武汉市文物考古研究所等：《武汉市江夏区流芳岭明墓发掘简报》，《江汉考古》2000年第3期，第48页。

③ 重庆市文化遗产研究院：《奉节二溪沟墓地2001年度发掘简报》，《重庆库区考古报告集·2003卷（一）》，科学出版社，2019年，第343页。

④ 武襄宜：《宜城詹营村明墓清理简报》，《江汉考古》1988年第1期，第34页。

⑤ 吉林省文物考古研究所：《扶余明墓——吉林扶余油田砖厂明代墓地发掘报告》，文物出版社，2011年，第31页。

⑥ 重庆市遗产研究院、宜昌博物馆：《奉节白马墓群2000年度发掘简报》，《重庆库区考古报告集·2003卷（一）》，科学出版社，2019年，第254页。

⑦ 重庆市遗产研究院、宜昌博物馆：《奉节白衣庵墓群2002年度发掘简报》，《重庆库区考古报告集·2003卷（一）》，科学出版社，2019年，第376、379页。

第九节　余　论

一、墓葬形制的种类及演变规律

龙头山墓葬的时代从战国时期一直到明清，延续时间很长，但墓葬数量并不多，仅63座。而出有随葬品的墓为55座，其中明清墓葬就有33座，因而分配到其他时期的墓葬数很少，有的时代则为空白。因而不能体现各时期墓葬形制的全貌。但还是可以通过其大致的墓葬结构及时代特征，反映峡江地区墓葬发展演变的一般性趋势。下文叙述墓葬形制的类型和演变不局限于龙头山，而是综合峡江地区各时期墓葬而言，从早到晚大致存在着以下四种墓葬形态。

（一）土坑竖穴墓

从早到晚都有，是最基本的墓葬形态，战国时期则是唯一形态。战国土坑墓有宽坑、窄坑和狭长坑，规模有大小之别，所反映的是等级之差。较大的宽坑墓或有斜坡墓道，窄坑和狭长坑墓或有壁龛。春秋战国之际，楚文化向峡江地区渗透，扞关（今瞿塘峡）以东的地区开风气之先，遗址及墓葬中反映出较明显的楚文化因素，从墓葬形制、棺椁形制、葬俗及随葬品组合、形态等都有所体现。少数保存有棺椁的墓葬见有框架式椁、悬底弧棺和悬底方棺，棺椁四周填筑白膏泥或青膏泥，随葬器物有楚式仿铜陶礼器和日用陶器[①]。

西汉时期仍以土坑墓为主要形态，墓坑多宽大。墓坑下部或有二层台，或有斜坡墓道、平底墓道、台阶、腰坑等。墓道多位于头端正中，也有位于一边呈刀把形的，有的墓道则与墓底平，后两种形态是为甬道的滥觞。部分土坑墓底铺有块石或砖，或以块石和砖砌壁，以向石室或砖室墓过渡。

东汉以后石室墓和砖室墓成为主流墓葬形态，但土坑墓依然存在。墓前端或有甬道、墓道。宋以后土坑墓又回归主流形态，只是墓坑普遍变小、变窄、变浅。

（二）砖、石室墓（石棚墓）

砖、石室墓始自汉代。砖室墓和石室墓只是材料不同而已，结构没有什么区别，砖室墓具有的结构形态石室墓也有。大抵家道殷实的人家可以烧砖修墓，而寒微之室则就地取材，山上不缺石头，以石代砖也差可慰藉。还有极少数砖石混用的墓。在平原或丘陵地带则基本只见砖室墓，极少见石室墓，因为没有充足的石材。砖、石室墓滥觞于西汉，东汉以后流行。结构及规模多样，有的有墓道、甬道、前后室、耳室，墓内或有棺床、壁龛等。也有单一的长方形墓室。早期的砖、石室墓或只砌墓壁，其功能相当于椁室的壁板或土坑墓的二层台，其上铺木

① 白九江：《从三峡地区的考古发现看楚文化的西进》，《江汉考古》2006年第1期，第51～62页。

板以保护棺木和随葬品不被土压。后发展为券顶砖、石室墓，墓修好后或葬人后，亲人还可以从墓门进出，祭祀或者多次葬人。砖、石室墓一直到六朝时期都是主流形态。而且墓葬形态、结构变化不大，墓顶基本上都是左右起券的船篷顶，不见两湖地区晋代的四隅券进式穹隆顶墓[①]。唐以后，砖、石室墓开始衰退，其一是数量减少，其二是规模变小，其三是结构简化。到宋代，进一步减少，但仍然不绝如缕。而且宋以后石室墓很少，所能见到的大多为砖室。明代仍有砖室墓，多为同圹并列双券双室合葬墓，如龙头山M13与M14、M15与M16，也有异穴券顶砖室合葬墓，如龙头山M30与M31。清代已很少有砖室墓。另三峡地区在明代还发现过石棚墓，石棚墓的平面形态与石室墓没有区别，唯石板大而平整，墓顶以长石板平铺。奉节白马2000M38为同圹并列双室合葬石棚墓[②]。

（三）洞室墓

洞室墓有土洞土壁土券墓和土洞砖、石室券顶墓之别，与从地面开挖的竖穴墓的区别在于向山体横向掏洞筑墓。主要位于山体陡峭的地带。多见于汉六朝时期墓葬。如龙头山M21西汉土壁洞室墓。东汉至晋代的洞室墓在奉节拖板墓地发现较多，由于拖板山势陡峻，多采用这种墓葬构筑方法[③]。拖板洞室墓原简报作为崖墓，其实跟绝对意义的崖墓还是有区别，真正的崖墓应是凿于悬崖绝壁岩石上的洞穴，又称岩墓。

（四）瓮棺墓

这里是说战国以后三峡地区的瓮棺墓，数量较少，但也偶有发现。如万州铺垭遗址2003年W1、W2[④]，巫山大溪墓群2003年W1、W2、W3等。葬具多为陶瓮和陶罐[⑤]。

当然在峡江地区还有一些墓葬类型，如悬棺葬，崖墓等。不在此叙述。

---

① 参见重庆市文物局、重庆市移民局：《丰都镇江汉至六朝墓群》，科学出版社，2013年，第628～633页。

② 重庆市文化遗产研究院、宜昌博物馆：《奉节白马墓群2000年度发掘简报》，《重庆库区考古报告集·2003卷（一）》，科学出版社，2019年，第272页。

③ 重庆市文化局、湖南省津市市博物馆：《重庆奉节拖板崖墓群2005年发掘报告》，《江汉考古》2007年第3期，第29～42页。

④ 河南省文物考古研究院、万州市文物管理所：《万州铺垭遗址2003年度发掘简报》，《重庆库区考古报告集·2003卷（三）》，科学出版社，2019年，第1737、1739、1740页。

⑤ 重庆市文化遗产研究院、巫山县文物管理所：《巫山大溪村墓群2003年度发掘简报》，《重庆库区考古报告集·2003卷（三）》，科学出版社，2019年，第1787～1789页。

二、随葬器物的时代特征

（一）战国时期

据有关学者研究，重庆巫山县境是楚文化最早浸润的地区，滥觞于西周中晚期，至春秋早期，楚文化因素仅在遗址中有所体现。春秋中期至战国早期，除遗址外，还发现了具有较浓厚楚文化特色的墓葬，均为狭小的土坑竖穴墓，随葬品主要为日用陶器，组合有鬲、盆、豆、罐和罐、豆、壶等，少数墓出有楚式兵器剑、矛等。战国中晚期以后，楚文化遗存的分布范围向西延伸到整个峡江地区。从墓葬形制、棺椁形态结构以及随葬品组合，楚文化成为墓葬的主导因素。器物组合有楚式的日用陶器组合和仿铜陶礼器组合以及楚式青铜兵器。但也时而可以见到巴蜀及越文化因素[①]。龙头山两座战国墓中M43便是典型楚墓，所出陶罐、盆器形及组合为典型楚器。而M23所出陶瓮则所体现的应该是巴文化因素。

（二）两汉时期

两汉墓葬在三峡地区发现较多，墓中器物种类有陶器、釉陶器、青瓷器、铜器、铁器、金银器、玉石器、琉璃器、钱币及漆木器等。有日常生活实用器，也有祭祀礼器、明器、模型器等。器形繁多，有陶罐、瓮、锺、奁、簋、魁、耳杯、盆、壶、盂、瓶、釜、甑、钵、鼎、盒、杯、盘、勺、博山炉、器座、灯、仓、井、灶、房屋、牲圈、人物俑、鸡、鸭、猪、狗、马、摇钱树座等。陶罐是大类，数量较多。以上器形也有釉陶器，主要在东汉时期。巫山麦沱墓地还出土了较多铅釉陶器[②]。铜器有鼎、壶、锺、钫、鍪、盆、洗、釜、簋、碗、盘、勺、匕、鐎壶、博山炉、镜、带钩、耳杯、泡钉、牌饰、棺饰等。铁器主要有刀、削、剑、鼎、釜、鍪等。金银器主要为金银首饰。玉石琉璃器有璧、黛板、管、珠、瑱。铜质钱币有半两、五铢以及新莽货币大泉五十、货泉、布泉、大布黄千等。漆木器由于不易保存的原因，出土较少。龙头山两汉墓葬由于数量有限，仅8座，因而出土器物的数量、种类和器形都较少，西汉时期基本只有陶罐、灶两种器形，东汉时期也只有陶器和釉陶器两种，器形有陶罐、甑、钵、壶、盒和釉陶盆、钵、魁、壶、盒、甑、博山炉等。没有出土本地东汉墓中普遍存在的陶俑、房屋，模型器也仅见陶灶一种。

（三）三国时期

三国墓在三峡地区出土数量不是很多，而且出土器物也不多，文化面目不是很明晰。龙

---

① 白九江：《从三峡地区的考古发现看楚文化的西进》，《江汉考古》2006年第1期，第51~62页。

② 重庆市文物局、重庆市移民局：《巫山麦沱墓地》，科学出版社，2018年，第357~362页。

头山虽然也只有五座墓，但却出土了84件（套）器物，主要是M7，一座墓中就出土了57件（套）。而且其中三座墓中出有三国时期特有的钱币，因而时代是明确可靠的。通过这五座墓略可窥见峡区内三国墓的埋葬习俗。出土器物质地有陶器、釉陶器、青瓷器、金银器、铜铁器、料器等。类别有日用器、模型器、丧葬明器、金银首饰、铜器以及铁工具、钱币等。陶器有罐、盆、牲圈、灶、井、人物俑、鸡、鸭、猪、狗；釉陶器有钵、摇钱树座；青瓷器有四系罐、四系壶、盂、钵、盏；金银首饰有镯、耳坠、钏、戒指、钗、顶针；铜器有镜、带钩、镯、戒指、帽；铁刀、削；钱币有半两、五铢、货泉、直百五铢、大泉当千；还有料珠等。

（四）两宋时期

龙头山没有发掘到隋唐及五代墓葬。有宋墓7座以及1件采集四系罐。宋墓中随葬品普遍较少，除M59有6件器物外，其余6座墓各仅有1件。总共只有12件，主要为罐类器。有釉陶矮领罐、双系罐、四系罐、执壶；硬陶瓜棱罐和白瓷碗。墓葬规模均较小，没有出土墓志铭或买地券，也不见钱币。除了陶瓷器，也没有其他质地器物。因而所体现两宋墓的面貌较模糊。总之，唐以后墓葬普遍趋于简化，宋代更急遽衰落，从此一蹶不振。

（五）明清时期

明清墓在龙头山墓葬中占据比例最大，共33座，超过总墓数（63座）之半。除M15、M16砖室合葬墓出土器物较多外，其余每墓多仅1件，2件的都极少。绝大多数为釉陶器，器形有罐、双系罐、带流单把罐、魂瓶，还有青花瓷碗、盘，白瓷碗等。器类单调，质地粗陋，之善可陈。

附　表

附表一　龙头山墓葬检索表

墓号	时代	墓号	时代	墓号	时代
M1	空墓	M22	西汉	M43	战国
M2	三国	M23	战国	M44	清代
M3	明代	M24	清代	M45	空墓
M4	空墓	M25	明代	M46	北宋
M5	南朝	M26	清代	M47	北宋
M6	东汉	M27	清代	M48	北宋
M7	三国	M28	清代	M49	三国
M8	三国	M29	清代	M50	清代
M9	明代	M30	明代	M51	空墓
M10	东汉	M31	明代	M52	明代
M11	空墓	M32	南宋	M53	北宋
M12	东汉	M33	空墓	M54	清代
M13	明代	M34	明代	M55	清代
M14	明代	M35	明代	M56	明代
M15	明代	M36	北宋	M57	明代
M16	明代	M37	明代	M58	东汉
M17	东汉	M38	清代	M59	北宋
M18	清代	M39	明代	M60	清代
M19	西汉	M40	明代	M61	明代
M20	三国	M41	明代	M62	清代
M21	西汉	M42	空墓	M63	清代

附表二　战国墓葬登记表

墓号	方向	形制	尺寸 （长×宽-深）厘米	出土器物*	备注
M23	240°	竖穴土坑	残130×60-残18	陶瓮	
M43	115°	竖穴土坑	248×150-140	陶罐、盆2	在M45之上

* 　未注明件数者为1件。后表同。

附表三 西汉墓葬登记表

墓号	方向	形制	尺寸 （长×宽-深）厘米	出土器物	备注
M19	210°	竖穴土坑	300×150-300	陶罐B型Ⅰ式、C型、钵、灶Ⅰ式	
M21	187°	土壁洞室	墓道234×100-240 墓室452×220-114	陶灶Ⅱ式	
M22	172°	石室	墓室内260×168-140 甬道内132×100-52	陶罐D型3、灶Ⅱ式	被盗

附表四 东汉墓葬登记表

墓号	方向	形制	尺寸 （长×宽-深）厘米	出土器物	备注
M6	145°	砖室	内残250×137-残70	陶盒，铜五铢钱	顶及甬道损坏
M10	235°	竖穴土坑	280×210-220	釉陶盒、盆Ⅱ式2、釜、魁Ⅱ式，铜饰件	扰乱。被M9打破
M12	100°	券顶石室	墓室内500×270-290 甬道内270×153-184	釉陶壶盖、钵Ⅱ式，铜杯耳2	扰乱
M17	90°	券顶石室	墓室内254×165-140 甬道内104×112-90	釉陶壶、罐、盆Ⅰ式、钵Ⅰ式2、魁Ⅰ式、博山炉、甑，青瓷罐	
M58	120°	凸字形 竖穴土坑	墓口460×220 墓底420×204-390 墓道328×75-240	陶壶、罐B型Ⅰ式、B型Ⅱ式2、B型Ⅲ式、釜、甑A型，铁削	

附表五 三国墓葬登记表

墓号	方向	形制	尺寸 （长×宽-深）厘米	出土器物	备注
M2	105°	石室	残内360×220-残104	铜镯3、戒指、带钩、帽，铁刀2，银镯2、戒指6，料珠，铜五铢钱	顶及甬道损坏
M7	95°	券顶石室	墓室内550×237-242 甬道内240×167-36	陶罐A型4、B型、C型、D型3、盆A型3、灶、井、牲圈、俑A型2、B型2、C型5、D型2、猪、狗2、鸡A型3、B型2、鸭，青瓷四系罐、四系壶、盂、钵2、盏3，铜镜，铁刀，金耳坠3，银钏、钗2、戒指、顶针，铜钱，料珠2	
M8	100°	竖穴土坑	380×300-290	银戒指5，铜五铢钱	
M20	110°	券顶石室	墓室内468×275-260 甬道内300×150-170	陶盆B型、釉陶摇钱树座、钵，铜带钩、钱币	扰乱
M49	112°	券顶石室	内550×（170～190）-153	青瓷钵，铁削，铜钱	被M59二次利用，南壁被M46打破

附表六 南朝墓葬登记表

墓号	方向	形制	尺寸 （长×宽-深）厘米	出土器物	备注
M5	73°	砖室	内365×109-残54	青瓷盏2、饰件，铜五铢钱，铁棺钉	严重扰乱

附表七　宋代墓葬登记表

墓号	年代	方向	形制	尺寸 （长×宽-深）厘米	出土器物	备注
M36	北宋	317°	竖穴土坑	墓口270×93 墓底245×93-残80	釉陶双系罐Ⅱ式、铁棺钉	头端有生土二层台
M46	北宋	285°	竖穴土坑	202×64-60	釉陶矮领罐Ⅰ式	打破M49南壁
M47	北宋	300°	竖穴土坑	残130×70-110	釉陶矮领罐Ⅰ式	
M48	北宋	310°	竖穴土坑	残120×70-残70	釉陶矮领罐Ⅰ式	
M53	北宋	290°	竖穴土坑	210×70-残60	釉陶矮领罐Ⅰ式	
M59	北宋	292°	石室	550×（170～190）-153	釉陶双系罐Ⅰ式、执壶、盏、白瓷碗Ⅰ式、Ⅱ式、Ⅲ式	葬于M49墓室内
M32	南宋	310°	竖穴土坑	墓口240×80 墓底218×80-165	硬陶瓜棱罐	头端有熟土二层台

附表八　明清墓葬登记表

墓号	年代	方向	形制	尺寸 （长×宽-深）厘米	出土器物	备注
M3	明代	330°	土坑竖穴	残80×70-100	釉陶带流单把罐Ⅲ式	
M9	明代	280°	竖穴土坑	195×95-140	釉陶罐B型Ⅱ式	打破M10
M13	明代	280°	券顶砖室	内215×100-90	铜钱，铁棺钉	同穴双室墓，被盗
M14	明代		券顶砖室	内215×90-90	铜钱，铁棺钉	
M15	明代	275°	券顶砖室	内210×76-86	釉陶魂瓶Ⅰ式、罐A型Ⅰ式4，白瓷碗，铁棺钉2，墓志铭、镇墓碑	同穴双室墓
M16	明代			内210×76-86	釉陶魂瓶Ⅰ式、Ⅱ式、罐A型Ⅰ式、A型Ⅱ式2、B型Ⅰ式，白瓷碗2，墓志盖	
M25	明代	282°	竖穴土坑	185×76-残85	釉陶带流单把罐Ⅱ式	
M30	明代	273°	砖室	内238×112-残60	墓志铭，铁棺钉4	扰乱。异穴合葬墓
M31	明代		砖室	内265×98-100	（无出土器物）	
M34	明代	280°	竖穴土坑	180×78-85	釉陶带流单把罐Ⅰ式	
M35	明代	285°	竖穴土坑	210×72-100	青花瓷碗B型Ⅲ式	
M37	明代	315°	竖穴土坑	190×70-残60	釉陶带流单把罐Ⅱ式，青花瓷碗B型Ⅱ式	
M39	明代	310°	竖穴土坑内砖砌棺床	214×126-残40	陶壶，铁棺钉4	扰乱
M40	明代	256°	竖穴土坑	185×65-残30	青花瓷碗B型Ⅰ式2	
M41	明代	325°	竖穴土坑	残120×60-残30	青花瓷碗A型Ⅰ式	
M52	明代	313°	竖穴土坑	残160×60-残30	青花瓷碗B型Ⅱ式	
M56	明代	252°	竖穴土坑	210×70-残40	釉陶罐A型Ⅲ式，青花瓷碗A型Ⅰ式	
M57	明代	305°	竖穴土坑	220×70-90	釉陶双系罐、青花瓷盘、银耳坠2、铜笄	
M61	明代	232°	竖穴土坑	268×80-残80	青花瓷碗A型Ⅱ式、B型Ⅲ式	
M18	清代	273°	竖穴土坑	192×66-残50	釉陶罐E型	
M24	清代	280°	竖穴土坑	200×60-残20	釉陶罐E型	

墓号	年代	方向	形制	尺寸 （长×宽-深）厘米	出土器物	备注
M26	清代	285°	竖穴土坑	188×70-残78	釉陶罐E型	
M27	清代	285°	竖穴土坑	210×70-残60	釉陶罐C型Ⅰ式	
M28	清代	280°	竖穴土坑	205×70-残70	釉陶罐E型	
M29	清代	287°	竖穴土坑	182×70-残80	釉陶罐E型	
M38	清代	290°	竖穴土坑	200×60-残60	釉陶罐E型	
M44	清代	300°	竖穴土坑	墓口220×70 墓底105×70-80	釉陶罐C型Ⅱ式	头端有熟土二层台
M50	清代	306°	竖穴土坑	206×60-残60	釉陶罐E型	
M54	清代	286°	竖穴土坑	200×65-残80	釉陶罐D型	
M55	清代	305°	竖穴土坑	220×75-残65	釉陶罐E型	
M60	清代	310°	竖穴土坑	206×70-残60	釉陶罐D型	
M62	清代	260°	竖穴土坑	210×70-残70	釉陶罐E型	
M63	清代	262°	竖穴土坑	250×90-90	釉陶罐D型	

附表九　空墓登记表

墓号	方向	形制	尺寸 （长×宽-深）厘米	备注
M1	120°	土壁洞室	180×100-120	扰乱
M4	90°	券顶石室	墓室内513×185-178 甬道内164×96-残60	严重扰乱
M11	265°	石室	内290×128-80	扰乱
M33	285°	竖穴土坑	180×60-残76	
M42	15°	竖穴土坑	墓口305×（205~228） 墓底278×（170~200）-150	
M45	110°	土壁洞室	墓室285×（220~228）-130 墓道215×90-220	洞顶上部有竖穴土坑墓M43
M51	130°	券顶石室	墓室内240×170-200 甬道内285×115-150 墓道330×90-240	

后　记

　　巫山龙头山遗址及墓葬的考古发掘项目由原重庆市文化局三峡办委托湖南省文物考古研究所（现湖南省文物考古研究院）进行，双方签订了工作合同。具体发掘工作则由湖南省怀化市文物事业管理处（现怀化市博物馆）完成，巫山县博物馆予以了通力合作。本报告的编写则由当时签署合同的乙方湖南省文物考古研究所承担，湖南省文物考古研究所指派谭远辉具体负责该项目的实施。资料整理及报告编写工作从2022年3月开始，至2022年7月结束，历时5个月，基本完成了《巫山龙头山》书稿，由科学出版社出版。

　　本报告的编撰工作由谭远辉全面负责，谭远辉并负责文字编写、墓葬图及器物图的规范化处理及清绘、器物图的编排、照片的遴选及编排等。发掘现场有关工作人员已在"绪论"中介绍，此不赘述。出土器物的单体照由巫山县博物馆拍摄，部分墓葬器物组合照的拍摄及部分现场照片的翻拍由杨盯负责。电脑描图、排版由胡春梅、龚萌完成。

　　该项目的实施得到了重庆市文物局和巫山县博物馆的鼎力配合。重庆市文物局王建国先生负责联络事宜，多所操劳；重庆中国三峡博物馆资料室李琳女士积极提供资料；巫山县博物馆馆长张潜先生、业务部主任张辉女士和保管部袁毅先生全力协助器物照相。同时得到了湖南省文物考古研究所（院）领导的大力支持。

　　本报告是集体劳动的成果，对所有为本报告的编撰出版工作予以支持与配合的部门及个人诚挚地致以谢忱。

编　者
2022年7月27日

巫山县新城鸟瞰

1. 龙头山遗址及墓葬远眺

2. 龙头山遗址及墓葬局部

龙头山遗址及墓葬

1. H1堆积

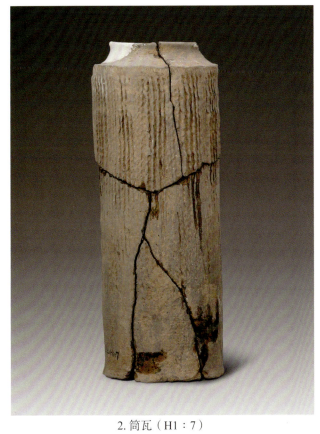

2. 筒瓦（H1∶7）

3. 筒瓦（H1∶8）

H1堆积及出土筒瓦

1. 骨管（H1：1）

2. 陶纺轮（H1：2）

3. 陶网坠（H1：4）

4. 圆陶片（H1：39）

5. 砭石（H1：5）

H1出土器物

1. 铜镞（H1：3）

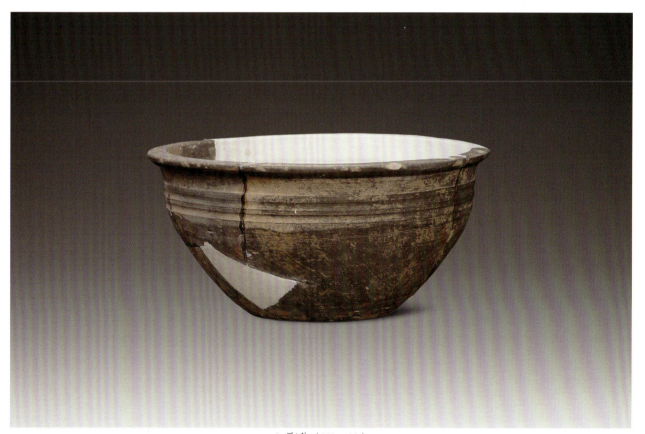

2. 陶盆（H1：11）

H1出土器物

1. Y1堆积

2. Y1筒瓦、板瓦

Y1堆积

1. 筒瓦（Y1：2）

2. 筒瓦（Y1：2）

3. 板瓦（Y1：1）

4. 板瓦（Y1：1）

Y1出土陶瓦

1. 龙头山墓葬发掘

2. 墓葬发掘照

龙头山墓葬

1. M7发掘工作照

2. M7

M7

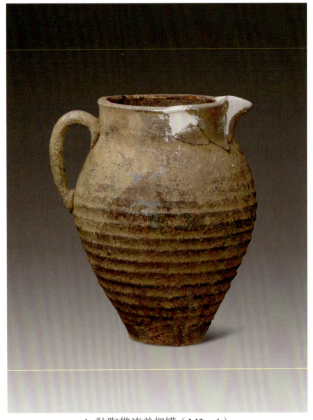

1. 釉陶带流单把罐（M3：1）

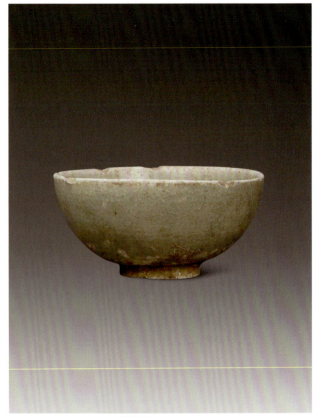

2. 青瓷盏（M5：1）

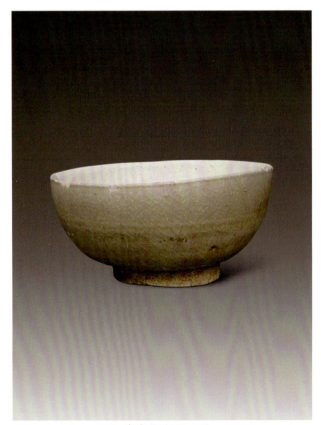

3. 青瓷盏（M5：2）

4. 陶盒（M6：1）

M3、M5、M6出土器物

1. 料珠（M2：17）

3. 银戒指（M2：10）

2. 银镯（M2：9）　　　　　　　　　4. 铜带钩（M2：2）

5. 铜五铢钱（M2：16）

M2出土器物

1. M2

2. 铁刀（M2∶1）

M2及出土铁刀

1. M7器物组合

2. 陶井（M7：48）

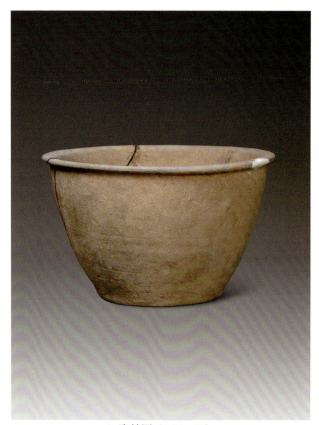

3. 陶牲圈（M7：42）

M7出土器物

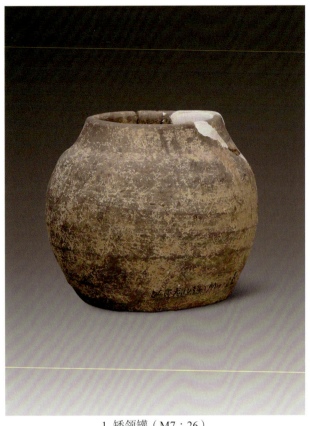

1. 矮领罐（M7：26）

2. 矮领罐（M7：37）

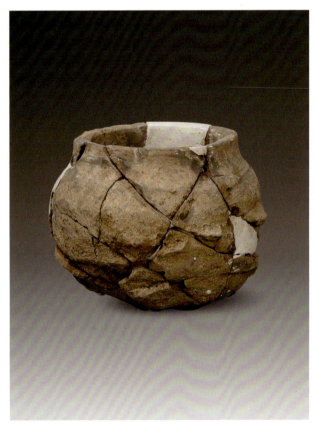

3. 釜（M7：56-2）

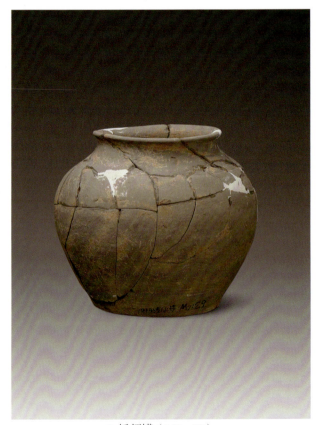

4. 矮领罐（M7：29）

M7出土陶矮领罐、釜

1. 双耳罐（M7：27）

2. 双耳罐（M7：54）

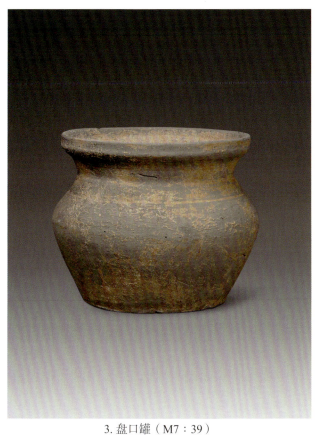

3. 盘口罐（M7：39）

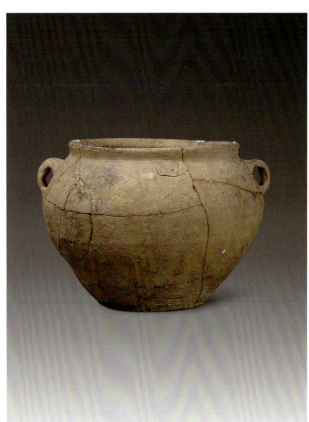

4. 双耳罐（M7：50）

M7出土陶罐

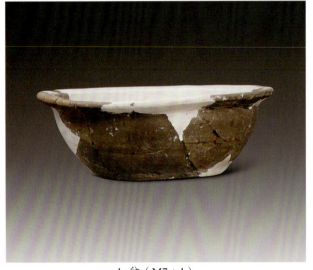

1. 盆（M7：1）

4. 甑（M7：56-3）

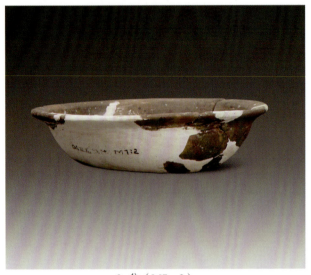

2. 盆（M7：2）

5. 甑（M7：56-3）俯视

3. 盆（M7：3）

M7出土陶器

1. 侧视

2. 后视

3. 俯视

M7出土陶灶（M7：56）

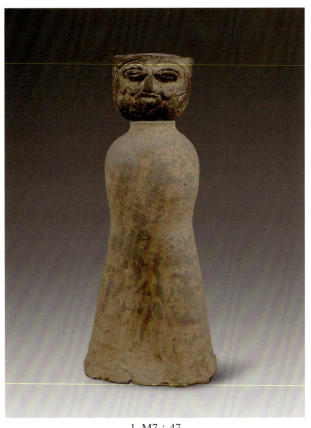

1. M7：47

2. M7：52

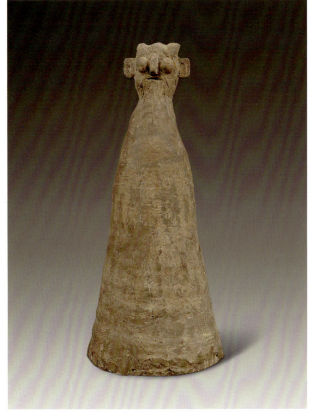

3. M7：40

4. M7：41

M7出土陶俑

1. M7：32

2. M7：33

3. M7：34

4. M7：35

M7出土陶俑

1. M7：36

2. M7：49

3. M7：53

M7出土陶俑

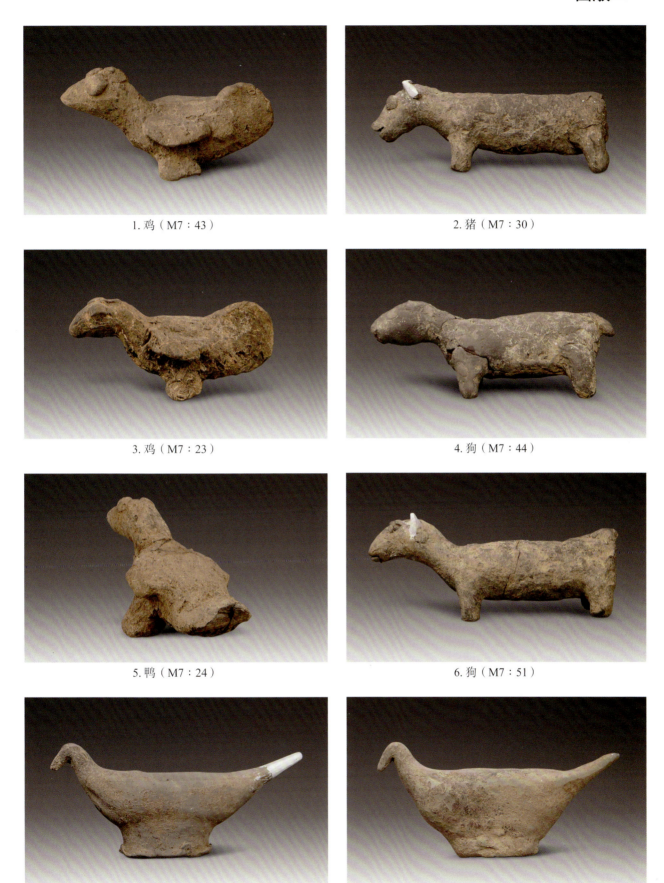

1. 鸡（M7：43）

2. 猪（M7：30）

3. 鸡（M7：23）

4. 狗（M7：44）

5. 鸭（M7：24）

6. 狗（M7：51）

7. 鸡（M7：28）

8. 鸡（M7：31）

M7出土陶动物

1. 钵（M7：21）

2. 钵（M7：22）

3. 盂（M7：38）

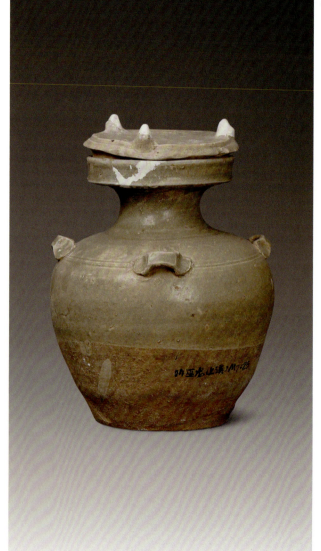

4. 四系罐（M7：17）

5. 四系壶（M7：25）

M7出土青瓷器

1. 青瓷盏（M7：18）

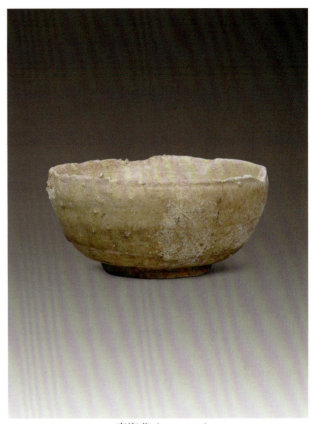

2. 青瓷盏（M7：19）

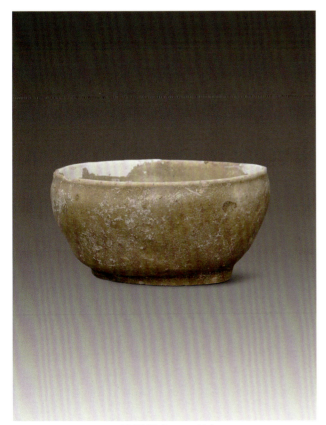

3. 青瓷盏（M7：20）

4. 铜镜（M7：16）

M7出土器物

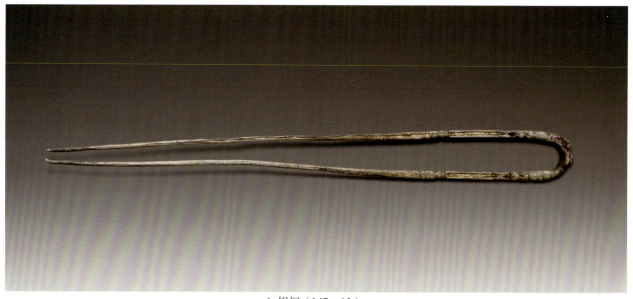

1. 银钗（M7：13）

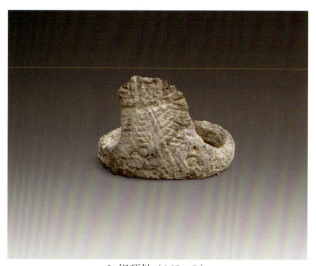

2. 银顶针（M7：7）

3. 金耳坠（M7：10）

4. 银钏（M7：5）

5. 铜五铢钱（M7：4）

M7出土器物

1. M9

2. M13、M14

M9及M13、M14

1. 釉陶壶盖（M12：4）

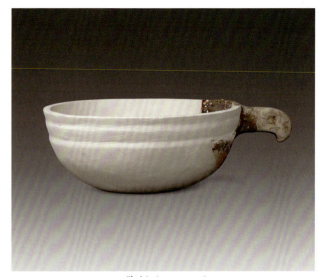

4. 陶魁（M10：4）

2. 釉陶钵（M12：1）

3. 釉陶盆（M10：2）

5. 釉陶罐（M9：1）

M9、M10、M12出土器物

1. M15、M16

2. 釉陶魂瓶（M15：5）

3. 釉陶魂瓶（M16：4）

4. 釉陶魂瓶（M16：5）

M15、M16墓葬概况和出土釉陶魂瓶

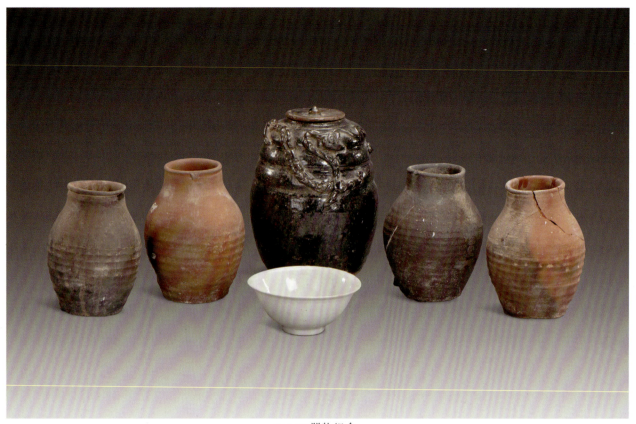

1. M15器物组合

2. M16器物组合

M15、M16出土器物组合

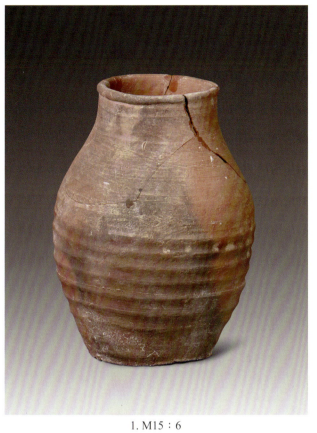

1. M15：6

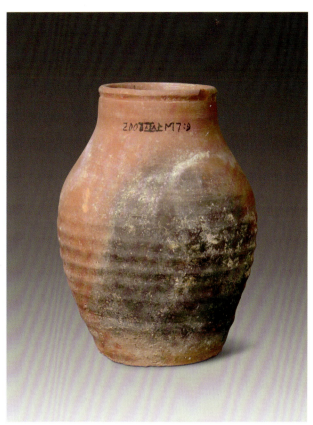

2. M15：9

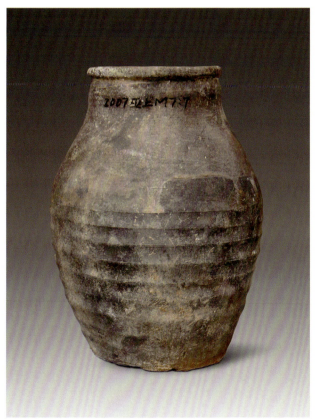

3. M15：7

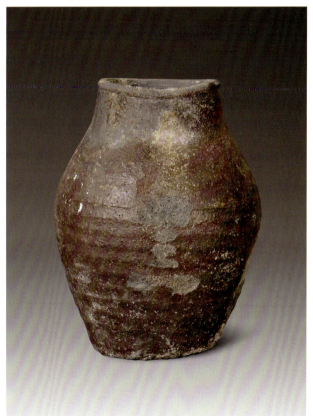

4. M15：8

M15出土釉陶罐

1. 白瓷碗（M15：4）

2. 白瓷碗（M16：2）

3. 白瓷碗（M16：3）

4. 陶罐（M16：10）

5. 釉陶罐（M16：6）

6. 釉陶罐（M16：9）

M15、M16出土器物

M15出土墓志铭（M15：3）

1. 镇墓碑（M15：2）

2. 墓志盖（M16：1）

M15、M16出土墓葬碑刻

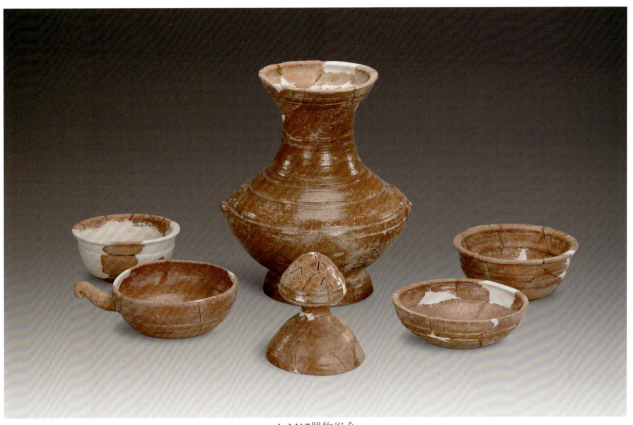

1. M17器物组合

2. 釉陶博山炉（M17：5）

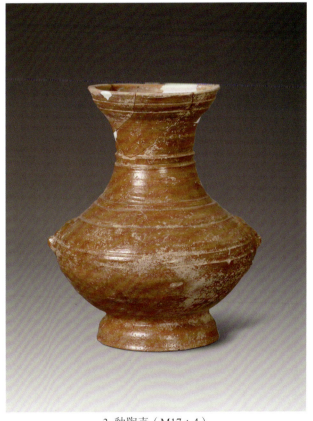

3. 釉陶壶（M17：4）

M17出土器物

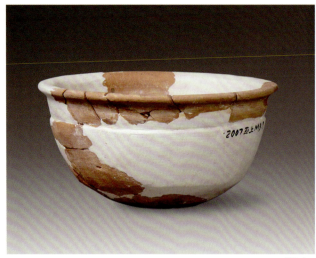

1. 甑（M17：7）

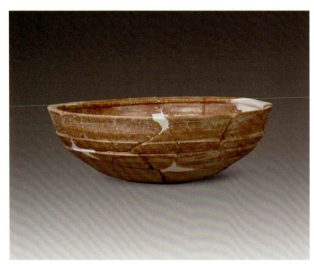
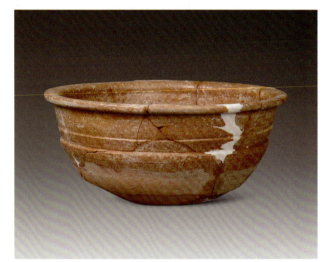

2. 钵（M17：2）　　　　　　　3. 盆（M17：1）

4. 魁（M17：6）

M17出土釉陶器

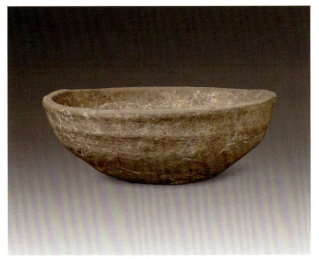

1. 钵（M19：4）

2. 弇口罐（M19：2）

3. 高领罐（M19：1）

4. M19器物组合

M19出土陶器

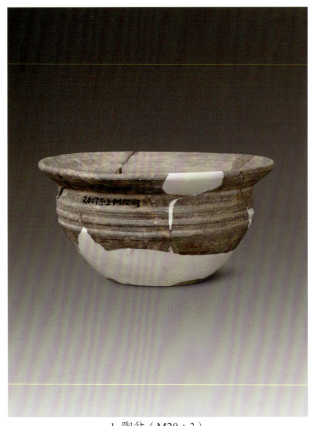

1. 陶盆（M20：3）

2. 釉陶钵（M20：1）

3. 釉陶摇钱树座（M20：2）

M20出土器物

1. M21

2. 陶灶（M21∶1）

M21及出土陶灶

1. M22器物组合照

2. 陶罐（M22：1）

3. 陶罐（M22：2）

M22出土器物

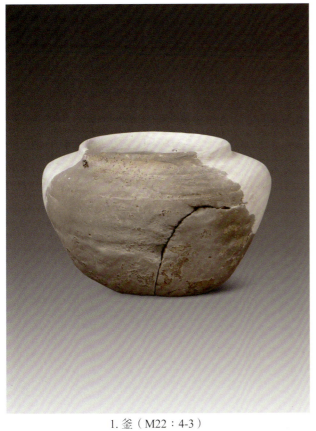

1. 釜（M22：4-3）

2. 灶（M22：4-1）

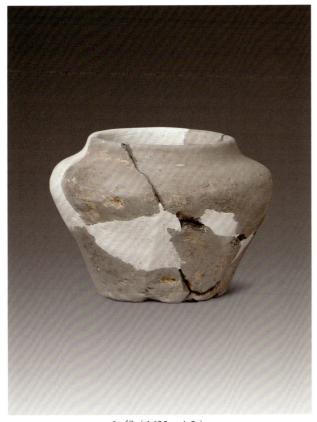

3. 釜（M22：4-2）

4. 罐（M22：3）

M22出土陶器

1. 罐（M24：1）

2. 罐（M29：1）

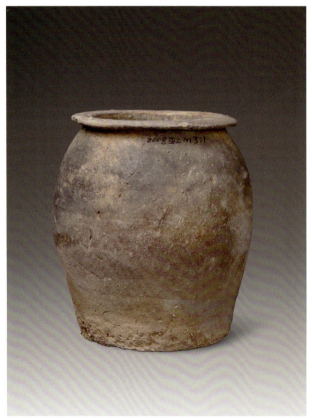

3. 罐（M26：1）

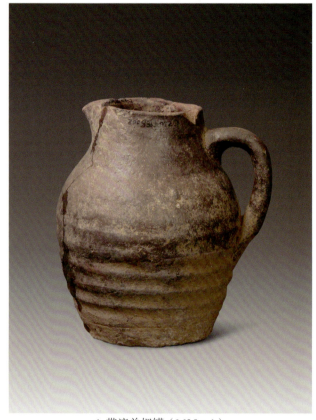

4. 带流单把罐（M25：1）

M24、M25、M26、M29出土釉陶罐

1. M32

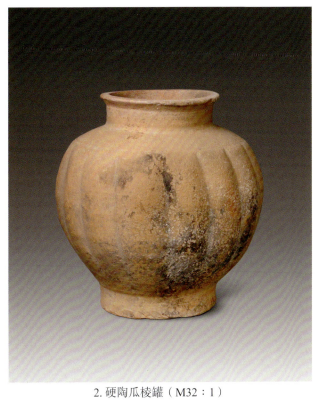

2. 硬陶瓜棱罐（M32：1）

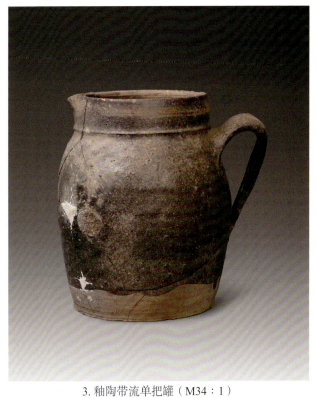

3. 釉陶带流单把罐（M34：1）

M32及M32、M34出土器物

1. M30铁棺钉

2. 青花瓷碗（M35：1）

3. 青花瓷碗（M37：1）

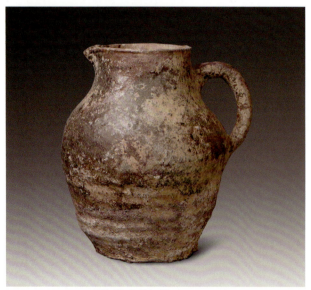

4. 釉陶带流单把罐（M37：2）

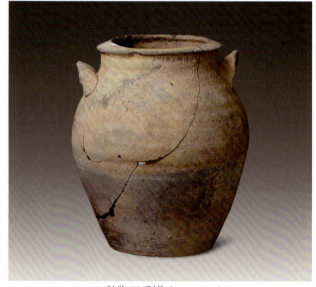

5. 釉陶双系罐（M36：1）

M30、M35、M36、M37出土器物

1. M39

2. M45

M39、M45

1. 青花瓷碗（M40：1）

2. 青花瓷碗（M40：2）

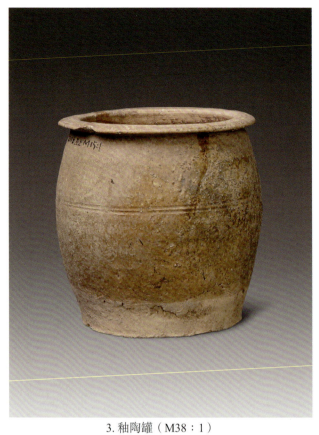

3. 釉陶罐（M38：1）

4. 釉陶罐（M46：1）

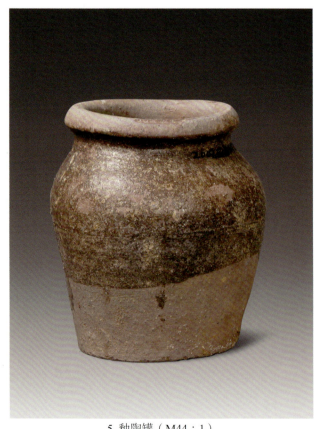

5. 釉陶罐（M44：1）

M38、M40、M44、M46出土器物

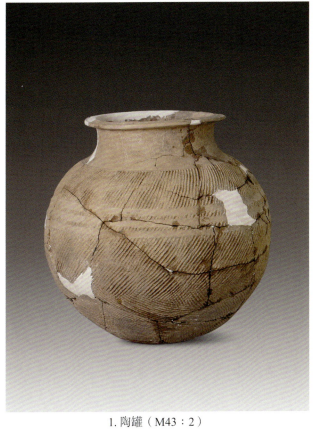

1. 陶罐（M43：2）

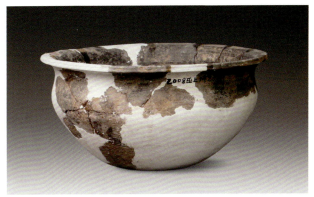

2. 陶浅腹盆（M43：3）

3. 陶深腹盆（M43：1）

4. M43器物组合

M43出土器物

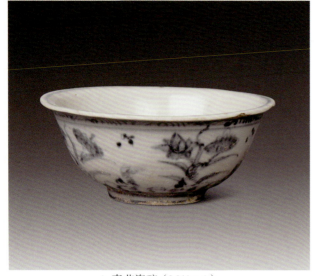

1. 青花瓷碗（M41：1）

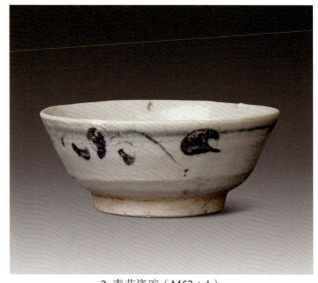

2. 青花瓷碗（M52：1）

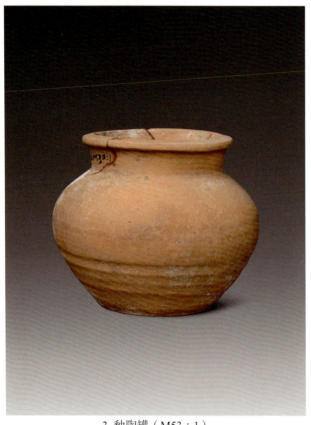

3. 釉陶罐（M53：1）

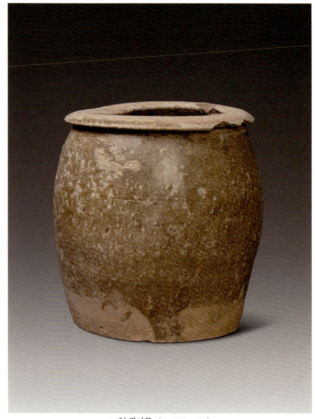

4. 釉陶罐（M50：1）

M41、M50、M52、M53出土器物

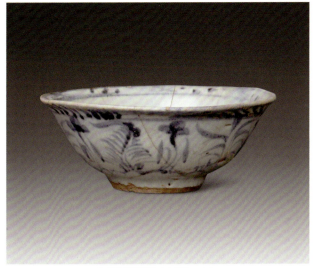

1. 青花瓷碗（M56∶1）

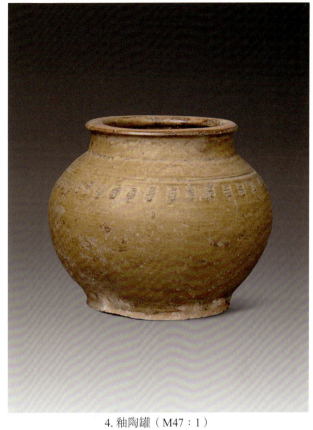

4. 釉陶罐（M47∶1）

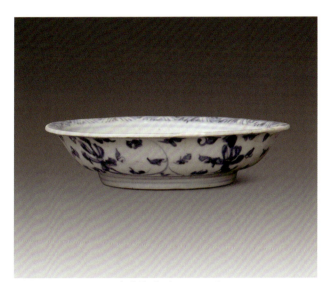

2. 青花瓷盘（M57∶1）

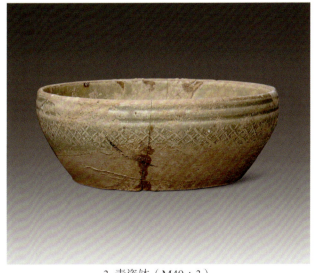

3. 青瓷钵（M49∶3）

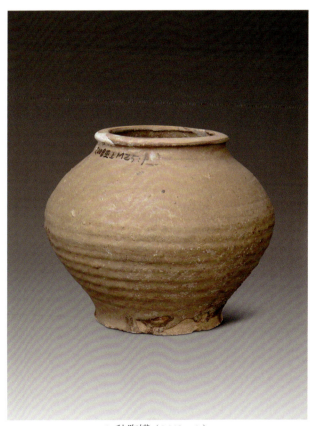

5. 釉陶罐（M48∶1）

M47、M48、M49、M56、M57出土器物

1. 银耳坠（M57∶3）

2. 铜笄（M57∶5）

3. 釉陶罐（M54∶1）

4. 釉陶罐（M55∶1）

5. 釉陶罐（M56∶2）

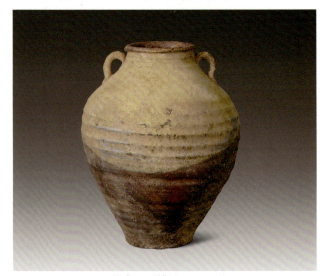

6. 釉陶双系罐（M57∶2）

M54、M55、M56、M57出土器物

1. M58器物组合

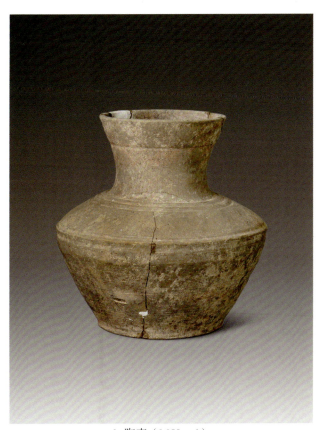

2. 陶壶（M58：6）

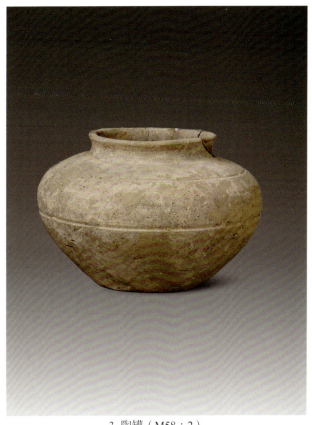

3. 陶罐（M58：2）

M58出土器物

1. 甑（M58：7）

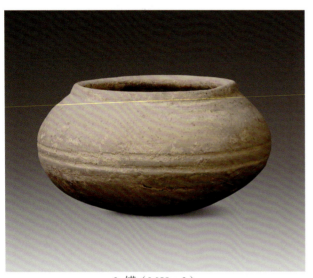

2. 罐（M58：3）

3. 罐（M58：4）

4. 罐（M58：5）

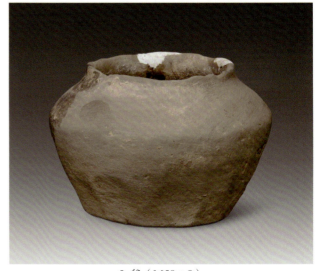

5. 釜（M58：8）

M58出土陶器

1. 白瓷碗（M59：2）

2. 白瓷碗（M59：4）

3. M59器物组合

M59出土器物

1. 釉陶盏（M59：6）

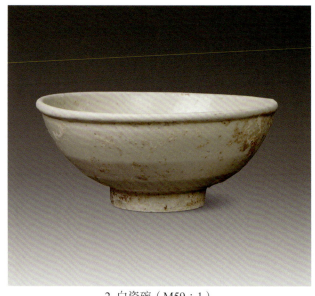

2. 白瓷碗（M59：1）

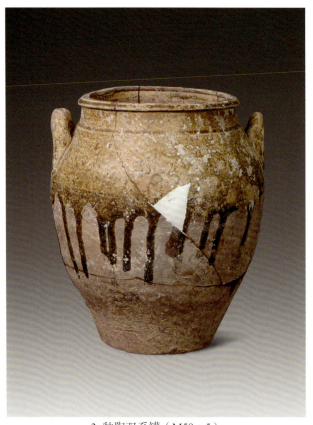

3. 釉陶双系罐（M59：5）

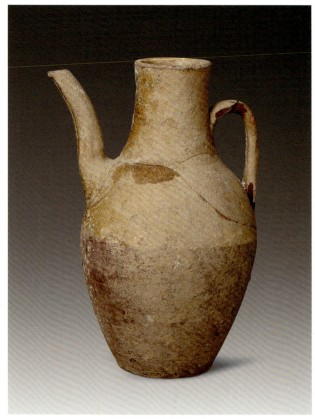

4. 釉陶执壶（M59：3）

M59出土器物

1. 青花瓷碗（M61：1）

2. 青花瓷碗（M61：2）

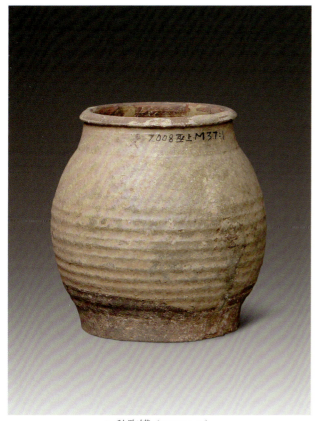

3. 釉陶罐（M60：1）

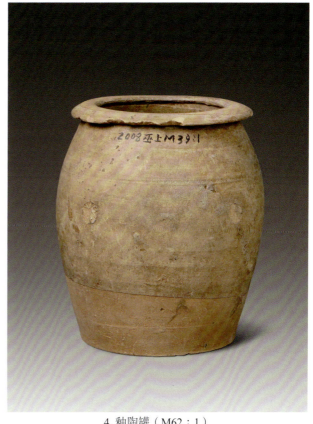

4. 釉陶罐（M62：1）

M60、M61、M62出土器物

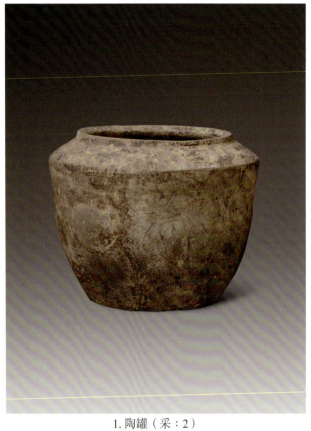

1. 陶罐（采：2）

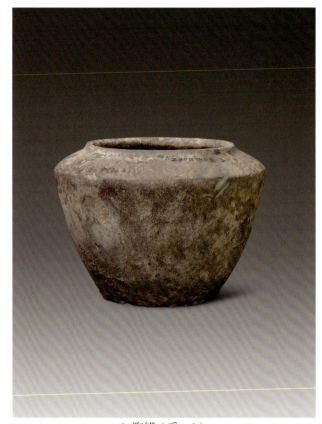

2. 陶罐（采：3）

3. 釉陶罐（M63：1）

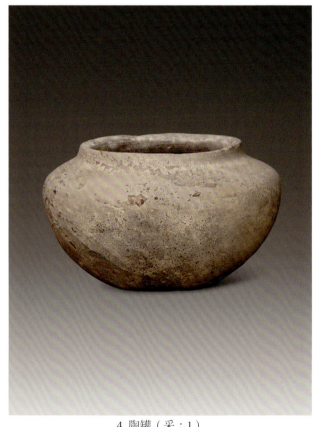

4. 陶罐（采：1）

M63出土釉陶罐及采集陶罐

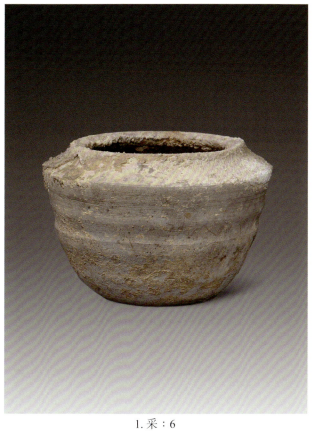

1. 采：6

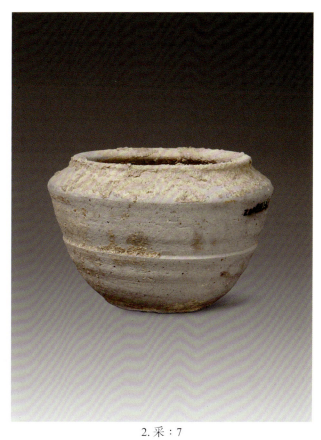

2. 采：7

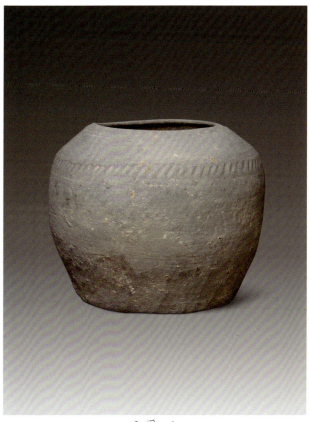

3. 采：4

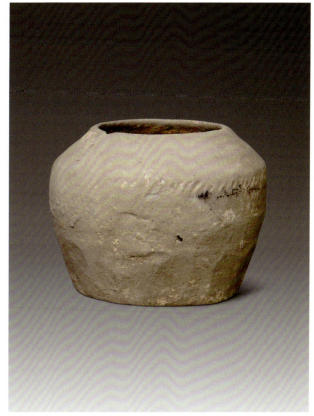

4. 采：5

采集陶罐

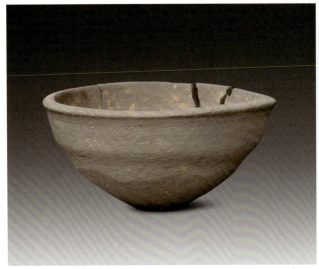

1. 陶甗（采：8）

2. 陶钵（采：12）

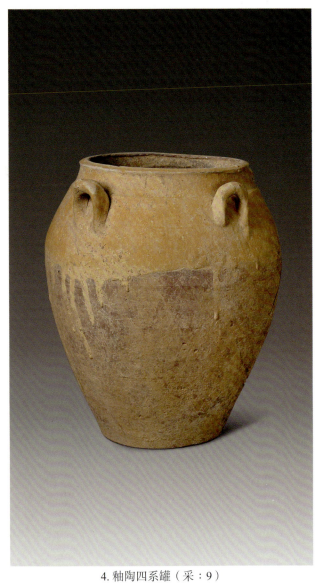

3. 陶钵（采：11）

4. 釉陶四系罐（采：9）

采集器物

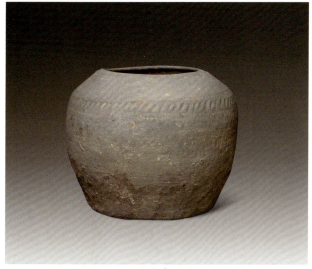

1.A型（采：4）

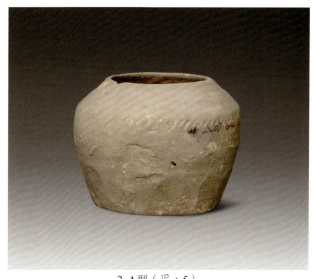

2.A型（采：5）

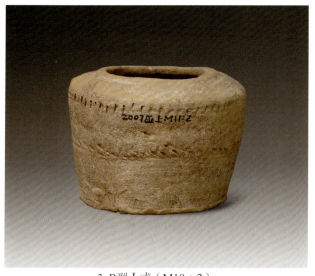

3.B型Ⅰ式（M19：2）

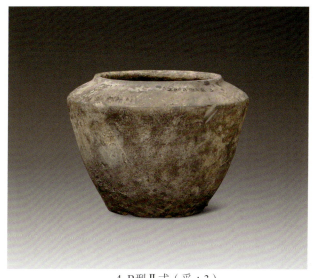

4.B型Ⅱ式（采：3）

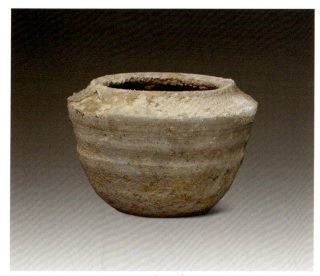

5.B型Ⅲ式（采：6）

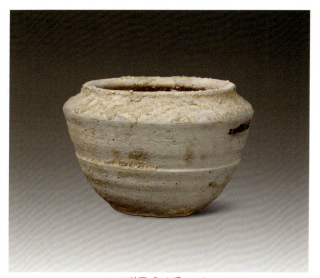

6.B型Ⅲ式（采：7）

西汉时期陶罐

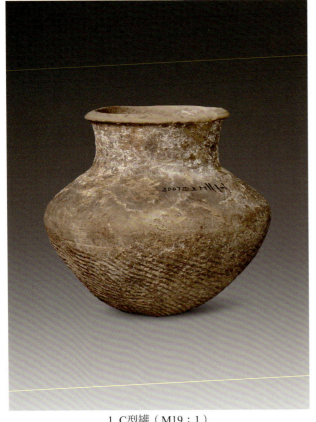

1. C型罐（M19：1）

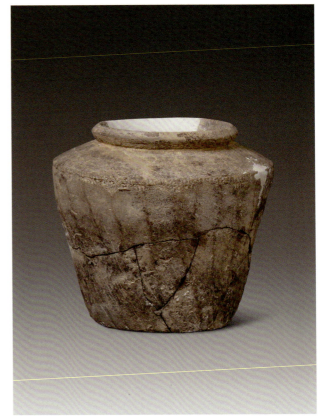

2. D型罐（M22：2）

3. D型罐（M22：3）

4. Ⅱ式灶（M22：4-1）

西汉时期陶器

1. A型（采：1）

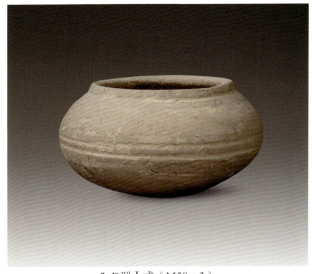

2. B型Ⅰ式（M58：3）

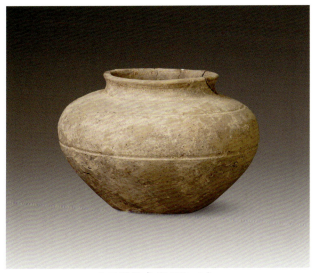

3. B型Ⅱ式（M58：2）

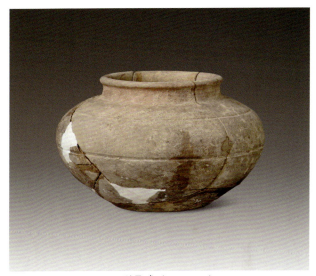

4. B型Ⅱ式（M58：5）

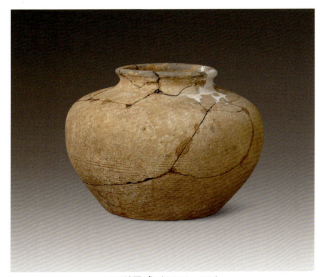

5. B型Ⅲ式（M16：10）

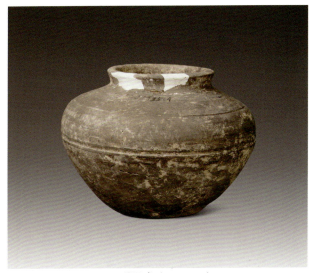

6. B型Ⅲ式（M58：4）

东汉时期陶罐

1. Ⅰ式钵（采：11）

2. Ⅱ式钵（采：12）

3. A型甑（M58：7）

4. A型甑（M58：7）底视

5. B型甑（采：8）

6. B型甑（采：8）俯视

东汉时期陶器

1. Ⅰ式钵（M17：2）

2. Ⅱ式钵（M12：1）

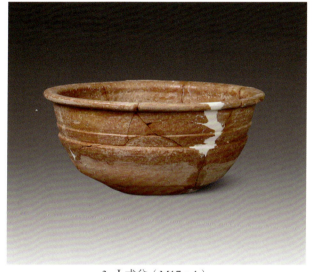

3. Ⅰ式盆（M17：1）

4. Ⅱ式盆（M10：2）

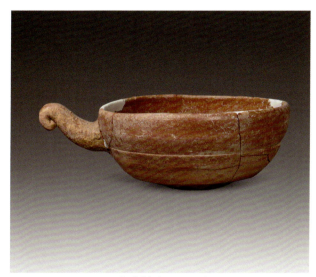

5. Ⅰ式魁（M17：6）

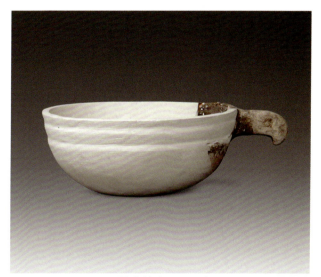

6. Ⅱ式魁（M10：4）

东汉时期釉陶器

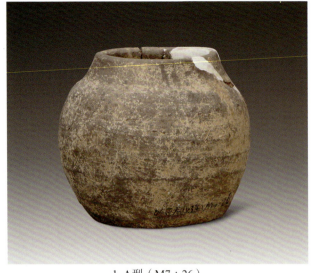

1. A型（M7：26）

2. A型（M7：37）

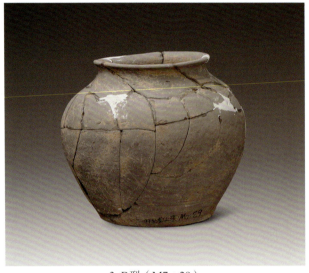

3. B型（M7：29）

4. C型（M7：39）

5. D型（M7：50）

6. D型（M7：54）

三国时期陶罐

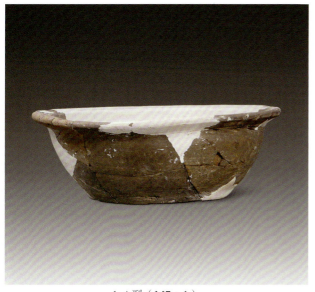

1. A型（M7：1）

2. A型（M7：2）

3. A型（M7：3）

4. B型（M20：3）

三国时期陶盆

1. A型鸡（M7：31）

2. B型鸡（M7：23）

3. A型俑（M7：52）

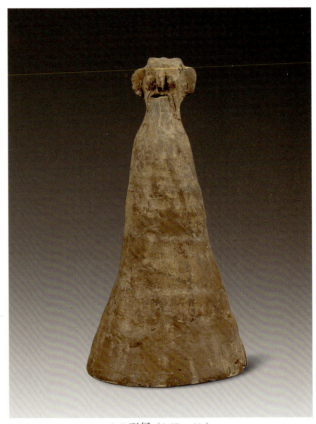

4. B型俑（M7：41）

三国时期陶鸡、陶俑

1. C型（M7：34）

2. C型（M7：36）

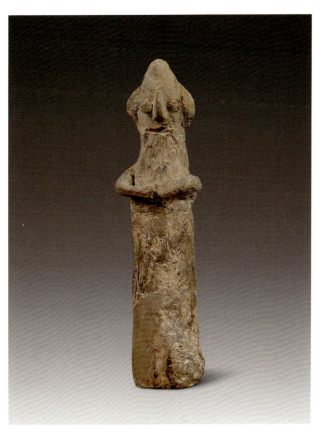

3. D型（M7：53）

三国时期陶俑

1. Ⅰ式矮领罐（M46：1）

2. Ⅰ式矮领罐（M47：1）

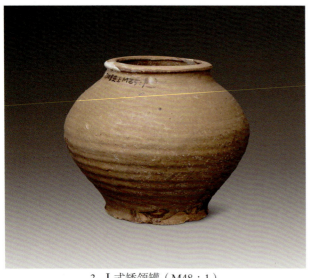

3. Ⅰ式矮领罐（M48：1）

4. Ⅱ式矮领罐（M53：1）

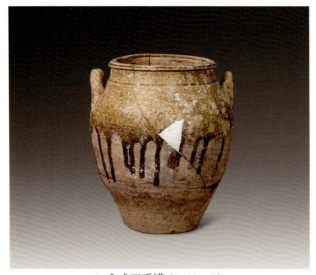

5. Ⅰ式双系罐（M59：5）

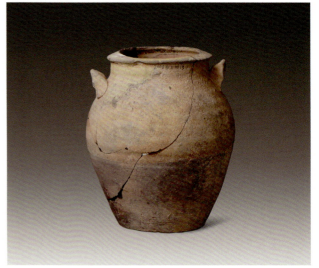

6. Ⅱ式双系罐（M36：1）

宋代釉陶罐

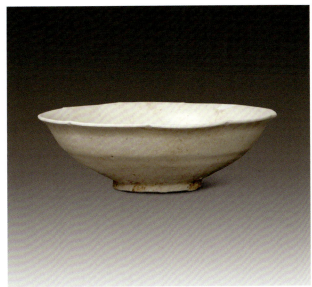

1. Ⅰ式（M59：2）

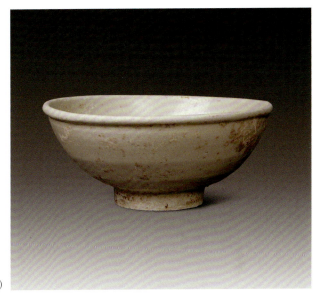

2. Ⅱ式（M59：1）

3. Ⅲ式（M59：4）

宋代白瓷碗

1. A型 I 式（M15：6）

2. A型 I 式（M15：7）

3. A型 I 式（M16：6）

4. A型 II 式（M16：9）

5. A型 III 式（M56：2）

明清时期釉陶罐

1. B型Ⅱ式（M9：1）

2. C型Ⅱ式（M44：1）

3. D型（M60：1）

4. D型（M54：1）

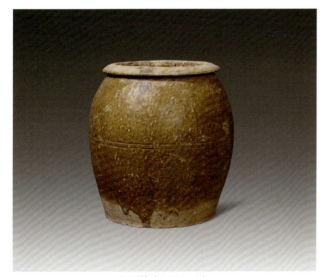

5. E型（M24：1）

6. E型（M38：1）

明清时期釉陶罐

1. E型罐（M55：1）

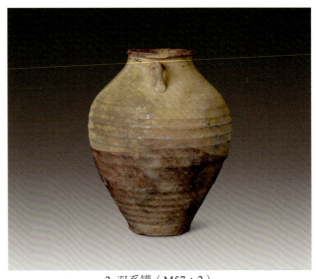

2. 双系罐（M57：2）

3. Ⅰ式带流单把罐（M34：1）

4. Ⅱ式带流单把罐（M37：2）

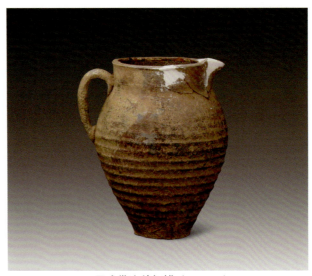

5. Ⅲ式带流单把罐（M3：1）

明清时期釉陶罐

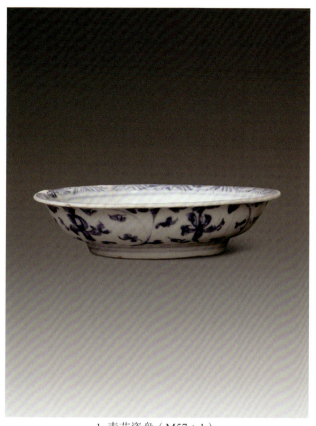

1. 青花瓷盘（M57：1）　　　　2. Ⅰ式釉陶魂瓶（M15：5）

3. Ⅱ式釉陶魂瓶（M16：4）

明清时期青花瓷盘、釉陶魂瓶

1. A型Ⅰ式（M56：1）

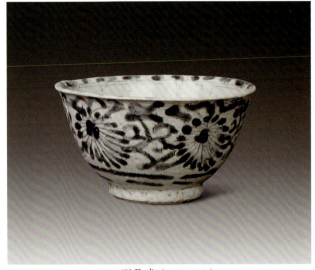

2. A型Ⅱ式（M61：2）

3. B型Ⅰ式（M40：1）

4. B型Ⅰ式（M40：2）

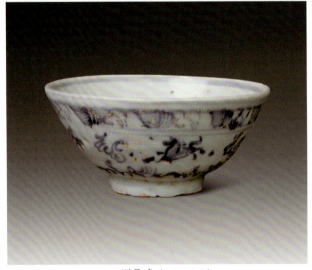

5. B型Ⅱ式（M37：1）

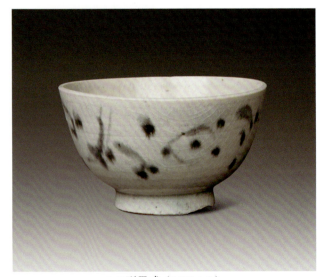

6. B型Ⅲ式（M61：1）

明清时期青花瓷碗

www.sciencep.com

(K-3835.01)

ISBN 978-7-03-075788-3

定 价：208.00元